本书为安徽省教育科学项目2019年度课题“指向推升中学生思维品质的文本细读策略研究”
（项目编号：jk19053）的研究成果

ZHONGXUE WENXUE SHENMEI JIAOYU LUN

中学文学审美教育论

程海滨◇著

安徽师范大学出版社
·芜湖·

图书在版编目(CIP)数据

中学文学审美教育论 / 程海滨著 .—芜湖:安徽师范大学出版社, 2020.8

ISBN 978-7-5676-4594-3

Ⅰ.①中… Ⅱ.①程… Ⅲ.①中学语文课—教学研究 Ⅳ.①G633.302

中国版本图书馆CIP数据核字(2020)第122950号

中学文学审美教育论　　　　程海滨 著

ZHONGXUE WENXUE SHENMEI JIAOYU LUN

责任编辑:辛新新

责任校对:胡志恒

装帧设计:张　玲

责任印制:桑国磊

出版发行:安徽师范大学出版社

芜湖市九华南路189号安徽师范大学花津校区

网　　址:http://www.ahnupress.com/

发 行 部:0553-3883578　5910327　5910310(传真)

印　　刷:江苏凤凰数码印务有限公司

版　　次:2020年8月第1版

印　　次:2020年8月第1次印刷

规　　格:700 mm × 1000 mm　1/16

印　　张:18.75

字　　数:300千字

书　　号:ISBN 978-7-5676-4594-3

定　　价:49.80元

序

无论是文学，还是教育，都应该在饱含生命温度和生命深度的作品中，给孩子提供取之不竭的精神甘泉。重塑道德的堤岸，丰润生命的甘泉，培育审美的精神，滋养人文的情怀，既是文学的精神，又是教育的目标。将文学精神、文学美感贯穿到语文教学之中，这就是文学美育。

这是一部来自一线中学教师的真正意义上的学术著作，研究的对象是中学语文教学的美育问题，虽然文学美育似乎是一个常识问题，但是在唯尚实用的现实中，有多少人真正覃思精研，并贯穿于中学教学实践之中？更何况本书所提供的，又大大地超越了美育而深入到文本美学的研究中呢？仅此而言，本书对中学语文教育有现实意义，对一般文学爱好者和研究者也有审美启迪意义。至少，我在阅读时就很有感受。

作者程海滨老师，曾经从我问学。真正意义上的她是我目前所带的专业硕士中唯一获得全国百篇优秀硕士论文者，似乎也是安徽师范大学文学院目前唯一获得这一殊荣者。记得当年分管科研的副院长王昊教授将这一消息告诉我时，那高兴的劲儿至今还犹在眼前。我没有读过硕士，是在六安师范教书时“僭越”报考博士，当时能够顺利毕业，拿到博士学位，就已经是幸运的了，哪里还敢奢望获得“全国百篇优秀论文”荣誉呢？我的学生获得这一殊荣，也算是实现了我的一半未曾做过的梦。

如今，十年一剑。这部专著就是在当年硕士论文的基础上深研覃思、精耕细作而成。专著研究的核心是中学文学审美教育，这也是一个历久弥新的具有普遍意义的问题。虽然自觉的审美教育到了近代才真正产生，但是古希腊哲学家强调“美的理念”，中国古代重视美善、美真的统一，可以说是东西方美育的源头，实际上，中国传统的礼乐文化具有更为浓郁的美育色调。可以说，美育是人文教育的核心，也是提升民族素质、重塑民族精神、滋润民族灵魂的主要手段。中学阶段是人生由青涩走向成熟的重要时期，中学生是民族未来的太阳，是决定民族未来的中坚力量，因此在提升民族素质、塑造民族精神、滋润民族灵魂上，中学美育承担着尤为重要的责任。

不仅如此，这部专著还有以下两个突出特点：

一、结构上，逻辑关系清晰。专著分为“文学美育研究”和“文学文本研究”两编。在逻辑关系上，由方法研究到理论研究——理论研究既是对方法研究的深化，又是方法研究的支点；在结构层次上，由宏观美育研究到微观文本研究——文本研究既是美育研究的审美基础，又是美育研究的理论核心，这就使此专著有明确的学术理路。所以，通读书稿，我们可以发现：虽然立足于中学文学美育，但不是经验的总结，而是理论研究；虽然纵观古今，但不是资料的堆砌，而是有抽象的思辨，从而使这一部专著具有鲜明的学理性，这种学理性也表现在具体论证之中。这当然由读者诸君自己来做裁判，我的饶舌只能让人觉得絮叨。

二、内容上，创新特点显著。由于作者来自教学第一线，对当下有些教师文学美育的缺失，批评比较尖锐，揭示的问题十分深刻。比如，“文学教学隐性对话的失落”“教师教学主体地位的削弱”，都抓住问题要害，针砭现实教育弊端。我自己读来感觉有点激动人心，不知其他读者读后做何感想。当然，专著最大的创新点主要集中于两点：第一，文学美育方法论的创新。“直觉体味：整体读解模式”“探究发现：分析读解模式”，不仅抽象准确，而且将鉴赏性教学和批评性教学分离开来，在方法论上有启迪意义。第二，文学文本研究的创新。文学文本研究的论文和专著已是积案盈箱，要写出新意的确需要一些功力。但是，作者在汲取文学理论以及学界研究成果的基础上，又将来源于教学实践的经验上升到理论层面，使二者有机交融，有不少阐释都是别出心裁、别有会心。比如“文本意蕴的分析方法”“文本结构的几种形式”“文本结构的营构技巧”等，更多的还是对教学实践的理论抽象，因此比纯粹的学术论述更有人间烟火气息。当然，作者的文学文本研究也有不少纯粹的理论研究，从文本语言、意蕴、结构、意象、意境的结构形式及其具体论证，就可以清晰地看出。尤其是文学意象和意境分析，既深入细致，又高屋建瓴。这对于一位并非从事专业研究的中学教师来说，特别难能可贵。

就我个人而言，有所偏爱。从教学的角度说，上编“文学美育研究”的实践意义鲜明；从学术的角度说，下编“文学文本研究”的理论价值显著。在我看来，上编是“普通版”，下编是“升级版”。我一直偏执地认为，语文教学不能够技术化，必须人文化。试想，全国有多少人提出多少种课堂教学方法，近年来又有多少人发明了多少种课堂教学模式，最后的结局呢，比如吃饭吧，任何山珍海味、玉盘珍馐，最后还不是败在五谷杂粮、禽鱼肉蛋的面前吗？语文教学的人文化就如这五谷杂粮、禽鱼肉蛋，看上去有点“土气”，实际上是一种“永恒”。至于将来人类到其他星球去生活，究竟会吃什么，那已经不是我们这一辈人脑洞大开就可以想象的。其实，技术性翻新容易，人文化教学很难。教师的文本解读、审美能力、人文襟怀，乃至于人格境界、人性美善……无不包孕其中，对于中学语文教师来说，前两点直接决定你的教学质量和教学的有效性，这也恰恰是目前一些中学语文教学中最为跛腿的地方。倘若你不去看教学评奖，只去课堂听课，大约我的话可能又“不幸而言中”了。我常常想，我们大学老师，又有多少在文本解读和审美能力上过关呢？更何况中学教师！所以，我认为海滨老师著作的“下编”，倒是很值得一读。

读海滨老师的著作，就让我想起：她的身上颇有些丈夫气，不斤斤计较，坦率真诚，有时也缺少迂回，有点“愤青”。本书也时时漏出性格和为人的特点，批评现象不留情面，似乎疗救之心太切。我批评别人，常常不留情面；解剖自己，也毫无自矜。在我看来，海滨老师前一点受我影响，后一点似乎还没有看出——当然，这也是本书无法表现出来的。我常想，批评别人，是立此存照；解剖自己，是轻装前行，二者缺一不可。不知我所说的，海滨老师认可否？

最后我要告诫读者诸君的是，对于中学文学美育及其教学实践来说，海滨老师的著作既有实践意义，又有理论价值。但是，你不能指望它是一只百宝箱，应有尽有，让你满载而归。或许它就如鲁迅先生说他自己的杂文集一样——只是夜间街头的小摊，如果你能捡到一块元宝，自然皆大欢喜；但是如果你只捡到了对你有用的一颗钉、一根线，也应该心满意足。好了，就此"带住"吧。

刘运好

庚子年正月写于天地斋

目　录

下　编　文学文本研究

概　述

审美教育，“狭义上讲是一种用艺术方式进行的教育或教化行为；广义上则是运用一切手段，包括但不限于文学艺术、自然景观、生活日常等影响人的感性及心灵，以美促进人的全面发展的行为”①。

中学文学审美教育与一般意义上的审美教育有三点不同：第一，在教育行为上，特指以文学审美为手段；第二，在教育对象上，特指以中学生为群体；第三，在教育媒介上，特指以中学教材的文学作品为载体。

中学文学审美教育既决定于文学的本质属性，又有其特定的实现途径。“人的文学”是文学的基本属性；通过文学鉴赏和批评的方式，引导学生跨越审美鸿沟，获得心灵的审美愉悦，是中学文学审美教育实现的基本途径。因此，中学文学教育的落脚点在于文学文本阅读，关键点在于文学课堂教学，策略点在于文学文本鉴赏向文学文本批评的转化。

一、文学的本质：“人”的文学，“美”的呈现

（一）“人的文学”在文学史中的变迁

人生有限，艺术长存。文学从它诞生的那一天起，所表现的就是人类共同

① 张瑞鑫．从席勒到马尔库塞——论审美教育理论的发展[J]．湖北文理学院学报，2019，40(10)：74．

的思想经验和情感历程，在文学中分享、体验作者的思想、感情，是文学阅读的永恒魅力。文学作品以“人”为纽带连贯作家与读者的心灵，构成文学生生不息的生命。文学的本质是人学，这个本来无可厚非的话题，却穿过历史的风风雨雨，被人们争论得犹如燃起的烽火，至今这场争论还影响着我们对文学本质的判断。

1. 中国文学强调“怨愤”功能，文本“人烟稀少”

在长达几千年的封建社会中，中国人特别信奉“文以载道”“诗言志”的创作准则，文人们的创作大都是指斥社会，发表自己对社会的强烈不满。他们的作品或叩问自己生存的价值，抒写“英雄末路”“壮志未酬”的悲愤；或描述底层百姓的生存状况，寄托自己的悲悯情怀；或指责当朝政府的昏庸无能，表达自己对统治者的不满。(当然也有一些歌功颂德、粉饰太平、娱乐皇帝的作品)总之，以“怨愤”为主题的中国古代文学更多的不是指向人的内心世界而是宣写外在的事物，因为人的情感必须服从于外在的事功与理性的现实，所以中国古代文学赖以发展的动力和构成其本质的决定性要素常常并非存在于文学的审美本身，而是取决于某种外在的功利、社会的现实和主流的意识形态。这在秦汉文学时期尤其显著。

我个人认为，以批判现实主义为其主要创作风格的中国的怨愤文学主要包含两个层面的内容：一是底层百姓的“怨”，有“冤”才会有“怨”。在封建社会，底层的百姓无法寄希望于一定的社会秩序，于是他们或自己遁入一个卸去一切枷锁的“无法无天”的文学世界中，或由文人代言书写自己的情绪。纵观中国文学史，我们可用一组文学作品来贯通中国文学“怨”的主题：《国风》——汉乐府——唐代宫怨诗——元杂剧。二是士人的“愤”，愤怒出诗人，“诗家不幸诗有幸”，在一个并不以个人的才能来决定人们等第的封建社会里，人的才能得不到发挥，士人们的努力得不到回报，他们不愿意看着自己的生命一无所成，于是把自己的愤怒运化成文字流淌在笔下的文字中，这里我们也可以用一组文学作品来贯通中国文学“愤”的主题：《离骚》——《史记》——阮籍《咏怀诗》——唐代李白、杜甫诗——宋朝苏轼、辛弃疾诗——《红楼梦》(“中国历史上怨愤传统的现代结晶”）。

梳理文学历史之后，我们不妨粗略地概括一下中国古代文学给人们带来的阅读感受：无论是现实主义作家还是浪漫主义作家，中国文人中大部分虽然也真实地向读者展示自己压抑和苦闷的内心世界，不过这种压抑、苦闷的情绪大都不是因为社会人与自然人的必然碰撞而表现出来的灵魂痛苦，而是他们对国家或个人的政治前途感到忧郁而表现出来的情感焦虑，所以中国古代文学从总体上来说是一种向外散发出火药味的怨愤文学。当然，在中国文学史中，并不是所有的文学作品都是批判现实主义，枯死的人性在魏晋时代也曾露出了一点绿色的嫩芽，“人在这里不再如两汉那样以外在的功业、节操、学问，而主要以其内在的思辨风神和精神状态，受到了尊敬和顶礼”①。“人的觉醒”是这一时期文学创作的主旋律。且不说阮籍、陶渊明等一般文人的创作回归人的主题，即便是位高权重的曹丕在其创作的文学作品中也倾尽了自己对生命意义的发现、思索、把握和追求。鲁迅先生在其《魏晋风度及文章与药及酒之关系》中也说，“曹丕的时代，可以说是文学的自觉时代。或如近代所说，是为艺术而艺术的一派”。《古诗十九首》中的“人生寄一世，奄忽若飙尘”“昼短苦夜长，何不秉烛游”成为魏晋文人咏叹的主调。魏晋时的文人在自己的作品中感喟人寿短促、命运无常、欢乐少有而悲伤常多的人生，友情、离别、思乡、孤独等人性的主题更是把魏晋的文学天空照射得漫天异彩。

令人遗憾的是，魏晋时期刚刚萌发的有关于人的文学的嫩芽却在此后的岁月中被人们无情地掐掉了，五四时期虽有周作人、梁实秋、沈从文等人的几声呐喊，但最终因力量微弱而消歇在历史的风云中。

2. 西方文学强调“忏悔”功能，文本“人声鼎沸”

西方社会“原罪”与“性恶”的文化起源，导致西方的文学作品更加关注个体的心灵世界，作家希望通过拷问灵魂的忏悔方式使个体获得心灵的超越，并觅得一块精神的安息地，帕克说：“艺术是种族的忏悔书。艺术家提供了一种媒介

① 李泽厚．烛焰丛书：美的历程[M]．桂林：广西师范大学出版社，2001:127.

物，使一切人都能忏悔和医治自己的灵魂。”①

这里我们依旧可以用一组文学作品来贯通西方文学“忏悔”的主题：古希腊《俄狄浦斯王》——希伯来《圣经》中《大卫的忏悔诗》——但丁《神曲》《失乐园》——雨果《九三年》《悲惨世界》——陀思妥耶夫斯基《罪与罚》——罗曼·罗兰《约翰·克利斯朵夫》《母与子》，每个人都是一个宇宙，每个人都应该有一个自足的精神世界，西方文学从它诞生的那天起，就没有只是关注外在的物质世界，没有浮在人生的表面，而是沉潜进去，生生不息地寻求人生的终极意义。

当然，人生终极意义的神秘性又注定了这一场“寻寻觅觅”必然是没有确切答案的，无奈的追寻者们无法解释人类灵魂焦虑的原因，无法解答“人类从哪儿来，又将到哪儿去，人类活着的目的是什么”这一系列形而上的问题，由于他们无力剥开人生这一件神秘的外衣，于是他们转而膜拜起某种臆想中的“神”，他们企图用迷狂的宗教信仰来蒙上人们清澈的双眼，然而，神不过是一块帷幕，帷幕后面掩藏着的是他们追求人生终极意义而不可得的迷惘。

只是，神的出现无疑也部分地遮蔽了自然的人性，反映在文学创作中便是西方中世纪文学和古典主义文学作品对人性的消解。由此，虽然西方文学的主体是“我”，文本中充塞着主体的精神意识，但普遍的人性在西方文学中也常常地失落，事实上，只要我们仔细揣摩，我们还是可以发现：整个文学艺术的发展史事实上就是文学中人性的失落与复归激烈斗争的历史。

（二）文学是“人学”

泰纳在《英国文学史》中有这样一句话：Literature is the study of men. 在泰勒提出了“文学是人学”这句话之后，无数的文学家、文艺理论家前仆后继地陈述这一观点，巴尔扎克、车尔尼雪夫斯基、高尔基，周作人、胡适、沈从文等都曾专门著书或在自己的文章中阐述过这一观点。笔者赞同“文学是人学”的观点，理由如下：

① H. 帕克. 美学原理[M]. 张今，译. 桂林：广西师范大学出版社，2001：33.

1. 文学描述的对象是"人"

人不仅是社会生活和社会实践的主体,也是文学活动欣赏的中心意象。从文学人物的本质上来看,艺术家所塑造的人物不是现实生活中的某一个真人,而是一类人,文学人物必须是某种普遍的社会人性的审美符号。正因为如此,我国著名作家茅盾在回顾他的创作历程时曾说:"最近七八年来,我在没有职业的状态下把写小说作为自由职业了。这一个'行业',没有一点'研究'好像是难以继续干下去的,因而我不能不有一个'研究'的对象。这对象就是'人'!……我于是带了'要写小说'的目的去研究'人'。……'人'——是我写小说时的第一个目标。我以为总得先有了'人',然后一篇小说才有处下手。"[1]

毋庸置疑,"人"是文学作品的内核,作家把自己所见、所闻、所感的宇宙人生"还原再生"于文本之中,使自己的作品积存了深厚的人性力量而播之后世。车尔尼雪夫斯基说:"对人的心灵有着真知灼见,而且善于为我们揭示它的奥秘——这是我们评论写出了让我们惊奇作品的那些作家时所说的第一句话。"[2]

当然,在这里我们还有必要强调指出,人其实是一种社会的存在体,没有人可以揪着自己的头发飘上云空而远离尘俗。正因为如此,以描写人为主旨的文学作品必定要烙上某个时代或社会的印记,一味地割断文学与社会、时代的粘连显然是不可能的。因此,恩格斯曾经指出:巴尔扎克小说汇集了法国社会的全部历史,我从这里,甚至在经济细节方面所学到的东西,也要比从当时的历史学家、经济学家和统计学家那里学到的多得多[3]。

可以肯定地说,文学作品具备多层次、开放性的结构特点,文学作品中所蕴含着的社会政治元素只是文学作品中的一个层次,而正是这一层次决定了文学作品的现实意义。但是随着历史的演变,属于某个时代、某个社会的政治情况会逐渐地发生变化,时代的、社会的色彩在欣赏者的心目中会渐渐褪色,作品所包蕴的社会现实对新时代的读者来说是无法身临其境地去感受的,能够引起他们强烈共鸣的只是作品中的那些诉诸整个人类的普遍人性。"作品的现实层次

① 茅盾.谈我的研究[M]//茅盾.茅盾论创作.上海:上海文艺出版社,1980:24.

② 伍蠡甫.西方文论选:下卷[M].上海:上海译文出版社,1988:428.

③ 恩格斯致玛·哈克奈斯[M]//马克思恩格斯选集:第4卷.北京:人民出版社,1995:684.

面向当前的社会，它的深部层次则诉诸人类，并使作品从本体论上富有长久的地位，因为作品从整体来说不只是对具体、现实的当代状况的反映，而且也是为了表现长久的，甚至永久的生活。”[①]文坛中的那些在艺术上占有较高地位的作者，无不以领悟人生之奥妙为其主旨或目的[②]。

由上可知，作家不可能坚守将创作与社会政治完全彻底隔裂开的个人化创作的原则。在文学作品中，我们不只是要描述人，也要描述人以外的事和物，不只是要描写社会现象，也要描写自然景观。但是，无论如何，文学作品所描述的事、物、自然都是人参与的事、人化了的物、人化了的自然，人才是文学创作中亘古不变的主题。

2. 文学服务的对象是人

创作，必须考虑欣赏者的接受心理，艺术作品不仅是由人创作出来的，而且也是为人而创作的，没有人的需要、没有人的接受也就没有文学艺术，考虑欣赏者的接受心理是文学创作不可忽视的一条基本原则。托尔斯泰曾说：“如果有人对我说，现在的小孩二十年后将读我写的东西，并且为之痛苦和欢笑并从而热爱生活，那么，我甘愿为这部小说献出自己的整个生命和毕生精力。”[③]

现在看来，列夫•托尔斯泰的作品不仅流传了百年，实际上也将长存于人类文化宝库之中。我认为永恒的作品除了会烙上时代、社会、阶级、个人的印记之外，它还必定要表现出人类的某些永恒的内涵。也就是说，个人、阶级、民族、人类这些因素在艺术家创作的过程中辩证地相互发生作用，但是文艺创作一定要以表现人类的精神为基调，只有创作出真正的人的文学(表现人类普遍的人性)，才能在时代、社会、阶级这些因素褪色之后依旧流传千古，也只有表现普遍人性的文学作品才会使读者把艺术家看成是“自己的人类兄弟”。

既然文学是人学，既然抒写普遍人性能让文学作品流传千古，那么何为人性，就是需要厘清的概念了。人是一种动物，但又是一种“进化了的动物”，因此，人其实具有“自然人”与“社会人”双重身份。作为“自然人”，人类任凭自己

---

① 尤•鲍列夫. 美学[M]. 乔修业，常谢枫，译. 北京：中国文联出版社，1986：275.

② 坪内逍遥. 小说神髓[M]. 刘振瀛，译. 北京：人民文学出版社，1991：53—54.

③ 列夫•托尔斯泰. 列夫•托尔斯泰论创作[M]. 董启，译. 桂林：漓江出版社，1982：4.

感性的情欲毫无遮掩地自然宣泄，而作为“社会人”，人类更关注自己在时空中的行动过程。任何一个从“动物”进化来的人，他都保留着一些动物的原始的自然情欲，但作为从动物“进化”来的生活在一定社会形态中的人来说，他身上的那些原始的自然情欲却又必然要受到某些社会秩序的制约。所以所谓人性便是受一定社会制度和历史条件制约的人的原始本性。自然人和社会人的融合与对抗才是完整的人生。

二、美育本质：跨越审美鸿沟，获得审美愉悦

既然文学作品的根是诗意的人性，而文学教育又是以文学作品为底本，那么语文教师在文学的课堂上就有必要注重抽取出文学作品中表现人性的永恒内容，并借此精神盛宴激起学生内心的情感骚动，以帮助他们获得目注神迷的精神自足和审美愉悦。在现实的教学过程中，我们发现：一些文学作品剥离了人性的主题，文本本身无法让学生获得精神自足；有些学生处在一种低阅历、低能力的阅读层次，这样一种状态也阻碍了他们从文本中获得欢喜和温情；有些教师一味地追逐答题技巧和方法，套路化的讲解也稀释了文本中纯净的美，而上述的这一切也就必然导致中学文学教育走上简单化、套路化。痛定思痛，笔者认为要改变现状，教材的编选者有义务编选一些具有“形而上”意义的文学作品，语文教师也有必要在文学课堂上引导学生跨越审美鸿沟，获得审美愉悦。

具体来说，从文学欣赏的角度来看，文本欣赏的目的（也是中学文学课教学的目的）就是解读者通过调动自己的感官和全部的生命力去品味、探索文本，并进而跨越自己与文本之间的鸿沟。在拉近了自己与文本之间的距离之后，才能与文本作者发生心灵的碰撞，并最终得到一种心心相印的审美愉悦。但是，在实际的文学欣赏过程中我们发现，并不是每一次的阅读都能使读者达到审美愉悦的至境。能否实现文本欣赏的目的取决于两个方面：一是解读对象即文本所显示的形式和内容的客观深度，二是解读主体所具有的感情、理解和情感体验的主观深度。这两种解读不同程度地融合决定着欣赏价值的层次。

上　编

■□　文学美育研究

第一章 20世纪中国美育之回顾

第一节 20世纪美育发展的历史进程

一、20世纪上半叶:文学美育形成期

19世纪末20世纪初,中国处在一个强敌不断入侵而国势日颓的艰难环境中,国人的大国优越感和民族自尊心受到了严重的打击,于是人们开始从各个方面反思国力衰颓的原因,这其中当然也包括反思旧的教育制度。一些先哲认为,要拯救国势日颓,首先必须改革"重虚文"而"轻实学"的教育内容,"教育救国"思想应运而生。在这样的背景下,1896年4月,《文学兴国策》出版发行,同年,京师大学堂创立。而光绪皇帝在为兴办京师大学堂所颁发的诏谕中说"兴学育才,实为当今急务"。一个"急"字,便道出了光绪皇帝教育救国的热切愿望。

然而教什么才能救国呢?文学课程当然是不能起到救国救亡的作用的。"文学教育无用论"导致在新的教育课程的设立过程中,传统文学被有意无意地忽略掉了,取而代之的是西方先进的自然科学知识。

为了生存，古老的活命哲学使人们放弃了毫无经世致用价值的文学教育，选择了实用的科学真理作为教育的主要内容。中国传统文学在有些地方被西方的教学体制与教育内容所取代。

不过值得注意的是，文学教育的这种冷落并未延续很久，很快就有人把“无用”的文学教育以“有用”的方式来使用，而这样使用的结果便是文学教育迅速地变成启蒙救亡和学习语言文字的工具。

(1)把文学教育当成启蒙救亡工具的代表人物是梁启超。戊戌变法失败以后，梁启超在东渡日本的轮船上，读到一部日本小说，领悟到文学原来还具有启人心智的巨大作用，于是为唤起国人的觉醒，为拯救我们这个多灾多难的民族，梁启超在《论小说与群治之关系》中发出了掷地有声、铿锵有力的声音：“欲新一国之民，不可不先新一国之小说。故欲新道德，必先新小说；欲新宗教，必新小说；欲新政治，必新小说；欲新风俗，必新小说；欲新学艺，必新小说；乃至欲新人心，欲新人格，必新小说。何以故？小说有不可思议之力支配人道故。”在梁启超看来，小说的力量实在太大了，“用之于善，则可以福亿兆人”“用之于恶，则可以毒万千载”。梁启超的上述观点无疑确定了20世纪初中国文学教育的目的，也使得文学教育走上了舞台的中心，文学教育此时承载起了“启蒙救国”的重任。

在梁启超“新民”的框架中，刻骨的体验、丰富的想象、精神的自由、心灵的轻松、审美的愉悦是被忽略的。在他看来，文学教育不是文学的教育，而是以文学为手段的教育，即文学教育的目的是要通过文学来培育“新人”。这里，本该是如云水般自由自在的文学教育被梁启超放置于一个既缩减又泛化的漩涡之中。一方面他缩减了文学教育的内容，在他眼里，只有能“新民”的文学作品才能作为文学教育的教学内容；另一方面，他泛化了文学教育的功能，在他的观念中，文学教育不仅仅是欣赏文学作品，更要解决培育新人的问题，解决启蒙救国的问题。在民族处于存亡危机的当口，每个人都有义务保卫自己的国家，梁启超的这种爱国主义情怀是值得钦佩的。

(2)把文学教育当成学习语言文字的工具的代表人物是叶圣陶先生。值得注意的是，梁启超漠视文学教育中的文学性，过分强调“新民之用”的实用主义思想，在很大程度上影响了其后的语文教育，而其中最典型的是把文学教育缩减为一种纯语言文字的教育。

1904年，清王朝颁布了《奏定学堂章程》，这是我国第一部比较完整的经颁布后在全国范围内实际推广的现代教育体制，俗称“癸卯学制”。在该学制中，虽然首次独立设置了中国文学课程，但其中也明确规定了在文学课堂上应教学生“以浅显书信、记事、文法，以资做官和实用”。清王朝颁布的这一“癸卯学制”极大地推动了中国新型学校制度的建立，然而同时它也开了文学教育语言专门化教学的先河。1920年，言文一致的国语课诞生了，北洋政府在以欧美学制为蓝本而制定的新学制中(即“壬戌学制”)明确指出：国语教学，首宜教授注音字母，正其发音，次授简单语调、语句、读法、书作法，渐以篇章之组织，并采用表演、问答、谈话、辩论、语法来练习语言。1923年6月，《中小学课程纲要》颁布，在这一较为完整的现代语文教育的纲领性的文件中，文学课上的“练习运用通常的语言文字”“养成能达己意的发表能力”等内容得以强调。到了20世纪三四十年代，这种文学教育“语言专门化”的倾向发展到了课程性质的层次，我们称之为“语言的觉醒”。

20世纪三四十年代，涌现了一批以叶圣陶、徐特立、夏丏尊、吕叔湘等人为代表的语文教育家，他们积极参与具体的中小学语文教学，为中小学审订语文课程标准、编写语文教材、创办语文杂志、开展语文教学研究，并由此形成了一个颇有影响的语文教育流派。他们的语文教育理论和语文教学实践，深刻地影响了现代语文教育的发展。如果探究一下他们的语文教育思想的内核，我们会发现，正确使用汉语，强调语言专门化教学，是他们最具代表性的语文教育观。

1942年，叶圣陶先生在《认识国文教学》一文中，首先阐述了以语言教学为本位的语文教育观产生的时代背景，旧式教育是守着古典主义的，读古人的书，意在把书中的内容装进头脑里去，不问它对于现实生活适合不适合，有用处没有用处。[1]就在指出了旧式教育的弊端之后，叶圣陶先生又在该文中对现代语文教育进行了严厉的批判：“五四以来，国文科的教学，特别在中学，专重精神或思想的一面，忽略了技术的训练，使一般学生了解文字和运用文字的能力没有

① 叶圣陶语文教育论集：上册[M]. 北京：教育科学出版社，1980:87.

得到适当的发展，未免失掉了平衡。”在对旧式语文教育和现代语文教育批判的基础上，叶圣陶先生第一次鲜明地概括了以“语言教学”为本位的语文教育的性质、内容与任务。叶圣陶先生在《略谈学习国文》中阐述了语文教学的内容和任务，学习国文就是学习本国的语言文字，语言文字的学习就理解方面来说，是得到一种知识；就运用方面来说，是养成一种习惯①。在《大力研究语文教学，尽快改进语文教学》一文中，叶圣陶先生明确了语文教育的性质：语文是工具，自然科学方面的天文、地、生、数、理、化，社会科学方面的文、史、哲、经，学习、表达和交流都要使用这个工具。②在学校里是基本科目的一项，在生活中是所需工具的一种。③

通观叶圣陶先生的教学思想，有两点是值得我们关注的：其一是关于语文学科的性质，语文是工具，是人们日常使用不可缺少的工具；其二是语文教学的内容与任务，在否定传统语文教学以义理为其教学内容的基础上，确立了以语言文字为主要教学内容的教学思想。

叶圣陶先生著名的“语文工具论”不仅影响了20世纪30年代国统区的语文教育，还波及了20世纪三四十年代的解放区。在陕甘宁边区编写的《中等国文》的前言里，明确指出本书确认国文教学的基本目的，是对汉语汉文的基本规律与主要用途的掌握，在这个方针下，该书反复强调“说与写的最初步的常识”“简单的应用文”“词和句”“汉语、汉字和汉文”“高级应用文”的教学。

今天，我们反观叶圣陶先生的语文教育思想时，首先应当肯定它的时代价值。传统的旧式教育守着古典主义和利禄主义，大多数人读书的目的就是以死记硬背的方式来求取功名，而他们所学的东西对提高他们个人的读写能力帮助有限。由此，叶圣陶先生以语言文字为本位的语文教学观，以其实用的价值对上述延续了千年的传统的旧式教育做了彻底的批判和更正，在语文教育的历史进程中是具有重大贡献的。叶圣陶先生也以他的真知灼见、富有个性的思辨、怀疑与批判的勇气，受到了后代语文人的敬仰。

---

① 叶圣陶语文教育论集：上册[M]. 北京：教育科学出版社，1980:2-3.

② 叶圣陶语文教育论集：上册[M]. 北京：教育科学出版社，1980:150.

③ 叶圣陶语文教育论集：上册[M]. 北京：教育科学出版社，1980:86.

当然，我们在肯定叶先生的语文教育思想的历史价值的同时，也不应该忽略另一个问题：即他的以语言文字为本位的语文工具论，只是打通了语文教学的语言关，而语言文字也只是通向文学这一充满着诗意的魅力世界的一把钥匙，语文教育的精华——文学教育被叶圣陶先生忽视了。

二、20世纪下半叶：文学美育变革期

（一）20世纪50年代：文学教育片面强调其社会意义

语文教学的历史情境常常充满了戏剧性。20世纪50年代，语文教学在沿着工具性的大路往前走的时候，拐了个弯，出现了一条岔路，语文教学开始分科了。1956年4月，教育部正式下达了在中学及中等师范学校中实行汉语、文学分科教学的通知。初中分出了汉语课和文学课，而高中只有文学课。应该说，文学教育在此时遇到了一个“文化的春天”。

然而令人遗憾的是，这一场“文化的春天”太短命了，自1956年开始，只试验了三个学期，至1958年，文学教育就受到了严厉的批判，“不要把语文课上成文学课”，在一片抨击声中，实验了一年半的文学教育不幸夭折了。但是，今天当我们回头观望那一段文学教育留下的毁誉的时候，许多从那个时代走过来的人心中充溢着的恐怕是深深的留恋吧！

关于这个时期文学教育的状况，笔者有以下看法：

（1）文学教育虽处于草创阶段，但此时确立了完整的文学教育理论体系，该体系对文学教育的任务、目标、教学内容、教材编写等方面做了具体详细的阐述，举例来说，仅文学教学中最重要的教学内容在大纲中就条分缕析地做了详细的表述。初中阶段包括：①文学是通过形象认识现实的手段，是斗争的武器；②文学作品的主题和思想，主人公、叙述、描写和对话，作品结构；③文学作品的体裁；④文学作品的语言；⑤评价文学作品的标准；⑥我国民间口头文学和它在文学发展史上的作用；⑦我国古典文学的人民性和艺术价值；⑧我国现代文学在人民革命和社会主义建设中的巨大作用。高中阶段包括：①文学的起源，民

间口头创作同文学的关系；②形象和典型的概念；③文学中的人民性、阶级性、党性；④各种体裁的艺术特点；⑤文学语言的概念；⑥批判现实主义和社会主义现实主义的概念；⑦评价古典文学作品的历史主义原则；⑧我国文学的独特性和创造性。由上可知，这一套文学教育理论虽然存在一些问题，但它确立了一个庞大的基本反映了文学教育本质规律的内容体系，对后来以至今天的文学课教学都有一定的借鉴作用。

（2）文学教育采取一种强制灌输的手段，片面强调其社会性意义。20世纪50年代，初、高中语文教学大纲开篇就是“文学反映社会生活，是帮助年青一代认识社会生活的重要手段，是对年青一代进行社会主义教育的工具”。文学教育无疑承载了培养符合主流意识形态的学生的作用，而这种主流的意识形态反映在初中文学教育的教学任务中则细化为：帮助学生树立社会主义政治方向；培养辩证唯物主义世界观；培养共产主义道德，特别是爱国主义精神，共产主义劳动态度，集体主义精神，自觉地遵守纪律的精神，爱护公共财物和坚韧、勇敢、谦逊、诚实、俭朴等品德等。在上述教学任务的统领下，当时的文学课堂往往会跨越文本的文学性，片面地强调其社会性意义，这样做的结果是文学课被上成了政治课，文学自身的审美价值也有所减弱。

文学的教育功能总是伴随着审美功能的实现而实现。爱伦·坡说：“诗中的信念是启迪的手段。”[①]文学教育最合理、最有效的方式是“启迪”，让人们在获得审美愉悦的同时得到某种精神的体悟、某种人生的感发。而这种体悟和感发是充满个性的，是未被强大的意识形态完全同化的人的真实的内心活动，是润物细无声的直觉熏陶。陈思和先生曾说：有一次，我读了巴金的长篇小说《憩园》……我那时读繁体字直排本还很吃力，但读完以后却被它深深地感动了。……这个故事激发了我全部内在的同情心，激发了我人性中善良的道德力量，帮助我辨别当年的形式和以后的人生道路。……艺术这个东西就是这样，你未必能够有效地利用它，但它会在你心里生下这么一个根，那就是对人生的

① 雷·韦勒克，奥·沃伦．文学理论[M]．刘象愚，邢培明，陈圣生，等译．北京：生活·读书·新知三联书店，1984：18．

理解，对自我的理解，对生命的理解。[1]由上可知，文学的教育功能主要体现在对读者人格潜移默化的影响，并且这种作用得以实现的前提条件必须是读者“被它深深地感动了”。也就是说，文学教育功能的实现必须以文学审美功能的实现为前提。而20世纪50年代的文学教育一般采取一种强制灌输的手段，在文学课堂上，如果没有情感的激发，没有趣味的萌生，没有文学美的熏陶，那么这种唯教育而教育的文学课堂无疑是无趣而且低效的。

（二）20世纪60年代：中学文学教育回归“语言文字工具论”

20世纪50年代后期至60年代初，人们开始对20世纪50年代的语文教学进行反思，反思的结果是一部分人开始抨击当时的文学教育“文学课本厚古薄今，离现实生活颇远”，而且充满“小资产阶级情调”，而有一些人甚至干脆提出“不要将语文课上成文学课”的观点。在这一片强力的呼声中，20世纪60年代的中学语文教育又重新回到“语言文字工具论”。在1963年颁布的语文教学大纲中开篇就明确提出“语文是学好各门知识和从事各种工作的基本工具”。至于如何理解这种基本工具的性质和任务，大纲在后文中做了具体阐述：“中学语文教学的目的，是教学生能够正确地理解和运用祖国的语言文字。”20世纪60年代的中学语文教学，在多年的“语言文字工具论”与“思想义理工具论”的摇摆中最终选定了“语言文字工具论”。

（三）20世纪80年代：有限更正，未能建立起完整的文学审美教育的教学体系

20世纪80年代，语文教学是兼有工具性与思想性的，在1980年出台的语文教学大纲中明确指出：“语文是从事学习和工作的基础工具。”“语文课在进行读写训练的同时，还必须进行思想政治教育。思想政治教育必须根据语文课的特点进行，必须在读写过程中进行，读写训练也必须以正确的观点为指导，二者是相辅相成、互相促进的。”由上可知，20世纪80年代“语文教学的工具性与思想性”观点占据着主导地位。虽然大纲反复强调工具性与思想性要完全融合，但在教学实践中部分语文教师依然采取一种强制灌输的手段，片面强调语文教学

① 陈思和．文本细读在当代的意义及其方法［J］．河北学刊，2004(2):112.

的思想意义。

值得庆幸的是，这时中学语文教学界开始重提文学审美教育了。在1982年的初中语文课本《阅读》前言中明确提到了“要培养学生初步欣赏文学作品的能力”；在1984年开始编写、1985年开始使用的人教版高中语文课本《文学读本》的说明中也指出：“指导学生认真精读一部分典范的文学作品，并结合各种练习，教会学生文学鉴赏的基本知识和基本方法，初步培养学生文学鉴赏的兴趣和能力，进一步提高学生理解和运用语言的能力。”由上可知，20世纪80年代的文学审美教育虽被重提，但它不见于教学大纲的前言，也不见于教学大纲的教学目的，只在教材的前言和编写说明中有所涉及。在中学的文学课堂上，语文教师教得最多的是归纳段落大意、中心思想，“这篇文章通过叙述一个……故事，表达了作者……的思想感情，歌颂了……，批判了……”，教师在用一个全国通用的句式分析完文章的中心思想之后会附加分析一下它的写作特点，诸如夹叙夹议呀、开门见山啦、比喻啦、排比啦、象征啦……20世纪80年代的文学教育教给学生的文学性大多都局限在这些方面。

(四)20世纪90年代至今：理念更新，仍未衍生出文学审美教育的教学体系

自20世纪90年代以来，业界开始对传统语文教学中的工具性与思想性进行反思，结果是发现传统的文学课堂由于过分地强调非文学性的因素，尤其是强调了知识性的传授或思想性的强制灌输，从而遮蔽了文学教育自身的审美功能。

在1990年版的九年义务教育初中语文教学大纲的“教学要求”中就特别增补了培养学生“初步欣赏文学作品的能力”，在其“教学内容”的48个训练项目中，文学欣赏占了阅读训练的好几个项目，诸如“欣赏课文中优美、精辟的语句”“初步欣赏文学作品中的形象和描写”等。1996年版的高中语文教学大纲虽是专为“两省一市”(江西、山西、天津)中学语文课程改革而制定的过渡性的大纲，但它提升了文学审美教育的地位，并将它写进了大纲的教学目的：“要对学生进行有效的语文训练……使他们具有适应世纪需要的现代文阅读能力、写作能力和听说能力，具有初步的文学鉴赏能力和阅读浅易文言文的能力。”这里文学鉴

赏能力已经成为当代高中生应当具备的四种语文能力之一。根据这个大纲编写的人教版“两省一市”的实验教材，在文学审美教育方面也做了大胆的探索。在教材选材方面，课文的60%都是文学作品，高二课文全部是文学作品，高三课文有三分之二是文学作品；在教学目的上，高二培养学生鉴赏文学作品的能力，高三培养学生研讨、评价文学作品的能力。1996年版的高中语文教学大纲虽然历时短，范围小，但它在理论与实践范围内提高了文学审美教育的地位，扩展并丰富了人们对文学审美教育的认识。

2003年颁布了新的初高中语文课程标准，这一标准体现了时代特色，“语文素养”“审美能力”“文化熏陶”“感受鉴赏”“陶冶性情”“追求情趣”“整体感知”等与文学审美教育相关的词语，反复地出现在课程性质、课程的基本理念、课程目标与课程的实施建议中。可以这样说，“文学审美教育”首次出现在中学语文课程性质与基本理念之中。

综上所述，20世纪90年代的文学审美教育虽提出了一些新的教学理念，但由于相应的学理研究与实践指导未来得及跟上，由于过度关注教学方法的更新而忽略了实质性的教学内容的纠偏，从而导致新课改中的文学审美教育流于简单化、表面化、形式化。

我们之所以要对百年的文学审美教育作一个梳理，是希望对我们已经经历过的道路作一次严肃的回顾和深刻反思。因为，从某种意义上来说，了解历史也是一种负责任的“重建”。

第二节 “无用之大用”：王国维文学美育论

在中国，文学教育的作用历来都在现实的挤压与人性的觉醒中发生强烈的冲突与碰撞，而这种矛盾在20世纪初显得格外突出。

18世纪末19世纪初，以康有为、梁启超为首的文人们在西方列强猛烈炮火的轰击声中，不得不面对日渐衰颓的国势、支离破碎的国土、椎心泣血的苍生。他们清醒地意识到：我们必须寻觅到为启蒙救亡而服务的工具。于是实业救国、科学救国乃至文学救国，便成为那个时代最重要的运动。实业救国、科学救国固然能理解，然而文学救国未免有点空中楼阁。鲁迅有一句名言：一首诗吓不走孙传芳。文学固然具有人格熏陶的作用，具有唤醒民众的作用，但是文学教育的力量是一个缓缓释放的过程，如果将文学教育不恰当地抬高到救国的高度，夸大文学教育的力量，也有可能使得本具有认识、慰藉生命作用的文学及文学教育失去其独立的价值。

幸运的是，如果我们回望历史会发现，在历史巨轮的倾轧下，依旧有一些反传统、反教条的勇敢的智者，他们的思想犹如颗颗生辉的钻石散落在古老的黑土地里。

这颗璀璨的钻石经过了一个世纪岁月的云卷云舒，还镶嵌在夜之海的灯塔之上，并折射出灼人的光芒。进入21世纪后，依然有许多人在遥望凭吊他的同时还在向他行注目礼，他的那些精妙的思想依然常歌短咏在民族永恒的记忆里，他就是王国维，今天，当我们翻开《王国维全集》，走进他那被历史误解并被无数次打入冷宫的精神世界之时，我们觅到的是文学教育回家的路！

一、对“文学是政治工具”论的批判

站在中西文化结合点上的王国维，在20世纪初猛烈地抨击了“文学是政治

工具”“文学教育是启蒙救国的手段”的论点，明确指出：“天下有最神圣、最尊贵而无与于当世之用者，哲学与美术是已。”“自忘其神圣之位置，而求以合当世之用，于是二者之价值失。”[①]他认为文学家、政治家各有其独立的价值，彼此间不能互相替代，而在传统的官本位思想中，文学为政治服务的论调使得文学家们无不想兼为政治家，这也就导致了文学自身美学价值的降低。为此王国维曾多次在文章中感叹：

又观近数年之文学，亦不重文学自己之价值，而唯视为政治教育之手段，与哲学无异。[②]

呜呼！美术之无独立之价值也久矣。此无怪历代诗人，多托于忠君爱国劝善惩恶之意，以自解免，而纯粹美术上之著述，往往受世之迫害而无人为之昭雪者也。此亦我国哲学美术不发达之一原因也……若夫忘哲学、美术之神圣，而以为道德、政治之手段者，正使其著作无价值者也。[③]

在王国维看来，功利文学、为政治斗争而服务的文学是毫无生命力的。既然文学不是政治工具，那么文学是什么，它又有哪些作用呢？王国维在《古雅之在美学上之位置》一文中这样概括文学艺术的审美特性：可爱玩而不可利用者，一切美术品之公性也。[④]当然，“可爱玩而不可利用”，并非真正排斥文学的教育作用，只是在强调文学独立的审美价值和审美愉悦功能。在同篇文章中王国维这样界说文学的作用：

至论其实践之方面，则以古雅之能力，能由修养得之，故可为美育普及之津梁。虽中智以下之人，不能创造优美及宏壮之物者，亦得由修养而有古雅之创造力；又虽不能喻优美及宏壮之价值者，亦得于优美宏壮中之古雅之原质，或于古雅之制作物中得其直接之慰藉。[⑤]

① 王国维．论哲学家与美术家之天职[M]//王国维文集：第三卷．北京：中国文史出版社，1997：6.

② 王国维．论近年之学术界[M]//王国维文集：第三卷．北京：中国文史出版社，1997：38.

③ 王国维．论哲学家与美术家之天职[M]//王国维文集：第三卷．北京：中国文史出版社，1997：7-8.

④ 王国维．古雅之在美学上之位置[M]//王国维文集：第三卷．北京：中国文史出版社，1997：31.

⑤ 王国维．古雅之在美学上之位置[M]//王国维文集：第三卷．北京：中国文史出版社，1997：35.

从“由修养得之”“美育普及之津梁”“直接之慰藉”这些字眼可以看出，王国维以为文学作品是作者通过表现自己对人生的情思，而使读者得到艺术的享乐和情绪的感化，并进而潜移默化地影响甚至改变读者的人生价值观。

二、“无用之用”论的提出及其内涵

在激烈地抨击时弊的基础上，王国维提出了文学的独立价值观即著名的“无用之用”论。他在《孔子之美育主义》一文中说：

> 呜呼！我中国非美术之国也！一切学业，以利用之大宗旨贯注之。治一学，必质其有用与否；为一事，必问其有益与否。美之为物，为世人所不顾久矣！……庸讵知无用之用，有胜于有用之用者乎？①。

“无用之用”论简略地道出了王国维文学独立价值观的真谛。我们在理解“无用之用”论时，首先必须弄清楚两个“用”所指代的不同内容。

第一，“无用”的“用”主要指的是“社会功用”，功利性很强，是“偏于实用的，利己的”，是“趣味甚卑，目光甚短”的②。王国维认为，在物质的世界里，文学艺术是没有任何使用价值的。他在《文学小言》的第一则里就说：

> 余谓一切学问皆能以利禄劝，独哲学与文学不然。③
>
> 美之性质，一言以蔽之曰：可爱玩而不可利用者是已。④

有经验的读者都会有这样的感受：当我们在读文学作品时，我们的心中会沸腾起一种难以言说的情感波澜，而这种情感波澜是远离纷繁的现实生活与实用功利的。举例来说，当我们读《乱世佳人》时，我们会暂时忘记身处的外部世界，不自觉地走进文本的界域，我们会和郝思嘉一起体验她爱而不得的椎心泣血的痛，我们会为这个面对窘境却依然倔强与坚持的女人而拊掌叫好，我们会

① 王国维．孔子之美育主义[M]//王国维文集：第三卷．北京：中国文史出版社，1997：158.

② 王国维．教育家之希尔列尔[M]//王国维文集：第三卷．北京：中国文史出版社，1997：370.

③ 王国维．文学小言[M]//王国维文集：第一卷．北京：中国文史出版社，1997：24.

④ 王国维．古雅之在美学上之位置[M]//王国维文集：第三卷．北京：中国文史出版社，1997：31.

快慰于她所取得的成功，我们会提心吊胆地牵挂这个任性而又执着的女人的结局。又如当我们读到李煜的“胭脂泪，留人醉，几时重？自是人生长恨水长东”之时，我们的心中似乎会充溢着呜咽的悲风，打动我们的不仅仅是亡国奴的感慨，更是这位小皇帝在成为囚徒之后发出的对青春、爱情一去不复返的哀叹，而上述这些情感对于那些有过类似生命体验的人来说，是完全能撩拨起他们的共鸣的。由上述两例，我们可以归纳出：无论是诗歌还是小说等其他的文学艺术样式，当欣赏它时，我们会忘却文本之外那个嘈杂喧嚣而又充满诱惑的世界，会被作者领进一个全新的梦幻般的世界。在那里，我们的心灵会完全栖息在文本之中，尘嚣远遁、杂念皆消，我们会惊喜地和作者及书中的人物像知心朋友似的促膝谈心。这正如周国平先生所说“忘却了自己却也获得了自己”①。

无独有偶，和王国维观点一致，朱光潜在《文艺心理学》中也说道：“‘艺术要摆脱一切然后才能获得一切’。艺术所摆脱的是日常繁复错杂的实用世界，它所获得的是单纯的意象世界。意象世界……却没有实用世界的牵绊，它是独立自足，别无依赖的。”②周作人先生在《圣书与中国文学》一文中也强调，艺术与宗教同源，它们都具有入神与忘我的特性，所以，艺术必须是宗教的，才是最高尚的艺术。③上述两位先生精妙的观点从美学与心理学的角度进一步验证了王国维“无用之用”论的合理性。

第二，王国维“无用之用”论中的第二个“用”指的是文学艺术对人类现实人生的安慰。在王国维看来，文学艺术不能成为道德、政治的手段，其《论哲学家与美术家之天职》又说：“若夫忘哲学、美术之神圣，而以为道德、政治之手段者，正使其著作无价值者也。”④它应该独立于政治道德之外，有和人生紧密相连的独立的价值与目的。在《教育家希尔列尔和《〈红楼梦〉评论》一文中，王国维进一步具体阐释了文学艺术和人生紧密相连的独立价值的内涵：

美术文学非徒慰藉人生之具，而宣布人生最深之意义之艺术也。一切

① 周国平．守望的距离[M]．太原：北岳文艺出版社，2004：253.

② 朱光潜．朱光潜全集：第一卷[M]．合肥：安徽教育出版社，1987：212.

③ 周作人．圣书与中国文学[J]．世界宗教文化，1997(2)：59-65.

④ 王国维．论哲学家与美术家之天职[M]//王国维文集：第三卷．北京：中国文史出版社，1997：8.

学问，一切思想，皆以此为极点。人之感情惟由是而满足而超脱，人之行为惟由是而纯洁而高尚。

美术之务，在描写人生之苦痛与其解脱之道，而使吾侪冯生之徒，于此桎梏之世界中，离此生活之欲之争斗，而得其暂时之平和，此一切美术之目的也。①

这样，通过多方面的论辩和说理，王国维不仅把文学艺术从被动从属的地位转变为自觉独立的地位，还界定了文学艺术的独特价值：表现了作者的人生情思，使读者得到艺术的享乐和人生的安慰。

需要补充说明的是，王国维所讲的文学艺术“无用之用”论中两个“用”之间是紧密相连的。文学艺术“无用”实际上还是着眼于它的“用”，只是他把着眼于现实功利与技术层面的实用转化为更加深邃与广阔的精神之“用”。在王国维看来，文学艺术中的幻境和陶醉都是虚无的，但是它们在人生中却具有并不虚无的功用与价值。具体地说，王国维所强调的“用”指的是文学艺术对现实人生的解救，是要让人们在文学艺术的幻境中既认识人生，摆脱苦痛，暂时得到休息，又能让人们的性情得到陶冶，使人们成为“完全之人物”。巧合的是，在王国维逝世百年之后的今天，当代著名学者周国平先生在评价尼采的学说时曾说了一段与王国维的观点不谋而合的话：

诚然，用实际生活的眼光来看，诗和艺术是没有任何价值的。尼采也承认，艺术只是梦和醉，甚至只是“谎言”。在尼采看来，如果仅仅以科学的眼光看待人生，便只好承认人生是有根本缺陷的，人生的要务仅在于安排好有生之年的实际利益，而对于绝对的向往则应予根绝。这种人生观当然可以被芸芸众生接受，然而，一个人一旦心怀对于绝对的憧憬，便不可能再满足于如此的人生了，这时候，唯有艺术才能抚慰他的生命的苦恼。②

周国平的上述论证，无疑是用今人的眼光来验证王国维“无用之用”论的正确性以及“无用之用”中两个“用”之间所存在着的目的转换关系。两位知识分

① 俞晓红．王国维《红楼梦》评论笺说[M]．北京：中华书局，2004:77.

② 周国平．守望的距离[M]．太原：北岳文艺出版社，2003:70.

子精英都希望把文学艺术的作用由社会、功利的“经”转变为超社会、超功利性的“诗”，他们都希望停驻在物质层面上的“无用”能使得文学艺术更贴近人生精神的“大用”，文学艺术越是在实用层面上“无用”就愈能彰显其在精神层面上的“大用”。

三、实现人生精神之“大用”的方法

在明确了王国维“无用之用”论中两个“用”的概念和内涵之后，我们接着要探究的是王国维实现人生精神之“大用”的手段与方法。王国维认为，靠强制灌输是无法让人们在文学艺术中寻觅到精神家园的，只有祛除了现实功利的审美教育才能使人获得一个自足的精神世界，并进而达到一个“完美之域”。

王国维认为，教育所培养的“完全之人物”应该具备内外两方面的能力：

> 教育之宗旨何在？在使人为完全之人物而已。何谓完全之人物？谓人之能力无不发达且调和是也。人之能力分为内外二者：一曰身体之能力，一曰精神之能力。发达其身体而萎缩其精神，或发达其精神而罢敝其身体，皆非所谓完全者也。完全之人物，精神与身体必不可不为调和之发达。①

依生活常识来看，身体之能力可以通过有意识的体力锻炼来提升，而精神之能力存在于人们的无意识层面中，它是间接地诉诸人类的情感世界的，由于它摒弃了科学与理性，人类即便通过有意识的努力也依旧无法有效地提升。那么，这种精神之能力在王国维看来要如何才能实现呢？先生在《论教育之宗旨》一文中提出了一个在当时极富新意，如今依旧具有借鉴价值的观点：

> 美育者一面使人之感情发达，以达完美之域。②
>
> 谓人日与美相接，则其感情日益高，而暴慢鄙倍之心自益远。故美术者科学与道德之生产地也。又谓审美之境界乃不关利害之境界，故气质之欲灭，而道德之欲得由之以生。故审美之境界乃物质之境界与道德之境界之

① 王国维. 教育之宗旨[M]//王国维文集：第三卷. 北京：中国文史出版社，1997：57.

② 王国维. 教育之宗旨[M]//王国维文集：第三卷. 北京：中国文史出版社，1997：58

津梁也。[1]

在王国维看来，美育是实现人类精神之“大用”的唯一方法。是啊，每一个曾经进入审美境界的人都会有这样一种感受：当把自己全部的生命情感投注于文本时，我们会不自觉地坠入并体验作品的世界，暂时忘却现世的苦恼，曾经痛苦的灵魂在这一刹那间会得到抚慰。当然，除了告别痛苦之外，我们还会在某些寓意深刻的作品中，不知不觉仿佛目睹到了生命的本相、听见了真理的告诫，我们的心智也将由此而洞开，从而获得进一步提升。

由上可知，在王国维眼中，社会要想培养出完全之人物，个人要想在生活里觅得一片从容如云水般自足的精神世界，审美教育不可缺失。

今天，当国外文学理论涌进我们的国门时，我们惊讶而又欣然地发现：王国维的上述观点是与许多国外学者的理念相一致的：诗中的信念是启迪的手段，文学是甜美而有用的[2]；“读者总是被牵着鼻子去相信某些东西，并在催眠状态中同意这些东西”[3]。在走过百年的斑驳岁月之后，王国维的“无用之用”论以及他对美育独立价值的重新审定，依然具有借鉴意义。

第三节 “工具论”：叶圣陶、夏丏尊文学美育论

19世纪末20世纪初，中国处在一个灾难和机遇并存、动荡和变革互见的时期，各种文化相互影响，产生了许多思想家和改革家。在语文教育领域，这个时期我国涌现出了一批诸如康有为、梁启超、蔡元培、胡适、刘半农、叶圣陶、夏丏尊、朱自清等语文教育的大家，他们从东西方文化的碰撞中寻找语文教育的出

① 王国维. 孔子之美育主义[M]王国维文集：第三卷. 北京：中国文史出版社，1997：156.

② 雷·韦勒克，奥·沃伦. 文学理论[M]. 刘象愚，邢培明，陈圣生，等译. 北京：生活·读书·新知三联书店，1984：18-19.

③ 雷·韦勒克，奥·沃伦. 文学理论[M]. 刘象愚，邢培明，陈圣生，等译. 北京：生活·读书·新知三联书店，1984：27.

路。其中尤以叶圣陶、夏丏尊两位先生为著名。他们对古代语文教育的反思以及富有创新性的语文教育思想影响了大半个世纪。下面笔者从三个方面来探讨、反思二位先生的语文教育思想。

一、对私塾式语文教育的反思

凡是一种思想的产生，都有其产生的背景。要理清二位先生的教育思想，首先得去寻觅支撑这种思想的大文化背景。二位先生从20世纪一二十年代就开始从事语文教学与写作，他们大部分阐述自己教育思想的文章都是在中华人民共和国成立前完成的（夏于1946年去世），因而，他们的语文教学思想主要是针对旧式语文教学的弊端而加以申说。

总结起来，二老认为旧式的私塾教育有以下一些弊端：

第一，教学内容意识形态化。五四运动前，国文教学的载体即教材是经史子集。执政者从“文以载道”的观念出发，选择有利于维护统治、教化百姓的文章，教育内容意识形态化，教育过程注重道德重塑。对于此种现象，叶圣陶批判说：“重视内容，假如超过了相当的限度，以为国文教学的目标只在灌输固有道德……而竟忘了语文教学特有的任务，那就很有可议之处了。”[①]在批判旧式教育内容意识形态化的基础上，他进一步提出了选择国文教育内容的主张：“国文教学自有它独当其任的任，那就是阅读与写作的训练。”[②]而作为叶圣陶至交的夏丏尊在谈到中学生要阅读一些什么书时也说：“书籍并不是茶余饭后的消遣品，乃是培养生活上知识技能的工具。”[③]

第二，教学方法单一化。二老认为，私塾时代常用的教学方法是教师逐字逐句地串讲。具体地说，在教学的过程中，私塾先生对于一篇文章中的文句是平均看待的，就是说对于学生能够了解的文句，教师也不惮烦劳，把他译作口头

① 叶圣陶．叶圣陶语文教育论集：上册[M]．北京：教育科学出版社，1980：57.

② 叶圣陶．叶圣陶语文教育论集：上册[M]．北京：教育科学出版社，1980：57.

③ 夏丏尊．夏丏尊论语文教育[M]．郑州：河南教育出版社，1987：69.

的语言，而对于学生不甚了解的文句，教师又不过把它译作口头的语言而已[①]。这样做法的最大毛病在于“学生太少运用自己的心力”。凡是文章书本，学生必须待教师讲解之后才大概了解，即使一辈子跟着教师过活，也还有脱不了依傍的弊病。何况学生绝不能够一辈子跟着教师过活？[②]“教师走马灯式地讲授，学生打着呵欠敷衍，或则私自携别书观览，这是普通学校中国文教室中的一般情形。”[③]

第三，作文教学程式化。二老认为，私塾的作文教学事实上就是教学生如何作八股文以应付考试，博取功名。所谓的八股文，从内容上说，是不要说自己的话，要“代圣人立言”。从形式上说，八股文要按照一定的框架和腔调去写。叶圣陶对旧式私塾教育中的作文教学曾举过一个很形象的例子：“你能够揣摩题目的意旨以及出题目的人的意旨，按着腔拍，咿唔一阵，就算你的本领；如果遇到无可奈何的题目，你能够无中生有，瞎三话四，却又叮叮当当的颇有声调，那更见出你的才情。”[④]

第四，教学目的功利化。叶圣陶认为，旧式语文教育的目的是守着“利禄主义”，“读书作文的目标在取得功名，起码要能得‘食禀’，飞黄腾达起来做官做府，当然更好。至于发展生活上必要的知识，使个人终生受用不尽，同时使社会间接蒙受有利的影响，这一套旧式教育根本就不管。”[⑤]夏丏尊先生也在《受教育与受教材》一文中认同叶圣陶的观点，明确指出：“中学生诸君要破除徒以读书为荣的‘士’的封建观念，养成实力。”[⑥]

二、对私塾式语文教育反思之反思

叶、夏二位先生正是因为认清了旧式语文教育的种种弊端以及这些弊端的

① 叶圣陶. 叶圣陶语文教育论集：上册[M]. 北京：教育科学出版社，1980:68.

② 叶圣陶. 叶圣陶语文教育论集：上册[M]. 北京：教育科学出版社，1980:83.

③ 夏丏尊. 夏丏尊论语文教育[M]. 郑州：河南教育出版社，1987:32.

④ 叶圣陶. 叶圣陶语文教育论集：上册[M]. 北京：教育科学出版社，1980:40.

⑤ 叶圣陶. 叶圣陶语文教育论集：上册[M]. 北京：教育科学出版社，1980:87.

⑥ 夏丏尊. 夏丏尊论语文教育[M]. 郑州：河南教育出版社，1987:18.

严重后果，才引发了他们去寻访语文教育的真谛，并在寻访的过程中记录下了如珍珠般思想的碎片，而这些思想的碎片带给我们的是无数的启发和反思。

通观二老的语文教育思想，最重要的一点是，他们对语文学科的性质与教学目的的研究。

早在20世纪40年代，深受杜威的语言是“彼此交换意见的工具”“是社会生活的工具”思想的影响，叶圣陶给语文教育的性质做了一个历史定位：“国文，在学校里是基本科目中的一项，在生活上是必要工具中的一种。”[①]这一具有划时代意义的启蒙性思想，实际上是源于好友夏丏尊。夏先生曾经说：“时代和境遇所要求的知识才是有用的知识。”[②]他曾劝诫中学生破除徒以读书为荣的“士”的封建观念，养成实力[③]。

从上述论断我们可以看到，二老正是以一种与意识形态疏离的态度，解构旧式的语文教育；以工具论的“实用”，消解旧式教育的“利禄主义”。

由于二位先生这种与时代隔绝的话语方式，具有对旧式语文教育的对抗性的价值，从而引起当时及此后以“顾道而轻文”为语文教育主要特点的20世纪五六十年代的语文人的强烈共振。

即使今天，我们也不得不肯定语文教育“工具论”的历史意义。因为它不仅维护了语文教学“言语性”的特征，而且对纠正“语文的本质是政治性”这一论点起到了颠覆性的作用。只是，在我们回眸历史并细加思量的时候，除了对为现代语文教育做出巨大贡献的叶圣陶、夏丏尊深表敬意之外，也不能不指出他们所创立的“工具论”存在的疏失。其最大疏失是忽视并违背了文学文本的特点及其教学规律，所主张生成的是一种纯技术性、纯操作性的科学化课堂。

叶圣陶先生在谈到国文教学的基本内容时说：

> 其实国文所包的范围很宽广，文学只是其中一个较小的范围，文学之外，同样包在国文的大范围里头的还有非文学的文章，就是普通文。这包括书信、宣言、报告书、说明书等等应用文，以及平正地写状一件东西载录一件

① 叶圣陶．叶圣陶语文教育论集：上册[M]．北京：教育科学出版社，1980：86.

② 夏丏尊．夏丏尊论语文教育[M]．郑州：河南教育出版社，1987：11.

③ 夏丏尊．夏丏尊论语文教育[M]．郑州：河南教育出版社，1987：18.

事情的记叙文，条畅地阐明一个原理发挥一个意见的论说文。中学生要应付生活，阅读与写作的训练就不能不在文学之外，同时以这种普通文为对象。①

由上可知，既然国文教学的任务就是阅读与写作的训练，而阅读与写作的训练大都则又必须在文学之外，所以，在叶圣陶那里，文学教育不过是一种点缀与装饰，他是要通过主动疏离文学教育、聚焦普通文教学的方式来完成国文教学的目的与任务。在叶圣陶明确阐明了国文教学的任务以及实现该任务的方法之后，他的挚友夏丏尊则在《学习国文的着眼点》中具体厘定了国文教学的内容："我是主张学习国文应该着眼在文字的形式的。"并进一步解释说：

我所讲的方法也是关于形式方面的事情。打算分三层来说，(一)是关于词儿的……关于词儿所当注意的事情，第一是词儿的辨别要清楚。……另外还有一个方面值得注意，就是词儿在句子中的用法，……关于句子，第一所当着眼的是句子的样式。……对于每一句句子不但要单独地认识它，还要和上下文联结了认识它。……上面已讲过词儿和句子，以下再讲表现的方法。②

对于上述理念，夏先生于若干年后，在具体的教学实践中似乎也发现了问题，他在《我在国文科教授上最近的一信念》一文中，说："无论如何设法，学生的国文成绩总不见有显著的进步，因了语法、作文法等的帮助，学生文字在结构上形式上，虽已大概勉强通得过去，但内容总仍是简单空虚。"③

语文教育的工具论长期以来强调其"实用价值"是学生学习国文低效的原因之一，只是今天，我们有必要进一步追问：在语文教育工具论的指引下，语文教学失误的原因到底是什么？

原因一，混淆了"大语文"与"小语文"的概念，语文教学的功能被无限地泛化。众所周知，在中国古代教育体制中，语文教学几乎占了它全部的教学时间，

① 叶圣陶. 叶圣陶语文教育论集：上册[M]. 北京：教育科学出版社，1980：60.

② 夏丏尊. 夏丏尊论语文教育[M]. 郑州：河南教育出版社，1987：86，88-90.

③ 夏丏尊. 夏丏尊论语文教育[M]. 郑州：河南教育出版社，1987：114.

不仅如此，古代的语文教学内容实际上还包括了当时所有用文字来表述的东西。现在所说的文学、语言学、哲学、伦理学、历史学、地理学、经济学等方面的知识，都是通过语文学习来进行传授的，所以古代语文教学毋庸置疑是一个“大语文”的概念。鸦片战争之后，在西方教育体制的影响下，中国近现代教育各文化门类分工越来越细密化，具体来说，自然科学和社会科学的某些门类，逐渐从“大语文”概念中被分化成诸如历史、政治、地理、生物、化学等不同的学科。从这个意义上来讲，我们现在的这个“语文”应该被界定为一个“小语文”概念。

既然今天自然科学、社会科学的某些门类已从“大语文”中分离出来，并且被大量地充实到了中国现代教育课程体制中，那么就有理由把本隶属于自然科学、社会科学某些门类的知识性、科学性、逻辑性语言的教学任务，从“大语文”中脱离出来，并将其位移到生物、物理、化学、历史、政治等学科的教学当中，而学生对于这些语言的掌握与运用也应该主要是在这些学科的学习过程中获得。举例来说，学生学了生物之后，他们才知道要从哪些方面来观察、了解动植物的生活习性，同时，他们在阅读教科书的过程中，也潜移默化地掌握了说明的语言、结构、方法，并进而加以模仿，从而学会写出有关于某种动植物的说明文；又如，在物理、化学课上学生在教师的指导下学会写实验报告。从上述例子中我们可以得到这样的信息：学生对于上述知识性、科学性、逻辑性语言的掌握与运用，往往是在自然科学、社会科学等学科的学习过程中不知不觉地得到，语文学科应该负责的是要让他们学会字词的书写和语言组织上的文从字顺，至多是传授一些此类文章的写作规范，进行一些适度的写作训练。如果我们把上述这些学科语言的教学内容大量地充斥到语文课堂上，那么无疑会大大缩减对表现人类情感的、审美的文学语言的教学时间，无疑会使诗意的文学只能在纯科学性语言的教学盛宴中，扮演一个不受欢迎的魂灵，孤独地到处游荡。这样一种与文学断开的语文教学因其淡化了情感教育的内容，往往会导致人的实利化、理念化、科学化、教条化。

原因二，文法知识和语言运用的错位。站在叶圣陶和夏丏尊所生活的历史背景中，由于反对语文教学为政治和道德服务，二位先生所提出的纯工具论的语文教学思想具有一定的时代价值，但是，从具体的教学实践中，我们又发现许多掌握了文法知识的学生未必能写出好文章，甚至是文从字顺也很难做到。究其原因，是文法知识和语言运用之间的错位。知识固然是实践的基础，但知识不等于实践，就好像一个人掌握了游泳的知识，但未必会游泳。写作也是一样，写出一篇好文章的元素是纷繁复杂的，作者除了需要掌握一些基本的文法知识之外，还需要拥有良好的语言储备、语言运用能力、谋篇构章能力，以及丰富的人生阅历、敏感的心灵等。有经验的作者在判断某句话是否有语病时往往也是凭借某种直觉的语感，而并非是语法知识。也正因为此，我们应该意识到从知识到实践还有很长的一段路要走。本应是纷繁复杂的写作实践以一种简单明了的知识形态呈现在学生和教师面前，这无疑是将语文教学逼到了某种狭窄的空间。

原因三，消解了文学语言的情感性。文学语言与科学语言之间存在着巨大差异，科学语言必须与它所指称的客体相对应，它只是为了传达信息，只是要通过符合逻辑的真实而使人从理智上信服，因而它并不关心情感效果。而文学语言因其要去探索人类心灵的奥秘，揭示人丰富的情感世界，因而文学语言是一种情感语言，它所陈述的目的是为了表达情感并获得读者情感上的相信，它不需要严格的遵守逻辑规则，有时它甚至要有意地打破逻辑规则，寻求一种语言的“陌生化”。用上述科学语言与文学语言的区别，来反观二位先生的语文教学思想，我想说的是：二位先生所强调的语文教学的具体内容，由于过度关注语言的语法逻辑规则，过度关注科学语言的教学（诸如说明语言、论说语言、应用语言等的教学），从而削弱了文学语言的情感性。没有情感的激发，就没有审美愉悦的萌生；没有审美愉悦的萌生，便没有趣味的实现；没有趣味的实现，也就没有具备生命活力的语文课堂。早在大半个世纪前，梁启超先生就强调，“要把人类计较利害的观念变为艺术的、情感的”，实现“劳动的艺术化”和“生活的艺术化”[①]。

原因四，忽略了词语的“复义”现象。早在20世纪30年代，英国诗人威廉·燕卜荪在其《复义七型》一书中就用语义分析的方法揭示了文学语言的一个基

① 梁启超．“知不可而为”主义与“为而不有”主义[M]//饮冰室合集：第4册．北京：中华书局，1989：68.

本特征:多义性。文学语言的多义性表明文学语言中的某一个词可以具有不同的意义,它不需要像科学语言那样一词一义而不能出现歧解或多解。从某种意义上说,文学语言尤其是诗歌语言,永远要靠发掘语词的潜在意义或言外之意完成自己的表达,所以文学语言其实是一个蕴涵多重意义的复合体。当然,造成文学语言多义性的原因是多方面的,比如在文学作品中词语的意义离不开特定的语境;文学作品的语言尤其是诗歌语言,往往因为要突破语言常规追求陌生化的效果而使用大量的隐喻、反讽、悖论等修辞格;解读者在解读作品的过程中由于主体情感、体验的渗入而造成解读的个别化与多义性等。

在威廉·燕卜荪最早提出文学语言的多义性之后,文学语言的多义性越来越受到中外文艺评论家的关注与认同。钱锺书在《管锥编》中也赞同词语的复义现象,他说:"二意之须合,即所谓'句法以两解为更入三昧''诗以涵虚两意见妙'"。[①]既然文学语言多义的现象是无须争议的事实,那么语文教师在文学课堂上就不能过度关注二位先生的"语言——语文工具论",在文学课堂上过分强调让学生背词语解释或词性,掌握某种句式(学生大都是背下了某个句式的名称)。因为上述做法无疑违背了文学语言的基本特征。如果长期以这种模式进行文学教学,无疑会消解文学复杂而深长的意味,无疑会让学生疏离具有多义性、暗示性、情感性、象征性的文学语言,无疑是会把学生逼向只会使用一词一义的科学语言的仄巷。而对于上述做法所产生的严重后果,夏丏尊在实践了自己的教学思想多年之后,似乎也有所醒悟。他举例说:

> 我有一次曾以"我的家庭"为题,叫学生作文,学生所作的文字都是"我家在何处,有屋几间。以何为业,共有人口若干……"等类的文句,而对于重要的各人特有的家庭情味完全不能表现。原来他们把"家庭"只解作一所屋里的一群人了!"春""黄昏""故乡""母亲""夜""窗""灯",这是何等情味丰富、诗趣充溢的词语啊,而在可怜的学生心里,不知是怎样干燥无味煞风景的东西呢![②]

① 钱锺书.管锥编:第二册[M].北京:中华书局,1979:589.

② 夏丏尊.夏丏尊论语文教育[M].郑州:河南教育出版社,1987:115.

上述的这段话所展现的正是夏丏尊先生对自己所创立的“语言——语文工具论”的一种反思，是他在亲身实践了自己的教学思想并发现其存在失误之后，而产生的一种发自内心深处的焦虑与挣扎。

一个时代，一个社会，如果语文教育只是片面地指向语法、实用类文本和科学语言的教学，如果它的语文教育只是为了实用与功利，那么学生学习语文不过是一种变相的储蓄，其目的当然是为了挣回更多的利息。期待着什么时候我们的语文教育能够让感觉代替概念，能够让文学的温暖代替工具的冰冷！

第二章　当代文学美育之解构

自20世纪90年代，语文教学就进入了大变革的准备阶段。当然，我们应该清楚地意识到任何一场变革都是人们在对旧有的制度的批判中进行的，自那时以来，中国大陆进行的两次语文课改亦是如此。第一次是1993年之后，语文教学陷入一片震耳欲聋的讨伐声中，对语文教学纯工具性的批判，以它的一针见血、旺盛生命力撕裂了旧有的语文课程体系。在撕裂的阵痛之后，2003年诞生了《普通高中语文课程标准（实验版）》。第二次是2013年之后，许多有识之士意识到旧有的课程标准依然无法培养学生的主体性和创造性，于是教育部自2013年始启动了普通高中课程修订工作，2017年《普通高中语文课程标准》正式诞生。

这两次自上而下的语文教学改革在这之前做了大量的准备工作，无论是它的理念还是它所创立的语文课程体系都具有计划性与前瞻性。但是，正如迈克尔·富兰《变革的力量——透视教育改革》所说："任何一种教育变革都是非直线的，它充满着不确定性，有时还违反常理。"越是复杂的具有颠覆性的变革，它的进程就越是曲折和难以控制，好比一次旅程，虽然这次旅程有明确的目的地，有周密的计划、清晰的蓝图，但在旅途过程中不可避免地会出现大量偶然性的因素，比如遭遇了大风暴，比如船上的机械出现了故障，等等。必须承认，这两次语文课程改革，也像是两次旅程，在旅途中出现了许多事先无法预料的问题，这实属正常，我们没必要大惊小怪，更没必要讥讽斥责。笔者赞同李海林老师的观点：从目前的情况来看，人们的注意力似乎更多地停留在有没有问题、有多大的问题这些事情上，而对于存在什么性质的问题，则关注不多，讨论不够。①

的确，新课改以来，尽管我们注重强调"充分调动学生学习的兴趣，关注学生学习的主体性"，尽管我们在文学阅读教学过程中突出发展学生的"独立阅读能力"，但这些理论根本无力改变现实教学中存在的问题。有些教师依旧克隆各类教参教案的答案进行课堂讲解，依旧把学生原本喜爱的精彩篇章讲解得索然寡味。

笔者曾对人教版高中语文教材必修部分做了一个粗略统计，发现从必修一到必修五，文学篇目所占比例为71%，仅从数量上看，文学教育应该是语文教学的中心，只是今天的文学课教学依然让学生感到"美的流失""美感不在场"。

美如何流失，美感为何不在场？本章从教学方法与教学内容两方面，对语文课堂教学美的元素缺失的原因做简要分析。

第一节 文学教学显性对话的形式化

对话，是新时期以来在西方教育理论的撞击下而兴起的一种崭新的教学模式，它不仅需要在不同的主体中展开，同时也需要不同主体之间的碰撞和融合。深度的对话教学可以在不同观点的撞击中，走向"理解"和"共识"。如果从对话的存在形式上说，"对话可以分为显性对话与隐性对话。显性对话指能看得见或听得见的以语言或肢体动作为主的交流活动；隐性对话指看不见、听不见的无声无形的交流活动"②。这两种模式如果运用得当，即可深化文本细读，发掘文本的审美价值，有效地纠正文学课堂教学"美的流失"和"美感的不在场"。

在本节中，笔者将着重谈谈文学课堂显性对话的形式化问题，显性对话因为易于操作而被广泛使用，易于操作也易流于形式，不得要领，所以深入反思目前文学课堂显性对话的弊端，也就十分必要。

① 李海林. 语文课程改革的进展、问题及前瞻[J]. 语文建设，2006(3)：7.

① 盛刚. 对话教学的内涵、困境与出路[J]. 教师教育论坛，2018(4)：43.

一、对话式教学的理论张扬

任何一门学科的教学都要研究以下两个问题:“教什么”与“怎么教”。具体地说,就是研究学科教学内容与教学方法。在教学过程中,虽然教学目标和教学内容决定教学方法的使用,但是教学方法对教学目标能否实现,教学内容能否落实也有着不可低估的作用,尤其是语文教学的方法,包含多方面的因素,如果使用不当,就会使教学过程单调、枯燥,无法调动起学生积极的心理活动,并进而使他们无法获得审美愉悦。

20世纪80年代以来,尤其是90年代中期以来,语文界引发了语文教育大讨论,许多有识之士对语文的教学方法、学生的学习方式,展开了前所未有的深刻思考和广泛研究,各种各样的教学方法在各种西方教学理论的支撑下也应运而生。例如在2003年版新课标中出现了在对话理论驱使下产生的对话式教学方法,在2017年版新课标中出现了在Problem-based Learning理论的指导下诞生的以任务驱动为核心的活动式教学方法。然而,无论是哪种教学方法,其目的都只有一个,那就是要让学生由被动学习变为主动学习,由被动灌输知识变为主动吸收知识,从而培养出时代需要的创造性人才。

中国当代语文人把西方先进的教学理论搬到了中国的语文课堂,这本身无可厚非,只是西化的教学理论一旦进入植根于汉语的文化体系后会不会水土不服,会不会由于教师操作不当而扭曲变形,会不会发挥出它本应该有的作用,这些都是值得我们反思的,而反思的目的是为了适度矫正,使它更好地融入汉语的文化体系中,以期达到最大化的教学效果。

纵观2003年和2017年两个版本的新课标,对话教学无疑都是重要的理论支撑。在2003年版新课标中这样论述阅读教学中对话式教学方法的使用:“阅读教学是学生、教师、教材编者、文本(作者)之间的多重对话,是思维碰撞和心灵交流的动态过程。阅读中的对话和交流,应指向每一个学生的个体阅读。教师既是与学生平等的对话者之一,又是课堂阅读活动的组织者、学生阅读的促进者。教师要为学生的阅读实践创设优化的环境,提供良好的条件,充分关注学生阅读态度的主动性、阅读需求的多样性、阅读心理的独特性，而不要以自己的分析讲解来代替学生的独立阅读。”在2017年版新课标中也依然沿用了对话式教学方法：“组织交流和讨论，分享学习成果，研讨学习中遇到的问题；学术专题研讨，倡导平等对话。”

二、形式化的类型及其反思

今天我们可以说，读者打开任何一版的新课标，会发现诸如“讨论交流”“平等对话”等语词俯拾皆是。只是在现实的语文课堂中运用对话式教学方法的实际状况又是如何呢？下文以教学实录为例，谈谈显性对话的形式化问题。

镜头一：缺少“参与”的对话。如学习莫泊桑《项链》一文时，一位语文教师走进课堂说的第一句话是：“现在给大家三分钟时间快速阅读全文。”可是三分钟未到，教师也不管学生是否阅读完毕，又开始说第二句话：“请前面的两个同学转过身去，再给大家五分钟时间讨论，讨论的题目是‘路瓦裁夫人有什么样的性格特点？’”教师语音刚落，教室开始沸腾了。但是，如果仔细观察，你会轻而易举地发现：每个小组中，敢于高声发表意见的同学毕竟是少数，大多数选择退避三舍、缄口沉默。五分钟不到，教师又说：“先讨论到这儿，下面让我们来分析讨论结果。”此时课堂上会出现两种现象：一种是学生在教师的引导下把自己的讨论答案顷刻间幻变成教师在教案上拷贝下来的答案。另一种是学生畅所欲言，教师脸上始终凝结着不变的微笑，他们或点头不答，或高唱赞歌。

镜头二：缺少“分享”的对话。下面是学生小组“关于周朴园对鲁侍萍的爱是真情还是假意”对话片段。甲：我认为周朴园对鲁侍萍的爱是真情；乙：我认为周朴园对鲁侍萍的爱是假意；甲：不，你听我说，周朴园对鲁侍萍是真爱，原因有三……；乙：现在你听我说，周朴园对鲁侍萍的爱是假意，原因也有三……

镜头三：“无疑而问”的“对话”。如“学习莫里斯·吉布森《哦，冬夜的灯光》一文，教师提出的第一个问题是：‘故事发生在什么季节？’同学们不假思索，异口同声：‘冬季！’”[①]

镜头四：游离主题的“对话”。“学习《两小儿辩日》一文，教师在课始就提出‘两小儿为什么问题而争论？’学生齐刷刷地回答：‘为地、日间的距离。’教师紧接着问：‘那么，地、日间的距离到底是怎样的？你是同意第一个小孩还是第二个小孩的意见？你是否还有第三种意见？这节课我们就来讨论这个问题。’于是，六年级学生面红耳赤地讨论了一节课，可依然没有答案。”[②]

上述的这些教学案例在如今的语文课堂上可以说是比比皆是，我们当中有许多人也发现了这种教学的无效性，然而，我们更需要思考的是，这样的对话教学为何没有达到预期的效果，它又为何会与对话教学的本意相背离呢？试分析如下：

1. 背离了对话的本质

研究对话，我们首先把研究的方向直指对话的本质，那么对话的本质是什么？戴维·伯姆在《论对话》中用了一个比喻，生动形象地归纳了对话的本质：“对话仿佛是一种流淌于人们之间的意义溪流，它使所有对话者都能够参与和分享这一意义之溪，并因此能够在群体中萌生新的理解和共识。”[③]在这一段论述中有两组关键词：参与和分享，理解和共识。那么审视上述中学文学课堂上的对话教学，有“参与”和“分享”，“理解”和“共识”吗？

显性对话的参与和分享属性，决定了对话的条件必须是人数众多。“要给予每个参与对话的人发言的机会。”[④]镜头一的对话，对话范围极其有限。当教师提出讨论的问题“路瓦裁夫人有什么样的性格特点”之后，由学生组成的讨论小组内只有一两个学生在高谈阔论，而其他同学则面面相觑，成为“沉默的大多数”。由于参与人数有限，形式热闹，实际上学生并没有深度参与到对话之中。镜头二的对话，成为正方和反方进行“辩论”，对话双方各说各话，只想坚持自己的立场，说服对方。与其说是对话，不如说是争论，参与对话的学生由于不同的

① 谭轶斌．当前课堂流行教学行为之审视[J]．语文学习，2006(4)：14.

② 谭轶斌．当前课堂流行教学行为之审视[J]．语文学习，2006(4)：14.

③ 戴维·伯姆，李·尼科．论对话[M]．王松涛，译．北京：教育科学出版社，2004：6.

④ 戴维·伯姆，李·尼科．论对话[M]．王松涛，译．北京：教育科学出版社，2004：36.

家庭背景，有不同的文化积淀，因而形成了不同的思维方式，所以面对同一问题时自然会形成不同的思维假定，而当两个或多个思维假定之间发生冲突时，他们的选择是辩论，而不是分享。

显性对话的理解和共识属性，决定了对话的过程必须是搁置己见。只有在对话过程中搁置己见，以一种空灵的心境去倾听并试着理解别人的观点，注意对方对话中所传递出的思维的准确性，并进而审视或弥补自己观点中的漏洞，就像克里希那穆提常比喻的那样，"空杯子才能装东西"。但令人遗憾的是，我们在中学文学课堂上所常见到的对话却是以"占上风""取胜"为其本质特征的辩论。"与对话相对立的词是'讨论辩论'……我们可以把讨论和辩论比作打乒乓球，人们争来争去，目的都在于让自己的观点占上风乃至取胜。你或许会去吸收一些他人的观点——或者你赞同别人的某部分观点但反对其他的观点——但你最根本的想法是在辩论中胜出。"[①]

上面所引述的一、二两个常见的教学镜头，既违背了对话参与"和"共享"的原则，又不能在对话过程中搁置己见，因而也无法获得"理解"和"共识"的圆满结果。

2. 漠视了对话的意义

对话的意义有两点：一是对话的启发性，二是对话的深刻性。对话的启发性要求所有对话必须耐人寻味，启人心智，给人带来会心一笑的生命触动，切忌为对话而对话的"假性"对话，如镜头三，教师所提出的问题本身并不具备对话意义，《哦，冬夜的灯光》的标题已经指明季节和时间，这种问答，明为对话，实则无意义。

对话的深刻性要求所有对话必须具有探究性，通过对话，将文本的深层意蕴剥茧抽丝式层层呈现出来，或昭示文本的深刻哲理，或发掘文本多层面的审美价值，切忌游离主题，使对话的话题漂浮在事物的表象上，如镜头四，教师所提出的问题浅表化，具有游离性，同样不具备对话意义。《两小儿辩日》是以一种调侃的方式来说明：对于同一事物，不同的观察角度可以得出不同的结论；任何

---

① 戴维·伯姆，李·尼科．论对话[M]．王松涛，译．北京：教育科学出版社，2004:6.

一种对现象的简单判断，都难以揭示事物的本质；即使是圣人也有无法解释的问题，不断学习、深入研究是所有人必须面对的问题。因此，讨论“地、日间的距离”只是文本的表层问题，并没有发掘文本的深层含义，游离了文本的主题。

这里还隐蔽着另一问题，即对语文教学中的“学科整合”与“知识拓展”的过度解读。在“学科整合”与“知识拓展”这些新的教学理念的冲击下，一些语文教师盲目地整合与拓展，其结果是语文课往往异变为地理课、思想品德课等，镜头四的对话，无疑将语文课异变成了一节地理课。

3. 忽略了对话的原则

按照戴维·伯姆的观点，对话成员间的关系一定是平等的，他认定“在对话里，不能给等级和权利以任何的地位……我们需要一个没有等级、没有权利的地方”[①]。平等，是对话的基本原则。事实上，在语文课堂上，无论是教学过程的对话组织，还是对话话题的选择，教师与学生都难以做到真正意义上的平等。在学识和阅历上，教师相对丰富，学生相对贫乏。因此，教师和学生之间在解读文本的能力上存在着落差。再加之教师是课堂教学的实际组织者，决定了教师天然的优越地位。这就产生了两个方面的课堂效应：一是对话话题的选择，教师具有决定权；二是对话结果的评判，教师具有主导权。这样，教师如何选择“有意识的退场”和“合理性的在场”就成为两难问题。这也是考验在对话的产生以及实施过程中教师教学智慧的关键所在。

所谓“有意识的退场”，是指在对话过程中，教师有意识地隐蔽到文本阅读的场外，发挥学生的主体地位，这是平等性对话的前提。这就要求对话的话题选择在学生阅读过程中自发产生，是学生“有疑而问”，而不是教师“设疑而问”。以上教学案例的四个镜头，几乎都是教师“设疑而问”，教师不仅成为对话的主导，也成为对话的主体。那么，学生在阅读过程中所产生的疑问是什么？教师并不了然，这自然也无法贯彻“不愤不启，不悱不发”基本的教学原则，也容易导致学生对对话过程的冷漠。简要言之，对话话题的选择，必须是学生在文本阅读中所产生的疑问；对话过程的实施，必须是学生在话题讨论中逐步获得“理

① 戴维·伯姆，李·尼科. 论对话[M]. 王松涛，译. 北京：教育科学出版社，2004:50.

解”和“共识”，这才能在课堂对话教学中真正形成一种平等的关系。

所谓“合理性的在场”，是指在对话过程中，教师在关键处合理地回归文本阅读现场，发挥教师的主导作用，这是平等对话的深化。平等对话不是自由放任，而是合理有序地展开。比如，如果由学生疑问所产生的话题并不具有对话意义，教师就必须选择“在场”，合理地引导，使话题回归到文本。假定，阅读《两小儿辩日》时，学生提出了镜头三中的对话话题，教师就应该耐心启发：两小儿为什么会提出“日、地之间的距离”问题？文章的核心是不是辩论日、地之间的距离问题？如果不是，那么文章想要说明什么问题？只有这样才能保证对话意义的实现。如果学生对话偏离了文本，或者并未切入文本的核心意蕴，教师必须“在场”，通过合理地引导，使话题切入文本的核心意蕴。对于镜头二中学生的对立结论，教师可以引导学生：周朴园对鲁侍萍的爱是真情还是假意？请你举出作品中的相关细节来加以论证。请你也举出作品中的细节描写。在学生分别举出作品例证之后，可以进一步引导：为什么你们的结论相反，却都能够在作品中找到例证呢？这相反的例证中，究竟有没有内在联系？作者为什么要描写这些看上去似乎对立的细节？对于周朴园、鲁侍萍的形象塑造有什么意义？经过如此引导，对话的意义就凸显出来了，才能真正获得“理解”和“共识”的结果。由此可见，对话的平等并不是教师主导地位的消解。

此外，为了保持对话的有效有序进行，教师还必须合理地分配时间，否则就无法保证对话的正常进行。戴维·伯姆在谈到对话所需的时间时曾说：“你至少要把对话进行一段时间，否则就没有效果。”[①]“通常情况下，对话时如果没有给予大家充分的时间来分析和思考，每个人就会急于发言，想到什么就说什么。相应地，当大家谈到某一点时，你根本就没时间进行深思熟虑——比如是否认同此观点，接受它或是排斥它等。”[②]由上可知，对话的开展是要有充分的时间作为保障的，然而，在中学的语文课堂上，短暂的45分钟课堂教学时间根本无法保证对话的有效性，往往是空有对话的形式而无对话的内容。

在新课改的进程中，虽然教学形式和教学方法的变革势在必行，但一些教

---

① 戴维·伯姆，李·尼科．论对话[M]．王松涛，译．北京：教育科学出版社，2004:22.

② 戴维·伯姆，李·尼科．论对话[M]．王松涛，译．北京：教育科学出版社，2004:36.

师过多地关注于此，炫目的形式、新颖的方法可能会带来短暂的成功，但是虚华、浮夸、肤浅的形式掩盖不了教学内容的苍白与贫乏。在文学课堂上，我们不仅仅只是让学生们“吃饱”，更重要的是给他们“味美的大餐”。正因为如此，我们不能仅仅把杯盘的外面洗得干干净净，雕饰得异常炫美，杯盘的内里却一无所有。如何避免显性对话的形式化，在显性对话中发掘文本的审美元素，强化学生的审美体验，是文学美育的重要手段。

第二节　文学教学隐性对话的失落

隐性对话是读者单独面对文本时与作者以文本为媒介发生思维碰撞和灵魂问答的阅读过程。在隐性对话进行时，读者会不断地调动自己的想象力和人生阅历，以自身独特的生命意识去体验文本中的情感意绪，以锐利的眼光去洞察挖掘隐藏在文本中的审美元素，甚至有时读者还可以重构作者在创造文本时所不曾想到的内容，这正如乔治·布莱所说的：文本解读其实就是理解和探寻文本的“我思”，解读的全过程应是一个主体经由客体(作品)达至另一个主体。①

从这个意义上说，阅读就是读者与文本(潜在的作者)之间隐性对话的过程，读者是阅读的主体，作品的意义也是在不断解读的过程中层层呈现出来。在语文教学中，学生和教师都是读者，他们共同参与和文本的隐性对话，而这种隐形对话又是保证师生、生生显性对话得以真实发生的基础。

在教师与学生这个特殊的读者群体中，教师是一个相对成熟的对话者，他比学生有着更丰富的阅历和更广阔的文化背景，具备更丰富的专业知识积累和更成熟的阅读技能。有了这些条件，教师与作品之间的隐性沟通、交流比学生更容易。因此，教师要在自我和文本的隐性对话的基础上，采取合适的教学策略，为学生与文本的隐性对话铺好台阶，指点方法，引导学生拾级而上。除此之外，教师也要有适当的独白，将自己在与文本隐性对话过程中的审美体验以及

① 乔治·布莱. 批评意识[M]. 郭宏安，译. 南昌：百花洲文艺出版社，1993:5.

审美判断，有效地传达给学生。

学生不仅是阅读教学中显性对话的主体，更是在与文本隐形对话中进行意义生成和情感体验的主体。学生的情感体验、人生阅历、专业知识的积累较少，所以他们在直接与文本进行隐形对话时，未必就能完全与文本中所体现的情感融为一体，也未必就能通过个人的理性思辨完全洞察文本中所隐藏的审美元素。但即便如此，我们依然要给学生独自阅读文本的时间，要为他们创造一个静谧自由的阅读环境，因为学生在此过程中所体验到和洞察到的部分情感意识和部分审美元素，都将是师生、生生在课堂上显性对话的原点和底色，如果没有这一过程，那么课堂上生成的显性对话就会变为无本之木、无源之水。

一、隐性对话为何产生美

隐性对话与显性对话最大的不同之处是读者面对文本时所处的不同的空间状态。在显性对话进行时，读者是以文本为媒介，和多人共同探讨阅读文本的感受和思考，它的空间状态由于有交流甚至是争论而显得嘈杂热闹。而在隐性对话进行时，读者需要处在一个凝神的状态，虚静去欲，涤除了现实世界中一切的牵绊与纠葛，独自面对文本，所以隐性对话发生时，读者往往处在一个单独的空间。

确实，环境的宁静与心的宁静是有密不可分的联系的。我们常常有这样的体会，当我们独自一人在一个落雨的秋夜或是一个冬日的雪夜里，窗外或雨打秋风，秋意凄凄，或风卷雪花，寒风凛冽，我们或独靠藤椅或独守火炉，兴之所至，手握一卷，悠游其中，此时，我们不仅在空间状态中与外界隔离，而且我们的内心似乎也更容易超逸喧嚣之外，以一种余裕的心态畅游于书本的世界之中，与一瞥千年、咫尺万里的作者倾心交谈，抚慰这“唯一的人生”，所以日本作家斋藤孝说：“让自己的思想成形并继续向下深入，只能在一个人独处的时间和空间内进行。”①

为何独处的状态更有利于读者与文本进行有效沟通，并进而达到心灵的高

①斋藤孝．深阅读：信息爆炸时代我们如何读书[M]．程亮，译．南昌：江西人民出版社，2016：18.

度契合呢？从心理学的角度来看，读者之所以需要单独面对文本是为了更好地进行内在的整合。读者在阅读时要把他们在阅读过程中获得的一个个崭新的经验，放置到记忆中的某个恰当的位置上，并进而和记忆中的旧经验发生链接，新经验唯有经过这一内在的整合才能被完全地消化和吸收，并进而与旧经验融合在一起，达到共鸣甚至是理性思辨的境界。而这种内在的整合过程，由于是在个体的精神世界里独立完成，所以必须切断与现实喧嚣的粘连。

正是因为内在的整合是读者在阅读时要达到共鸣甚至是理性思辨所必经的一个过程，所以作为一名中学语文老师，我们有责任让学生在一个闲澹宁静的环境中独自优游于文本的世界里，让他们适性畅神，退守至单独的灵魂世界中进行内在的整合，从而让他们在阅读中倾听自己内心的声音，遇到未知的自己，脱离浅层的情感缠绕而走向生命的深度。周国平先生也说过，有无独处的能力，关系到一个人能否真正形成一个相对自足的内心世界。唯有在孤独中，人才能与自己或他人的灵魂相遇。①审美，正是在"与自己或他人的灵魂相遇"中产生！

二、隐性对话如何产生美

在阐述该问题之前，我们首先要厘清一个概念——美感。李泽厚先生在《美学四讲》中曾说"审美愉悦即美感(狭义的美)"。它是人们审美的实现阶段，是一种积极的心理活动过程，是多种心理功能包括感知、想象、情感、理解等的结构总和。美感的审美愉悦与由娱乐活动刺激感官而产生的快感，有着巨大的区别。康德把审美愉悦称为审美判断。判断是个体主动参与的过程，因此审美愉悦不是被动的产物，是人们的一种积极的心理活动，所以不同于娱乐活动的外在感官刺激。李泽厚说："康德以为，愉快在先，还是判断在先，是美感与快感区别的关键。即是说，由愉快而判断对象为美乃是生理快感，只有由人的各种心理功能和谐运动('判断')而生愉快，这才为美感。"②生理和心理，是快感和美

① 周国平. 各自的朝圣路[M]. 太原：北岳文艺出版社，2004:14.

② 李泽厚. 美学三书[M]. 天津：天津社会科学出版社，2003:476.

感的分界。

读者(学生)在解读文本的过程中,会不自觉地调动起自己的感知、想象、情感、经验等多种因素,这些因素会伴随着读者的阅读过程相互活动、交错融合,最终获得一种区别于一般的生理快感的审美愉悦。在读者(学生)与文本进行直接对话的过程中所形成的审美愉悦是一种多方发现之后的愉悦。产生审美愉悦的主要原因有:发现作品所描述的未知世界,发现自我潜在的精神力量,发现文本的深层意蕴。

(一)发现作品所描述的未知世界之后而产生的愉悦

文学作品所描述的世界极少数是为读者所亲身经历或体验过的,绝大多数的文学世界则为读者所未知。因而,实际上,文学可以代替读者所未直接经验的世界,代替他们想象中的生活,文学作品可以使他们像古代人宗炳那样"卧游山水",也可以使他们在霸王别姬过程中还原项羽面对四面楚歌时的悲壮场面。因而,实际上,文学可以代替读者所未直接经验的世界,代替他们想象中的生活,文学作品可以使他们像古代人宗炳那样"卧游山水",也可以使他们在霸王别姬过程当中还原项羽面对四面楚歌时的悲壮场面。总之,它可以让读者借助想象力去接触到个人有限的生活经历中所不可能有的"生疏经验",从而体验到一种"发现的惊喜"。

如学生不可能经历或体验到《鲁滨孙漂流记》中鲁滨孙的"荒岛生活",但是他们可以在阅读小说时,在心灵中筑一座想象的城堡,而在这个充满幻彩的城堡里,他们会和鲁滨孙相会、交流,他们会设身处地地去体验鲁滨孙的遭遇以及他的快乐和悲伤,他们会因为发现了一个比真实生活更大的时空,体验到了一种未知而刺激的生活,而使得惊喜与幸福不期然地走进他们的心房并在他们的心房中泛滥。

(二)发现自我潜在的精神力量之后而产生的愉悦

艺术作品之所以具有永恒的魅力,是因为我们在阅读作品时,作品中凝结着的作者的真情与智慧,蓦然地走进我们的心灵,让我们如同在时空隧道中觅得了知己，并与之发生一种超越时空的心灵共鸣，在这种倾心交谈中，作为读者的我们觅得了一种生理快感所远远无法比及的精神上的愉悦。艺术作品自它诞生之日起，随着历史的演变，作品中的现实意义、政治意义、阶级意义都会逐渐地淡化甚至是完全消失，作品如果想经久不衰，它的内部层次必须诉诸人情、人性，必须表现人类带有普遍意义的生活场景，所以说“小说家可以比心理学家教给你更多的人性知识”。

经典作品的这一特点必将唤醒读者的心灵世界。在阅读时，读者会情不自禁地调动起自己曾有的人生经历或情感体验，走进文本的世界，在两个生命、两个世界融合的一瞬间，读者因为心中充满了被了解的感动而心醉神迷，因为久已隐忍无法摆脱的否定性情感得以宣泄而体会到了灵魂得以抚慰的惬意。这被美学家称为“物我两忘”的境界，也就是“共鸣”。欣赏者进入共鸣境界时，总是会浮想联翩，从作品中的情感与人物联想到现实世界，再从现实世界复归于作品中的情感与人物。《红楼梦》中宝玉在听了黛玉的《葬花吟》之后产生的联想与悲恸、悲恸与联想，正是一个经典的例证。在这种往返回环中，欣赏者的深层心灵领域似乎被一根情感的红线牵着，不自觉地体会到了一种生命被另一种生命理解领悟的温暖，不自觉地体会到了在跌入“忘我”与“同化”之境时的那种难以言说的愉悦。

深度的解读体验，不但具有情感的宣泄，具有生命被领悟的温暖，而且还有欣赏者对生命价值与信念的醒悟与提升，还有欣赏者对许多形而上的哲学问题的重新认知。卡勒认为，对文学作品最有力的适宜的解读，或许是把作品看成是多种哲学姿态，从作品对待支持着它们的各种哲学对立的方式中抽取出涵义来。①

凡是优秀的文学作品，无不充盈着一种人生诗话的哲学意蕴。我们在读屈原、李白、苏轼、莎士比亚、但丁、歌德的作品时，回荡在我们心中的除了情感的共鸣之外，更多的是千古不衰的哲学喟叹。不错，我们在深度的解读中，会随着作者一起去追究人生的根底“我们从哪里来，又要到哪里去”“我们是谁”“幸福、

①乔纳森·卡勒．论解构：结构主义之后的理论与批评[M]．陆扬，译．北京：外语教学与研究出版社，2004:150.

苦难是什么”“我们该如何活出一个精彩的人生来”？卡勒说过，艺术能在微缩世界的反思之中，赐予我们在现实生活中不可能得到的东西，即形而上学性质的沉思默想[①]。在这样一种迷醉的追究中，我们不断地反思自省，从而恍然获得灵魂的苏醒、生命的启迪和人格的提升。这种启迪与提升并不是一种外力强加于我们的，而是通过我们个体的“体验”自觉建构的。正因如此，作为欣赏者的我们在这一“内化”的过程中不自觉地获得了生命的更新和再生，并因而在恍然大悟之中得到难以言说难以解释的愉悦。

（三）发现文本意蕴之后而产生的一种愉悦

欣赏者在阅读文本时，如果仅仅停止于知道作品说的是什么事情，或者仅仅停止于我们被它写到的人、事或抒发的情感所打动，那么还不是一种专业的阅读态度和方式。通晓文字、理解文意只是解读文学文本的第一层次。王耀辉先生在《文学文本解读》中称之为一个相对被动的“非生产性”的一般性阅读过程。[②]我们在解读文本的过程中必须在一般性阅读的基础上，进一步探究词语、句子、句群的修辞、结构、语气以及深层意蕴等。这一探究性阅读的过程就是解读文学文本的第二层次——文本细读。此时，欣赏者已由第一阶段没有预定目的、无需付出很多智力的随意注意转而变为有预定目的、需付出很多智力的不随意注意。当然，这种不随意注意，实际上又是一个“惊奇、怀疑—思考、探究—问题解决”的复杂心理过程，最后，在问题得以解决的刹那，欣赏者无疑会体验到一种豁然开朗的轻快和愉悦。

这种需要慢慢品鉴方能咂摸出其中醇美滋味的文本细读过程，缘何成为必然？语言符号是文本永恒不变的建筑材料，然而语言符号一旦进入文本书写系统，就会在语言的组合意义和聚合意义的结合轴上，构成特殊的意蕴表达方式。文学文本与一般文本的区别还在于：文学文本的语言是一种情感语言，是一种意象载体，通常还通过突破一般文本的限制，形成特殊的“陌生化”的语言结构，因此也包孕着比一般文本更为丰厚的意蕴。作家将自己的思想情感写入一定

① 罗曼·英加登．对艺术作品的认识[M]．陈燕谷，译．北京：中国文联出版公司，1988:49.

② 王耀辉．文学文本解读[M]．武汉：华中师范大学出版社，1999:2.

的语言符号体系之中，欣赏者如果想走进文本，与作者对话，则需要破译这一符号体系，接受其背后的艺术信息并从而对作品作出自己的评价。

然而，作家在创作文学作品时，出于种种原因往往喜用含蓄的手法把艺术形象及其情感表现得半隐半露，尤其在中国古典诗词的创作中，诗人们更是爱用象征、隐喻、反讽、错位、比兴、托物言志、借景抒情以及言外之旨、象外之象等手法，把诗歌中的艺术形象及其情感隐藏得如镜中之花、水中之月。这正如司空图在《与极浦书》中所说："戴容州云：'诗家之景，如蓝田日暖，良玉生烟，可望而不可置于眉睫之前也。'象外之象，景外之景，岂容易可谈哉?"[①]诗人正是通过使用上述写作手法才将幽微缥缈的诗情化为情景相生的意象、意境，或熔铸为具有强烈暗示性的艺术形象。可以这样说，诗人正是因为完成了一种不可表达的表达，才使得他们的诗作具有了一种深邃悠长的情味与韵致。而读者在解读过程中则需要开动脑筋，仔细地玩味探究，方能练就一双如孙悟空般的火眼金睛，发现文本深处隐藏的更加丰富的艺术世界。

艺术作品的创作者除了通过多种写作手段的熔铸来表达情感之外，还特别注意通过文本语词的运用来完成情感的传达。文学文本中的语词，并不像日常用语或科学用语那样，仅仅通过它们的概念义来实现一种指称的或认知的功能。文本语词是人的一种创造物，具有灵活、机动、善变而又有固定含义的特点，在未被使用之前，它犹如刚刚下山未被驯服的野兽，然而在经过作家金手指的点化之后，每个词语都会变得俯首帖耳，在句子中它好像是唯一的方案，改动一点点都会损害作品的表现力及其含义。举个例子来说，《水调歌头·明月几时有》下阕第一句"转朱阁，低绮户"，两个动词用得极出彩、极精妙。"转"，古时凡写光阴暗暗地、缓缓地、令人不易察觉地移动前进，都用这个字。例如写"更漏"，写"树影"，都说"转"。这里用了个"转"字，写出了赏月之时，光阴在暗暗地流逝的情态。接着又用了个"低"字，更见出月已渐渐西沉。仅仅两个字眼，经济之极，却也传神之极，同时也传达了赏月人的心情：刚才是对酒当歌的兴高采烈，渐渐地，夜深，豪兴已经收敛，转入一种深沉的思绪里去了。从这里我们可以看出，语言中哪怕是最细微的小词也能获得深厚的意义。因此，我们在品析

① 陈伯海．唐诗学文献集粹：上[M]．上海：上海古籍出版社，2016：184.

作品时，就不能够仅仅摆弄那几块词语的积木，停留在“归纳段落大意、概括中心思想”的层次上，我们要细致地玩索，要透过字面发现它后面的那些“别的东西”，只有这样，我们在观赏之时，才不仅会感到满眼芬芳，而且还会觉得有暗香盈袖了。

海明威把艺术作品比作冰山，冰山只有很小的一部分露在水面上，主要部分藏在水里。正是这样才使得读者需要展开积极的思维活动，以便发现文本背后隐藏着的那个水下的世界。对于读者来说，他们不再只是被动的文本“消费者”，同时也成了文本的“生产者”。他们在欣赏文本时，会“生产”出很多问题，并在疑问这根魔棒的牵引下，不自觉地陷入了沉思之中。有时，心中的灵光突然一闪，智慧的火花似乎一下子爆开了，于是，问题得以解决而产生的愉悦感会充盈在他们的心中，久久不得散开。这正如尤·鲍列夫所说，欣赏时多费气力却能增强艺术享受。①

综上所述，读者（学生）通过发现作品所描述的未知的世界、通过发现自我潜在的精神力量、通过发现文本的意蕴，必然会产生一种有别于生理快感的审美愉悦。这一过程就是与文本作者对话——即隐性对话的过程。

三、隐性对话的名存实亡

我们在论证了隐性对话缘何成为必然以及隐性对话如何产生美之后，就该来审视一下中学语文教学中的隐性对话了。在2003年颁布的新课标中强调，要学生“根据自己的学习目标，与文本展开对话”，要发展学生“独立阅读的能力”，注重他们“个性化的阅读”；在2017年颁布的新课标中也强调“文学作品的阅读与写作，应以学生自主阅读、讨论、写作、交流为主”，概括起来说，新课程改革特别突显了文学阅读教学中的隐性对话。

然而，综观当前的中学文学阅读教学，笔者心中漾起一丝忧患：一部分语文教师，企图通过实施所谓的“新举措”，来实现“新突破”，开拓“新局面”，上一个“新台阶”，于是乎，当前社会中的一些华而不实的浮夸的风气犹如扫落叶的秋

① 尤·鲍列夫．美学[M]．乔修业，常谢枫，译．北京：中国文联出版公司，1986：324.

风吹进了阅读教学的课堂。隐性对话因其过于沉静而被那些只追求显性对话的热闹、崇尚动感的教师所鄙弃，于是，隐性对话无形中被放逐了。

且不说课下预习这一教学环节被部分教师忽略甚至是省略掉了，即使是在课堂上，学生热闹喧嚣的讨论评议、教师漫无目的地拓展延伸，匆匆忙忙地读写结合，也挤占了本该属于学生单独面对文本的时间。曾经听一位教师上莫泊桑的《项链》，她先是概括介绍了小说的主要内容，再是要学生自由组成学习小组讨论“路瓦裁夫人的性格特点”，在这之后是每个小组派代表上讲台汇报讨论结果，最后是教师对汇报进行评议。一节课下来，讨论、汇报、评议占了绝大部分时间，学生自己单独面对文本的时间却一点也没有。接下来，笔者再写一句大家耳熟的教师课堂用语“给同学们三分钟时间，请大家快速地把课文看一遍”。试想，短短的三分钟时间学生能来得及看吗？即使是能囫囵吞枣地看一遍，他们能来得及体验，来得及思考，来得及理解吗？在学生对文本还缺少感知、体验、理解的时候，教师就强行让他们进行讨论、对话，其结果恐怕只能是缘木求鱼了。

这种违背阅读规律的教学，不仅违背了基本的心理认知科学，无法真正发掘文学文本的审美价值，还在无意中掐灭了学生的阅读兴趣，一旦学生的阅读兴趣被掐灭，隐性对话就无法展开，文学的审美教育也就成为一句空话。

第三节　教师教学主体地位的削弱

综观2003年版的新课标中的诸多教学理念，其中最突出的是学生的主体性地位日益得到强化，教师的主导作用有所削弱，“教师既是与学生平等的对话者之一，又是课堂阅读活动的组织者、学生阅读的促进者”，教师“不要以自己的分析讲解来代替学生的独立阅读”。在2017年版的新课标中该理念得以延续和补充：“教师应向学生提供有效的学习支持。如做好问题设计，提供阅读策略指导，适时组织经验分享和成果交流活动；在学习过程中相机进行指导点拨，组织并平等参与问题讨论。”

然而，对于上述教学理念，如果我们以一种冲淡平和的心态去冷静地观察现实的文学课堂并进而追问的话，我们就会发现：在两次新课改中，现实的语文课堂都出现了一种无法调和的矛盾，一方面学生的主体性得以大大加强，另一方面由于学生主体性的严重侵入和部分教师对新课改的过度解读，而造成了本应是双主体之一的教师的作用被剥离。这样一来，就有一个问题产生了：如果教师的主体性真的降低乃至于消失的话，那么在新课改的理念中我们又该如何给教师这一角色定位呢？

综观多年来中学文学课堂的诸多不完美之处，笔者认为，教师的教学主体性被部分消解是其中的缺憾之一。所谓教师教学的主体性，不仅指教师在课堂上组织教学的主导地位，教师在课堂上占据主导地位的讲授，更重要的应该是语文教师独立解读文本的主动性。2017年版的新课标也突出强调了教师“在学习过程中相机进行指导点拨，组织并平等参与问题讨论”。然而，长期以来，部分老师逐渐懈怠，既不愿多读书，又怠于勤思考，教参或现成的教案成为教学唯一的法宝。试想，这样的老师怎么可能拥有独立解读文本的能力？教师教学的新主体性，恰恰被自我削弱了。

新课标的“目标”成为虚悬在我们的头上的一个终极的幻影，我们义无反顾地走进了这一幻影，最终却又因教师主体性地位的削弱而使得这一美好的幻影逐渐地飘逝。

一、教师教学主体性的现实状态

（一）在“满堂灌”教学中教师教学主体性的削弱

在走进渐行渐远的“满堂灌”的课堂时，我们可以感受到语文教师教学主体性的削弱其实是由来已久。自1997年开始对语文教学进行批判以来，许多人把抨击的目标锁定在对“满堂灌”课堂上教师的主体性地位过分强化的指责之上。他们认为，正是教师的“满堂灌”“满堂说”才使得学生无暇澄怀静虑，无暇去玩味、去体悟“作者文本”并进而在此基础上创造出另一个“读者文本”。教师“教”的主体性地位过分强化，是导致学生“学”的主体性地位严重下降的原因。

笔者对于上述观点颇感疑惑，认为这其中需要追问与澄清的问题实在太多。首先，在上述观点中，教师教的性是一个什么概念？语文教师的教学主体性就是语文教师能充分调动自己的能动机制，积极参与教学活动的一种权利。具体地说，就是语文教师有根据自身的气质、性格、经历、知识等来独立解读文本和独立地组织教学的权利。然而，在所谓“满堂灌”的课堂上，语文教师有教学的主体性吗？

第一，在所谓“满堂灌”的课堂上，各种固定的教学模式和各类别人的教学经验，已经将语文教师主动自由地组织教学的手脚给捆死了，教师组织教学的主体性有限。回溯历史，1953年5月，在北京师范大学指导教育工作的苏联专家普希金，在北京师范大学女附中听了实习生讲授《红领巾》一课之后，对中国的语文教育尤其是文学教育提出了批评，并把苏联的文学教育模式引进了中国，这种教育模式包括“导入新课——时代背景、作者介绍——生字词教学——通读全文——归纳段落大意——逐段讲析——归纳中心思想与总结写作特点——布置作业”八大教学环节。当这一套文学教育模式，被自五四运动打破旧的教育体制以来始终在寻觅并试图建构，而事实上并未建构起一套崭新的文学教育模式的语文人接受后，多年来，由于这种文学教育模式易于学会，可操作性强，所以，它在中国的文学课堂上绵延不绝，即便是历史跨入了新世纪，即便是今天那些刚刚走上工作岗位的新教师，也大都采取这种文学教育模式。只是，笔者觉得，当历史的车轮驶入新时代，伴随着各种新的文艺美学知识尤其是接受美学的诞生，我们语文人是不是还要放弃自己组织教学的主体性，继续沉浸在固有的教学模式内，继续徘徊于荒野，不敢和过往的习惯做一次精神上的告别呢？

第二，在所谓"满堂灌"的课堂上，语文教师并没有在尊重文本与作者的基础上独立地解读文本的权利。今天，如果我们走进所谓"满堂灌"的语文课堂，我们会发现：或由于学生升学的压力，或由于自身根本不具备独立解读文本的能力，部分语文教师只能粘贴教参、各类教案分析和课后"思考练习"的答案。

长期繁重艰苦的工作，已经掏空了一些教师多年前积淀下来的知识与思想，也逐渐使他们失去独立思考的习惯和不断进取的激情，他们多年不去阅读与写作，在毫无知觉的状态下自动地剪断了专业学养的脐带。由于缺乏"读者"与"作者"的素质，也就使得他们在课堂上重复模仿他人的理解与体会成为必然。

综上所述，在满堂灌的课堂里之所以美的元素会流失殆尽，不仅是因其"满堂灌"的单调的教学形式，也不仅是学生学习的主体性不够，更值得一提的是，部分教师组织教学和解读文本缺乏主体性，长期地远离读书和思考，使得他们的课堂教学语言苍白、思想肤浅，试问这样的教师如何落实新课改的理念？

（二）在"新课改"课堂中教师教学主体性的削弱

根据上述论证，我们知道在所谓"满堂灌"的课堂里，语文教师的教学主体性也是严重匮乏的。那么，在新课改的课堂中，语文教师教学主体性的地位又是如何的呢？

2003年颁布的新课标为了扭转以往阅读教学中学生少有自由阐释文本的机会与权利的现象，提出了对话的理论。具体地说，就是要重视学生在阅读过程中的主体地位，要重视学生的独特感受和体验，教师绝不能取代学生阅读中的主体地位。

新课标重视学生阅读的独特感受与体验是无可厚非的，只是在现实的教学中，部分教师无法拿捏学生的自主性阅读与教师独立解读文本的权利与地位之间孰轻孰重的平衡问题。在新课程的课堂上，我们随处可以看到，教师们在课堂上似乎穿上了一件隐形衣，故意“不在场”。他们简单地把新课标中所强调的培养学生“具有独立阅读能力”“不以教师的分析来代替学生的阅读实践”等同于“让学生自己来读”“让学生来说”。应当看到，让“学生自己来说”，尊重学生阅读时的独立感受与体验，这体现了教学对话理论、阅读对话理论的精神，在当前的情势下，有其存在的必要性和针对性。但是，解读能力处于“上位”的语文教师的教学主体性被削弱，便无法揭示文本中更深层的审美意蕴，不利于促进学生实现深层次的阅读，文学课堂中本可预期实现的审美的价值与意义，也被弱化了。

二、强化教师教学主体性的意义

可能会有人产生一个疑问：文本中的美不是靠学生与文本进行对话，通过文学阅读的种种非理性的心理活动，如直觉、联想、情感、无意识等而获得的吗？既然如此，中学语文教师在阅读教学过程中“退场”“隐身”不是恰如其当的吗？其实，文学教学与单纯的文学鉴赏或批评不同，文学鉴赏或批评只存在一个阅读主体，即鉴赏或批评者本人。而在文学教学的过程中，存在两个阅读主体——教师主体和学生主体。相对而言，学生主体在阅读过程中获得的审美体验、对文本深层意蕴的理解，远没有教师深刻。如果放逐了教师的阅读主体地位，文学的课堂教学势必难以深化。为了深入说明这一问题，我们必须以文学课堂两种不同类型美的生成为基点，论述教师教学主体性的意义。

（一）文学课堂所生成的两种不同类型的美

文学课堂所产生的美有两种基本类型：一是个体阅读时非理性的独特感受与审美体验；二是对阅读感受和体验的理性思考与分析。前者是鉴赏，后者是批评。

文学欣赏，要求阅读者通过凝神的观望与丰富的想象，切入文本的深层感情和内层境界，与作者的灵魂在生生不息的生命律动中对话，在能动性参与的“忘我”与“同化”之境中，达到心灵的默契与共鸣，从而获得审美愉悦。作家三毛在《逃学为读书》中的记载，很好地诠释了这一审美现象。三毛在课堂上偷偷地阅读《红楼梦》，当读到宝玉被一僧一道夹着高歌而去时，她的感觉是这样的：

> 当我看完这一段时，我抬起头来，愣愣的望着前方同学的背，我呆在那儿，忘了身在何处，心里的滋味，已不是流泪和感动所能形容，我痴痴的坐着，痴痴的听着，好似老师在很远的地方叫我的名字，可是我竟没有回答她。①

艺术的迷醉，似乎忘却了现实的存在，三毛的阅读感受说明文学欣赏是与现实世界完全隔绝的一种凝神观照的艺术境界。

文学批评，要求批评者必须同作品保持一定的心理距离，并进而对作品的审美要素进行理性的分析与思考。文学鉴赏是充满了激情与想象的“入乎其内”，读者在文学欣赏时会由功利的、喧嚣的现实世界进入澄静空明的审美的艺术世界，而文学批评则是融注了克制与理性的“出乎其外”，读者在文学批评的过程中由审美的感性世界回归到理性的现实世界。前者是一种审美体验，后者是一种审美判断。

既然欣赏与批评是文学审美活动的两大板块，而文学审美活动又是文学美育的主要内容，所以鉴赏与批评理所当然地成为文学课堂上的两大教学板块。

（二）在鉴赏性阅读阶段，教师教学主体性的意义

日本作家坪内逍遥也说，所谓艺术，原本就不是实用的技能，而是以娱人心目，尽量做到其妙入神为目的。②如果从阅读的角度说，这种“娱人心目”“其妙入神”的境界便是我们常说的文学鉴赏。在现实的语文教学中，学生能够得到

① 三毛．背影[M]．长沙：湖南文艺出版社，1987：9.

② 坪内逍遥．小说神髓[M]．刘振瀛，译．北京：人民文学出版社，1991：22.

这种“娱人心目”“其妙入神”的审美体验和审美享乐吗？

今天在语文界有一种复古的观点，即让学生“自主诵读”。具体地说，他们认为今天的语文教学应该模仿甚至是克隆中国古代的私塾教育体制，语文课应该上成阅读课、朗读课，甚至有人夸张地认为语文课上应该让学生坐进阅览室，自己翻书、自己背记。固然，这种教学主张是关注到了学生“学”的主体性，然而，忽略乃至消解了教师“教”的主体性，也就必然会对学生在文学欣赏过程中深层地体验文本，并从而进入文本审美境界的阅读状态造成一定的阻碍。

笔者认为，学生在阅读过程中，之所以无法消解“此在”与“彼在”的鸿沟，之所以没有办法沉浸于入神、忘我的阅读状态，是由于阅读的过程存在着审美主体与审美客体两方面的制约。

1. 来自审美主体(欣赏者)的制约

来自审美主体方面的制约主要包括审美能力和审美趣味两方面。欣赏者(学生)的审美能力，主要是指在进行审美活动时欣赏者(学生)所必备的个人素质，它包括欣赏者(学生)的个性才分、生活阅历、知识积淀、阅读情境，以及联想能力、理解语词的能力、情感体验能力等。由于上述种种原因，造成不同欣赏者(学生)的审美能力具有个别性与差异性，而这些审美能力的差异也必将会导致他们在文学欣赏的过程中产生差异。这正如朱光潜先生所认为的，在文本欣赏过程中，“每人所能领略到的境界都是性格、情趣和经验的返照，而性格、情趣和经验是彼此不同的，所以无论是欣赏自然风景或是读诗，各人在对象(object)中取得(take)多少，就看他在自我(subject-ego)中能够付与(give)多少，无所付与便不能有所取得。不但如此，同是一首诗，你今天读它所得的和你明天读它所得的也不能完全相同，因为性格、情趣和经验是生生不息的。欣赏一首诗就是再造(recreate)一首诗；每次再造时，都要凭当时当境的整个的情趣和经验做基础，所以每时每境所再造的都必定是一首新鲜的诗。”[①]举个例子来说，学生在读屈原的《离骚》时，他们不具备一定的生活阅历、知识积淀、情感体验能力和理解破译语词的能力，所以他们就无法对《离骚》这一文本进行生命情感和心

① 朱光潜．诗论[M]．朱光潜全集：第三卷．合肥：安徽教育出版社，1987：56.

灵的投注，无法在欣赏《离骚》的过程中获得审美愉悦。

欣赏者（学生）的审美趣味是指欣赏者在欣赏与评价文本时由于个人的喜好不同而表现出的一种特殊的选择力与判断力。审美趣味是审美活动的“内驱力”，会直接影响欣赏者（学生）在文学欣赏过程中所得到的愉悦度。举例来说，一个喜好诗歌远甚于喜好小说的学生，他在诗歌阅读中所获得的审美愉悦也必将会远甚于在小说阅读中所获得的审美愉悦。

2. 来自审美客体（文本）的制约

今天，在西方流行的文论中，虽然强调读者对文本的再生产、再创造，但这并非意味着，作品在无数个别的欣赏活动中会完全失去本来意义或原有艺术形态。无论欣赏者（学生）如何变化，作品中总还会包含一些稳定不变的元素，比如说作品所描述的情节与表达的情感是历史的还是现代的；它是喜剧还是悲剧；从艺术成就上来看，它是会流传千古还是很快沦落为时代的记忆；等等。这些来自审美客体（文本）的稳定不变的元素，直接影响了欣赏者（学生）在文学欣赏过程中所获得的美感。举例来说，一个毫无审美价值的作品，学生在阅读过程中自然也就无法获得美感。

正是上述制约造成了读者（学生）在文学欣赏的过程中难以“入乎其内”，无法获得一种审美愉悦。因为读者（学生）在阅读文本时不能毫无羁绊地与作者或作品中的人物进行生生不息的对话和交流，因为他们无法将自己的审美知觉融入独立自足的作品中并进而品尝到一种迷醉与自失的审美愉悦，所以此时语文教师不仅不能“隐身”“退场”，而且还要挺身而出，承担起自己在文学欣赏这一教学环节中本应该承担的“引路人”的作用，帮助学生克服上述种种阻碍，获得审美愉悦。至于教师在文学欣赏这一教学环节中如何引路，将在本书第四章、第五章详细论述，在此不再赘述。

（三）在批评性阅读阶段，教师教学主体性的意义

文学欣赏与批评是文学活动中由审美主体驾驭的两驾马车。如果说文学欣赏告诉了我们“美是什么”，那么文学批评则具体地揭示了“文学作品为何而

美”。我们在阅读文本时，仅仅停止于了解作品说的事件、人物，或者仅仅停止于被作品中的人、事、情所打动，并不是一种专业的阅读态度和方法，我们还需要理性而审慎地分析文本中所包孕的美的元素。在语文教学过程中，我们除了要引导学生对文本进行情感观照之外，还必须帮助学生从审美欣赏的情感漩涡中跳出来，并指导学生运用概念、判断、推理等抽象的理性思辨，冷静地分析文本中的美的元素。而在文学批评的教学过程中，教师的作用非但不能减缩，而且还要增强。其原因在于：

1. 来自审美客体(文本)的制约

文学作品不像科学那样具有实用的价值，文学作品尤其是诗歌，要“抛弃为自然而描写自然，为道德法则而描写道德法则”的做法，不仅要表现外在的现象世界，更要呈现作者的内心世界。从这一点上来说，文学作品要传达的只是作者对世界、对生活、对人生的一种独特体验与感悟，而这种体验与感悟往往是微妙的、复杂的，有时甚至是语言无法表述的。举例来说，在融注着浓浓乡愁的描写羁旅客思的作品中，就饱蘸着无数复杂的异乡感受和体验，而这些感受与体验又哪里是已经完全符号化的、具有指称性的科学语言能够顺畅表达的呢？但是作家却偏要完成对某种只可意会的情感体验的传达，这正如清代诗论家叶燮在《原诗》一书中所说：“可言之理，人人能言，又安在诗人言之？可征之事，人人能述之，又安在诗人述之？”文学作家尤其是诗人正是要完成对这种不可表达的表达，所以在表现方法上，他们往往要“借景抒情”或者是“托物言志”；在语言的选择上，为了延长读者对语言关注的时间和感受的强度，增加读者的审美快感，往往会对日常语言进行扭曲、变形或陌生化的处理，由此文学语言往往会偏离系统的语言规则，具有强烈的暗示性、象征性、隐喻性和复义性；在结构手法、方式和技巧的处理上，他们的选择也一定要为完成对上述的那种不可表达的表达而服务，因而文学作品中作者所使用的结构手法、方式和技巧往往是独特和微妙的。

在文学作品中，无论是语言还是结构，抑或哲理意蕴，表达技巧往往皆深邃地隐含在文本之中。如果我们在阅读过程中只停留于通晓文字，把握文本原意，而不去对上述的审美元素进行仔细玩味，那么我们将无法获得比文学欣赏更加深刻的审美愉悦，这正如尤·鲍列夫所说“阅读还要求从智力上付出很大的努力，因此也就具有很强的愉悦效果”①，“艺术欣赏和享受的强度与艺术现象的整饬性和复杂性成正比。在其他条件相同的情况下，复杂性较低的作品更容易理解，更具群众性，但艺术作用较小”②。

由上可知，艺术作品中美的元素的隐匿性、复杂性阻碍了学生从文学批评中获得更大的审美愉悦。

2. 来自审美主体(欣赏者)的制约

如果说，审美主体的个性、阅历、想象能力、情感体验能力等诸方面直接影响文学欣赏的质量的话，那么审美主体的知识积淀、艺术修养、理性思辨和审美探究能力则直接影响文学批评的成效。

意大利文艺学家克罗齐在谈到但丁的诗时说道，没有人不做充分的准备，不具备充分的文化积累以及对语义学的必要的研习，就可以阅读但丁。③笔者赞同克罗齐的观点，也认为读者的艺术素养是决定文学批评质量的重要因素。从这一点上来说，我们谁都不能否认学生还远远不能达到如克罗齐所说能够阅读但丁的水平，不仅他们读不懂但丁，其他很多作家的作品读起来恐怕也并不轻松。当然，这里所谓的“读懂”，不仅仅是指读者要通晓文字，更重要的是他们要能揭示文本中所隐匿的美，也即他们不仅要知道文本美，而且还要知道文本为何而美。

举例来说，在马致远的小令《秋思》的开头部分，作者用一连串独立的意象组成了一个意象群，而在这些意象之间作者并没有用动词连接。作者这样写的目的无非是要用各个独立的意象，暗示游子茕茕孑立的极度孤独的感受。孤独的感觉与独特的语言形式密切相连。笔者作为一名语文教师，在具体的教学过程中发现，即便是有一定艺术素养的学生也无法发掘出这样一种极具象征性与隐匿性的语言结构形式中所蕴藏着的审美信息，从这一点上来说，作为一个对

① 尤·鲍列夫. 美学[M]. 乔修业，常谢枫，译. 北京：中国文联出版公司，1986:478.

② 尤·鲍列夫. 美学[M]. 乔修业，常谢枫，译. 北京：中国文联出版公司，1986:326.

③ 朱立元. 当代西方文艺理论[M]. 上海：华东师范大学出版社，2005:29.

课文有着更深刻解读的语文教师，应该冲破某些过度解读课标的言论，向学生传授自己的解读结果。也只有这样，学生才能在教师的诗意解读中醍醐灌顶，获得美感能力的提升，并进而在这一瞬间的领会过程中得到审美愉悦。

“失范”的文学课堂会导致本就“主体衰弱”的语文教师的“失语”，导致“众生喧哗”的开放式教学模式的出现，导致教师与学生之间主体性的严重错位，而这一切无疑会使得语文课堂失去其存在价值。笔者认为，学生在文学课堂上需要的不一定是平等对话，而是获得实实在在的提高。学生首先必须学会“倾听”，然后才能学会独立思考和独立评判，并进而提升自己的艺术修养和审美能力。语文教师有责任利用自己所拥有的专业优势向学生传递出更深刻的解读成果，从而培养和创造出有创造性的新读者。

第三章　文学审美教育本质论

第一节　文学审美教育概说

一、问题的提出

20世纪三四十年代，现象学和存在主义文论开始关注读者的接受问题。20世纪六七十年代，出现了解释学与接受理论，这些新理论的出现完成了当代西方文论第二次研究重点的转移，即摒弃了过去只注重"作家—作品"的解读模式，把文本解读的重心转向"文本—读者"，视读者的解读为文本的本体存在，把解读活动作为文本构成的不可或缺的本体层次。

当代文本解读观念的变革，不仅对文学理论产生了颠覆性的影响，还直接影响了以文本解读为核心的中学语文阅读教学。

纵观近年中国的中学语文课程改革，我们会发现在语文新课标中也出现了与之相应的变化，"发展独立阅读的能力""对文本能作出自己的分析判断""注重个性化的阅读，充分调动自己的生活经验和知识积累，在主动积极的思维和情感活动中，获得独特的感受和经验"等，这些理念所依托的正是半个世纪前就已完成的当代文本解读观的变革体系。当然，今天语文教学的变革者虽然以一种反抗的姿态解构着传统的阅读教学理论和“课程内容”，但我们也应该看到，在新课改的进程中，只是单纯意义上的解构是远远不够的，关键是如何发展学生“独立阅读的能力”？如何引导学生“对文本作出自己的分析判断”？如何调动“学生的生活经验和知识积累”，使得他们在个性化的阅读过程中获得“独特的感受和经验”？在语文课堂上，教师到底要教些什么，学生要学些什么？这一系列问题在新课标中只是一些模糊空泛的语言符号，缺乏学理的论证和可操作性，这也就使得我们在打破了旧有的阅读教学理念、教学内容和教学模式之后，却始终没有找到一种教授白话文的有效方式。所以李海林先生在谈到语文课程改革的问题时说：“语文课程改革方案停留在理念层次上，还没有一个可操作的方案，新的实践体系和解构尚未成形。”[①]笔者钦佩李海林先生的直率与智慧，也认同他的观点。只是笔者还认为，我们不能仅仅停留在以批判者的姿态来抨击语文课程改革，更应该以建构者的姿态去解决问题，重构教授白话文的有效方式。在本书中，笔者以新课标中的阅读教学理念为依托，尝试着建立一套崭新的教授文学作品的有效方式，这就是“文学审美教育”。

二、文学审美教育的构成

中学文学审美教育是美学在中学语文教学中的具体应用。它是中学语文教师以文学文本为媒介，按照美的规律、用美的信息去引领学生与文本产生情感上的共鸣，并领悟文本中潜藏着的艺术美点的一种情感教育。

教师—文本—学生是构成中学文学审美教育的基本要素；以文本为依托，以教师为引导，以学生为主体，是中学文学审美教育的基本原则；以艺术审美为着眼点，以情感共鸣为落脚点，以文本美感为分析点，是构成中学文学审美教育的基本方法。

文学审美教育的目的是要帮助学生获得美的心灵和高尚的审美情趣，使他们在语文学习过程中逐步形成正确的审美观念和健康的审美品质，把握辨真

① 李海林．语文课程内容的进展、问题及前瞻[J]．语文建设，2006(3)：6.

伪、识善恶、分美丑的正确的审美准则，提高他们的审美素质和审美能力。

第二节　文学审美教育的前提条件

读者鉴赏文学作品，从字面意义上来说显示的是作品与读者之间的复杂关系。这种关系有两个关系项：一是作品，二是读者。作品必须要可以被欣赏，读者必须要具备一定的欣赏能力，只有当这两个条件同时具备时，作品之被欣赏才有可能。

从作品的角度来看，笔者认为，中学文学教育的载体——中学语文教科书所编选的文学作品要易于被学生欣赏，就必须使所编选的文学作品具备一定的审美价值和情感上的可传递性。

一、教材的文学作品要具备审美价值

简单地说，作品"就是一个作者通过意念之活动而写下的一组文字"[①]。但是，我们有必要强调一点：并不是所有的"作者通过意念之活动而写下的一组文字"都可以称为文学作品。事实上，只有具备审美价值的那"一组文字"才能被称为文学作品，因为美是文学艺术的基本属性。著名美学家蒋孔阳先生于1980年发表了《美和美的创造》一文，提出："艺术的本质和美的本质，基本上是一致的。美具有形象性、感染性、社会性以及能够实现人的本质力量的特点，艺术也都具有这些特点，正因为这样，所以我们说，美是艺术的基本属性。"[②]

文学作品由于其富有魅力的语言艺术、丰富多彩的艺术形象、深刻的哲理与复杂的情感，而使读者在鉴赏文艺作品时获得一种精神上的享受。文学艺术作品的这种使人悦耳悦目、悦心悦意、悦神悦志，以达到身心愉悦的审美效应就

---

① 龚鹏程. 文学散步[M]. 北京：北京世界图书出版公司，2006:2.

② 蒋孔阳. 美和美的创造[M]. 南京：江苏人民出版社，1981:52.

是它的审美属性。

当然我们在重新审视古今中外的文学作品时也必须承认，古今中外的文坛事实上也充塞了大量缺乏审美价值的文章，这些文章常常用一些华美的词句和一些富有戏剧性的情节的简单拼凑来吸引读者的眼睛，这样的文学作品可能会给那些为浮躁的现代生活所累的人们带来某种短暂的视觉冲击和感官快感，但是随着时间的推移，这些终会因为其中缺乏作者对世界、对社会、对人类、对生命的思考与认识而被历史遗弃。

二、教材的文学作品要具备情感可传递性

我们知道，一部文学作品只有融入作者一定的情感与意蕴，读者才能有所感应，然而在读者鉴赏文学作品的过程中，并不是所有融入作者情感与意蕴的作品，读者都能做出相应的感应。在具体的教学实践中，要想使作者的意图与学生的感应之间所存在的那条“通道”畅通无阻，除了学生要具备一定的审美能力之外，我们还要考虑到作品的情感可传递性。一部文学作品如果在情感传达上有困难，它与学生沟通的道路也就会被阻断，此时如果我们再来谈鉴赏性阅读、批评性阅读就会显得毫无意义。所以，我们在编选教科书时，一定要注意所选择的文学作品必须具备情感上的可传递性。也许我们所编选的文学作品在传达范围上即传达的人数上会多少不一，也许我们所编选的文学作品在传达的程度上会高低不同，但即便是传达范围小、传达程度低的文学作品也必须具备一定的条件，这个条件就是在教师的指导与引领下，学生能够跨越“通道”上的阻碍，能够与文本、与作者展开有效的对话。

什么样的文学作品才具备情感上的可传递性呢？笔者认为，能够和读者的文化心理结构对接的文学作品才具备情感上的可传递性，才能引发读者在文学鉴赏过程中与文本、与作者产生“同频共振”。举例来说，五四运动期间部分作家创作的文学作品，正是因为能够和一大批从旧家庭中走出来的“新青年”们的文化心理结构对接，才使得这些作品能够得到接受了新思想的学生的积极回应。著名作家巴金在谈到自己阅读《新青年》的感受时说道，我觉得它们常常在

说我们想说而又不会说的话。[①]毛泽东在谈到《新青年》对他的影响时也说道，我在师范学校学习的时候，就开始读这个杂志（《新青年》）了，我非常钦佩胡适和陈独秀的文章，他们代替了已经被我抛弃的梁启超和康有为，一时成了我的楷模。[②]

在明白了上述道理之后，我们有必要联系今天学生的文化心理结构来更具体地阐述教科书选文的依据。笔者认为，教科书中所编选的文章要尽量与大部分学生的生活阅历、知识积淀、心理与情感需求、联想与想象力水平、审美趣味、时代背景相吻合，只有这样，才能使文本所具备的情感上的可传递性与当今学生的文化心理结构发生对接，才能使学生猝然而生某种顿悟与会意，跨越一般性阅读（疏通文字，通晓文义），步入给他们带来说不尽的审美愉悦的鉴赏性阅读阶段。

当然，我们强调选文的情感上的可传递性，并不意味着我们只是一味地迎合某些学生低俗的甚至是不健康的审美趣味，也不意味着我们必须要屈从于学生已有的狭隘偏颇的审美口味、审美习俗和审美能力。众所周知，真正好的文学作品并不能得到所有人的喜爱和欣赏，苏东坡曾对陈师道说："凡诗须做到众人不爱可恶处，方为工。"[③]由此可见，浅易通俗的艺术作品自然会提升该作品的情感上的可传递性，但是反过来有时也会降低它的艺术价值和艺术享受，我们应该找到一个把学生的审美能力、审美趣味与选文的艰深度统一起来的标尺，而这个标尺笔者认为便是学生通过教师的指点能够顺畅地步入鉴赏性阅读的殿堂，能够领略与作者"莫逆于心"的快乐。

① 巴金．巴金文集：第十卷[M]．北京：人民文学出版社，1961：71.

② 埃德加·斯诺．西行漫记[M]．董乐山，译．北京：生活·读书·新知三联书店，1979：125.

③ 龚鹏程．文学散步[M]．北京：北京世界图书出版公司，2006：42.

第三节 文学审美教育的逻辑次序

读者阅读文学作品时，会有一系列的主体反应：首先是读懂语言文字，通晓文本原意；其次是读者通过表象的回忆与组合，对文学作品中的审美意象进行再创造，进而体验文学作品蕴含的情感，并与文本交融契合，产生情感上的共鸣；最后是读者理性地挖掘文本中潜藏着的审美元素。

根据读者在阅读文学作品时所产生的一系列反应，笔者认为，文学审美教育有三层基本逻辑次序：一般性阅读、鉴赏性阅读和批评性阅读。

一、一般性阅读

一般性阅读是一个通晓文字、把握文本“原意”的过程。在文学作品中，作者以文字为载体把自己的心灵世界显现在文本中，欣赏者要想走入作者的心灵世界，与作者进行心灵的对话，他们首先要做的就是读懂文字、了解文意。

西方现代文学理论家将文学文本区分为“第一文本”和“第二文本”。所谓“第一文本”是指作者创作出来的文字制成品，这是文本的物理存在形式；所谓“第二文本”，是指经过读者接受已生成的具有新的意义的文本，这是文本的审美存在形式。一般性阅读虽然是一个相对被动的“非生产性”的阅读过程，但它却是将“第一文本”转变为“第二文本”的必经过程。

令人遗憾的是，我们有一些语文教师往往忽略了一般性阅读的重要性，片面强调读者积极参与对文本的二次创造。在语文课堂上，有些教师在学生还未阅读文本或还未读懂文本时，就忙于开始设置情境，营造氛围，引领学生对文本进行分析和拓展，这在文言文教学中尤其常见。事实上，这种做法明显不符合文学接受的规律。虽然强调读者积极参与对文本的二次创造没有错，但是读者的积极参与必须要建立在对文本了解的基础之上。

一般性阅读是读者解读文学文本的必经过程，教师在教学过程中，要把帮助学生领会文本中特殊难懂的字、词、句的基本意思，把握文本的原意放在教学的首要位置。

二、鉴赏性阅读

所谓鉴赏性阅读，就是读者（学生）通过凝神观照直接切入文本深层的意蕴世界，并进而以丰富的联想和想象与文本达到同频共振的一种阅读过程。

由于欣赏对象（文学作品）的具体情况不同，欣赏者进入的艺术境界也有所区别。对于叙事性作品来说，进入艺术境界是指进入作品所描绘的生活氛围，进入作品所凸现出来的社会及作品人物的心灵；对于诗词等抒情性较强的作品来说，进入艺术境界是指进入作品的意境，直接切入作者的情感世界中。鉴赏性阅读作为文学审美教育的一个阶段，有如下一些特点：

第一，以中断日常心态为心理前提。一个有经验的读者在步入鉴赏性阅读阶段后往往会发现自己在不经意间完成了一种心理的转换，即中断了现实意识而代之以审美意识，由日常心态向审美心态转化。这种转化使得欣赏者发生了一系列微妙的变化：读者会在内心深处暂时摆脱现实功利的束缚，进入一种无功利、无束缚、自由自在、空灵虚静的心理状态之中。在这种心态之下，他们的注意力会更加集中，会更无拘无束地与作者或作品中的人物进行心灵对话，产生共鸣。

第二，暂时地“忘却自我”。在读者（学生）对文本进行鉴赏性阅读时，读者（学生）会从现实世界飘然而进入另外一个超然的艺术世界，而在那个能引起读者“整体震颤”的超然的艺术世界中，读者（学生）会品尝到一种极度迷醉与自失的审美愉悦。作家三毛在《逃学为读书》中所诠释的文学欣赏的这一审美现象（见前文所引），是典型的例证。三毛的阅读感受说明文学鉴赏是与现实世界完全隔绝的一种凝神观照的审美境界，这一审美境界的特点是完成角色转换，与角色同一化。

所谓“完成角色转换，与角色同一化”是指阅读者在鉴赏性阅读的过程中把自己想象成文本中的某一人物形象，与作品中的人物融为一体。这正如梁启超所说："凡读小说者，必常若自化其身焉，入于书中，而为其书之主人翁。读《野叟曝言》者，必自拟文素臣；读《石头记》者，必自拟贾宝玉；读《花月痕》者，必自拟韩荷生或韦痴珠；读梁山泊者，必自拟黑旋风或花和尚。虽读者自辩其无是心焉，吾不信也。夫既化其身以入书中矣，则当其读此书时，此身已非我有，截然去此界以入于彼界……文字移人，至此而极！"[①]列宁读到契诃夫的小说《第六病室》的反应是这样的："昨天晚上我读了这篇小说，觉得简直可怕极了，我在房间里呆不住，就站起来，走了出去。我有这样一种感觉，仿佛我自己也被关在第六病室里似的。"[②]梁启超和列宁的阅读感受说明他们不是仅仅"走近"文本，而是真正地"走进"了文本。在那个虚拟的想象世界中，他们完成了角色的转化，与作品中的人物融为一体了。

这里需要补充说明一点，即前面所说的"进入角色""角色同一化"与"暂时忘却自我"，都只是相对的而不是绝对的。阅读者在步入鉴赏性阅读阶段时，他的思想是双重的，一方面他情不自禁地坠入"忘我"与"同化"的审美境界，另一方面在他的潜意识中知道自己是在想象，他既与角色同一又与角色对立，既忘我又不全然忘我，也正因为如此，他才不至于完全失控。

总之，鉴赏性阅读是一种读者通过能动的参与文本获得情感"共鸣"的审美性阅读，读者在鉴赏性阅读的过程中，实际上也是在"创作文学作品"，通过自由的联想，把自己的感情移入文本之中，在对文本的诠释过程中"着我之色"。

在中学语文教学中，鉴赏性阅读的功能就是要让学生通过获得上述的种种审美愉悦来提升他们的阅读兴趣，来实现文学课堂的艺术化。但是在具体的教学实践中我们又发现，由于学生的联想与想象力、记忆力、知识积淀、生活阅历、情感体验能力等的不足与匮乏，又常常会导致他们根本无法步入鉴赏性阅读的殿堂。此时，作为一名语文教师就有责任使用有效的办法帮助学生通过展开丰富的想象来再造审美意象，从而引导他们尽快地步入"物我交融""物我两忘"的鉴赏性阅读的阶段。

① 陈伟文．国学与近代国文研究[M]．桂林：漓江出版社，2011：212.

② 吴留英，张子臣．新编艺术概论[M]．郑州：河南人民出版社，1997：374.

三、批评性阅读

鉴赏性阅读，与对象同一化，是文艺欣赏的前提，是读者进入艺术殿堂、领悟艺术意蕴的入口，是接受文艺作品的必由途径。但是，与对象同一化的状态不能持续于欣赏的全过程，主体只能是暂时忘我而不可能始终忘我。当欣赏者终于从与对象同一化的状态中走出来的时候，他们就又会站在与文本“对立”的立场上，对文本静观反思，体验玩味。这就是批评性阅读阶段。

所谓批评性阅读就是读者站在作品之外，对作品中潜藏着的审美要素进行理性分析与思考的阅读过程。文学鉴赏是充满了激情与想象的“入乎其内”，读者在文学鉴赏时会由喧嚣的现实世界进入澄静空明的审美的艺术世界，而文学批评则是融注了克制与理性的“出乎其外”，读者在文学批评的过程中会从感性的审美世界回归到理性的现实世界。

朱光潜先生曾经说：“遇见一个作品，我们只说‘我觉得它好’还不够，我们还应说出我何以觉得它好的道理。说出道理就是一般人所谓批评的态度了。”[①]这里所说的“说出道理”，指的便是在批评性阅读中要理性地探究作品的艺术审美效果是怎样实现的，探究作者到底是如何以腾挪之笔力，使作品有尺幅千里之观、玩索无穷之味的。

读者在对文本进行批评性阅读时，他所品鉴玩味的内容主要涉及两个方面：第一，分析品味文本的内容；第二，分析品味文本的形式。

对于作品的内容，读者分析品味的一是艺术作品的外在显示层，如分析叙事类作品的故事情节、人物形象、人物关系等；二是探究艺术作品的内在意蕴层，读者在进入批评性阅读阶段后，已经不满足于仅仅知道作品写了什么，而是愿意去挖掘作品到底暗示、表现了什么情感或哲理意蕴，这也就是我们常说的“主题”。

除了作品的内容外，一部分欣赏者的“分析玩味”还指向作品的艺术形式，读者在批评性阅读阶段往往还试图深入探究文学作品是怎样安排和处理作品

① 朱光潜. 谈美[M]. 北京：当代世界出版社，2019:62.

内容的，作品在语言的修饰、情节的提炼、结构的安排、形象的塑造、节奏的处理等方面有什么独到之处。

可以这样说，读者是否能穿透作品表层的迷雾，直接拈出作品厚重幽涩的情感与哲理，是否能分析玩味出艺术作品的形式美，是读者欣赏能力高下的标志之一。

综上所述，我们可以得出这样的结论：读者对文本的解读大体上是一个由一般性阅读、鉴赏性阅读到批评性阅读的逐步深入的过程。在教学中，教师不能忽视任何一个解读阶段。当然，这种解读过程既有内在逻辑联系，又不是一成不变的，它常常处于一种动态的变化之中。在具体的教学实践中，我们会发现：上述三个解读阶段对某些学生来说可能会同时发生；对于一些文字浅显的文本，学生可能会直接跳过一般性阅读，而直接进入鉴赏性阅读和批评性阅读阶段，对于这种情况，教师可根据学生与文本的特点而灵活地采用不同的教学方法。

第四节　文学审美教育的教学案例

从一般意义上说，鉴赏性阅读是批评性阅读的基础，批评性阅读是鉴赏性阅读的升华。但是，在实际教学过程中，鉴赏性阅读和批评性阅读往往互相交融，难以截然分开。鉴赏文章本身就是一种批评方式。比如在讲解沈从文的《边城》时，我在备课时，为了便于深入分析文本，就写下了一篇《边城》的解读文章，提供学生课后阅读，然后课上讨论。实际上，这篇解读文章，既是鉴赏，又是批评。

田园牧歌中一支悲凉的人性小调[①]

——简析“以乐景写哀”在《边城》中的创造性运用

王夫之《姜斋诗话》在评价《小雅·采薇》名句“昔我往矣，杨柳依依，今我来思，雨雪霏霏”时说：“以乐景写哀，以哀景写乐，一倍增其哀乐。”[②]这种加一倍的创作手法自出现之后就不断地被后人所沿用，从杜甫“感时花溅泪，恨别鸟惊心”，到李煜“梦里不知身是客，一晌贪欢”，都使用了这种创作手法。

20世纪20年代，沈从文的《边城》也运用了这种创作手法，只是他并非简单机械地复制，而是赋予这种创作手法以新的内涵：将眼前之“乐景”进一步扩展为虚幻的镌刻着人类活动印痕的乐境——“边城”，并以发生在这一诗意的栖息地中的凄美爱情故事来暗示普泛而又真实的生命痛点——人类生存的孤绝与“身不由己”的无奈。以虚幻的乐境抒写哀情，使《边城》在欢快的田园牧歌咏叹中潜藏着一支悲凉的人性小调。

一、幻化的乐境：“田园牧歌”原是一支“神曲”

《边城》自诞生以来，它的田园牧歌式的诗性特点就常常为学者所称道，中学教参也对其做了如是评价：“《边城》给人桃花源般幻想的色彩和田园牧歌式的理想图景。”确实，《边城》处处充溢着恬静平和的牧歌气息：这里有如诗如画的自然风景，生活在这里的人们过着神话般的生活——没有世故圆滑、功利等级、冷漠畏缩，只有简朴清淡、和谐友爱。明净澄澈的环境，以及在这种环境中生活的人们恬淡无争、淳朴挚爱的生活方式，再加上小说里描绘的虚无缥缈的梦境，似乎都彻底驱走了纷纷扰扰、红尘滚滚的现实时空，这实在是一方纯净的诗的境界。

有人说，《边城》这一支田园牧歌里飘荡着作者家乡的影子，也有人说

① 程海滨.《边城》中的“以乐景写哀”[J]. 语文建设，2015(10):51-53.

② 王夫之. 姜斋诗话笺注[M]. 北京：人民文学出版社，1981:10.

《边城》所描绘的淳朴的湘西风情、挚爱的诗意的栖居环境是作者在如实地重造童年的家乡，是一幅地地道道的写实风景画。事实上，作者笔下所描绘的那个充满了挚爱亲情、摆脱了名枷利锁的所谓“茶峒”小城是不存在的，它虽可能有作者童年家乡的影子，但对于离乡十年的沈从文来说，即使是童年的苦难也因时间的流逝而过滤掉了曾经的切肤之痛，转而变为现实梦境一般的甘甜甚至是神圣了。小说开头三节，作者使用了大量的诸如“淳朴”“浑厚”“安静和平”“极有秩序”等赞誉性的词，其实就是要弥合在甜美的田园牧歌背后的破绽，这也正说明连作者自己都怀疑“茶峒”小城是否存在。

沈从文常说自己写小说是在组织梦境，《边城》就是他组织得最美妙动人的一个梦境。先生自己也明确指出，《边城》是“将我某种受压抑的梦写在纸上”的故事，是“纯粹的诗，与生活不相黏附的诗”。

从这个意义上来说，作品中的“茶峒”小城，其实只是作者诗意想象的外化，沈从文为“边城”的天空硬扯来一朵朵“神话般的云彩”，“田园牧歌”原来只是一支“神曲”。作者缘何要为“茶峒”山城的天空硬扯来一片“神话般的云彩”呢？笔者认为原因有二：

一，作者可能希望用笔下的这一片未被现代文明污染的土地来映衬都市的堕落，呼唤民族品德的重塑。从离开家乡到创作《边城》，整整十年的都市生活，让作者痛心地意识到：在现代文明笼罩下的都市中奔波的人正在无情地践踏着朴素的信义道德、真挚的乡土人情，因而在《边城》中虚构了一个带有他童年家乡影子的茶峒山城。其实，这座小城只是作者理想世界的幻影，所负载的只是作者要远离纷扰的尘寰，远离有“身”无“心”、有“利”无“情”的世俗人间的孤独追求。这种对乌托邦世界的倾情向往，正寄寓了作者对民族品德重塑的希望。这正如《边城》出版时的题记所说：“我的读者应是有理性的，而这点理性便基于对中国现代社会的变动有所关心，认识这个民族过去的伟大处与目前的堕落处，各在那里很寂寞地从事民族复兴大业的人。”[①]中学教参在论及本文的主题时也认同这种观点:“作者极力讴歌传统文化中流传至今的美德……在摹写边城人的生命形态和生活方式中,隐含着对现实生活中古老美德、价值观失落的痛心,以及对现代文明物欲泛滥的批判。”

二,作者可能希望通过笔下的这一乌托邦世界——茶峒山城,来反衬人类孤绝而又悲凉的存在焦虑。这座山城被描述得越是趋于完美,就越能反衬出当时社会人性的残缺以及人性中某些终极的孤独与悲哀。因此,笔者认为,《边城》的主题并不仅止于中学教参的论断。细细揣摩,我们便会发现在作品诗意的氛围中蕴藏着一股悲伤的潜流,表层的轻松掩饰不住作者对人类生存的内在焦虑:世界本是荒诞,生命本是无常,人类本是孤绝。

笔者之所以下如此结论,还可以从如下两方面分析:(1)从作品的情节结构看,作品共二十一节,前十节都在极力铺写边城环境的牧歌性、边城人情感的素朴和观念的单纯,后十一节主要是叙述翠翠的爱情故事。如果作者只是要传达他对民族传统美德的讴歌及其失落的心情,那么作者写完前十节就已经足够了,根本没有必要再画蛇添足地详细描写翠翠的爱情悲剧。作品结构的详略安排,虽然只是附着于文学作品表层的外观形态,但是它却是引领读者挖掘隐藏在文学形态背后的主题的一味不可或缺的“药引子”。《边城》正是通过详细描写翠翠的爱情悲剧,在结构详略安排的外观形态中蕴含着更为深刻的主题,即普泛的人类生存的焦虑和无奈。(2)从作者的成长经历和创作背景看,二十多年的故土和军人生活,让他目睹了太多太多的悲剧。幼年时,就目睹辛亥革命失败后,宪台每天捉来一两百人,“把犯人牵到天王庙大殿前……在神前掷竹筊,一仰一覆的顺筊,双仰的阳筊,开释,双覆的阴筊,杀头”[②];成年后,作者投身军旅,在枪林弹雨中无数鲜活的生命在作者的面前转瞬凋零。而在《边城》写作之前,作者又经历了人生重大的变故,即曾与他志同道合、同甘共苦的好友胡也频、徐志摩的去世和丁玲的

①沈从文.沈从文全集:第8卷[M].太原:北岳文艺出版社,2002:59.

②沈从文.从文自传[M].长沙:岳麓书社,2010:59.

失踪。这一切的一切都让作者唏嘘不已，因此，在《边城》中，作者要表现的不是“历史”，而是“宿命”。他勇敢地把人性的某些缺失，例如生死、隔膜、孤独等在人类生活中不可把握的方面突显出来，呈现在读者面前。在“边城”美的炫目的神话天空下，沈从文其实是为我们修建了一座“人性小庙”，田园牧歌中原来还潜藏着一支悲凉的人性小调。

二、真实的哀情：“边城”里修建的一座残缺不全的“人性小庙”

《边城》绝不是现成在手的温暖的世外桃源。事实上，在那一片澄静而冷幽的神话天空下，有一只黑色的指挥棒在恣意地拨弄着翠翠——那就是命运，是人们挥之不去的人生阴影。而这种人生阴影在《边城》中显现的内容又是多样的。

《边城》里显现的人生最大的阴影莫过于隔膜，这是生命中最大的荒唐，永远无法调和与圆融。穿梭在这世间的每个人的心灵都是一个广大无边的宇宙，心的空间太大了，人与人之间的隔膜犹如无垠的大海，如果有人想乘船跨越这隔膜的海洋，必定会落得个船翻人亡的结果。沈从文用他那洞察世事人情的双眼，发现了这种人性的本质缺失。在《边城》那样一个人人善良、心无纤尘的神话世界里，就连大保、二保、顺顺、爷爷、翠翠这些挚爱亲人间都无法真正地沟通，无法穿过隔膜的海洋到达相互了解的圆融圣境。

也正是由于这种人生的隔膜，才有了小说中人物最真实的孤独。这种孤独最直接地表现在女主人公翠翠的身上。《边城》有意设计翠翠是个孤女，她上没有父母的呵护疼爱，下没有兄弟姐妹，甚至没有一个朋友去倾听她深情款款地诉说自己的心事，在那悠淡哀怨的“寂寞林”里，她只能靠独自的幻想来宣泄自己未能满足的愿望。压抑得愈久，爆发得愈烈，她甚至于突然想要离家出走，要发生点大事来摆脱自己目前这种无法忍受的孤独。然而，当这个念头刚刚燃起火苗之时，天真善良的翠翠又为爷爷担心起来，为自己想法的后果而害怕自责，最后她只好无奈地放弃。

那么，翠翠满腔的心事无人可以诉说，这一颗孤独的灵魂如何才能得到安慰呢？事实上，对于一个妙龄少女来说，在她的前方，总会有一个长长的爱的故事在等待着她。爱，也许是翠翠解脱孤独境地的一纸妙方吧！孤独的翠翠怀着强烈的爱之渴望四处寻觅，最终她把自己缠绵执着的爱之红线专注地抛给了二保傩送。原本故事至此，沈从文该停笔了吧，翠翠与傩送男欢女爱的大团圆该给读者带来一种怎样温暖的欢喜啊！可是作者偏不罢手，此时小说中那只命运的黑手又再一次悄然而至，隔膜、误会、生死离别等人生无常又一次攫住了翠翠，在无常命运的捉弄下，经过一系列的风云变化，最终爷爷死了，大保死了，傩送负疚飘零在外，留下翠翠无望地等待。“也许回来，也许永不回来。”《边城》绝妙的结尾既不给人希望，也不令人完全绝望，这样一种悬而未决的状态又再一次鲜明地暗示了《边城》的主题：“长恨此身非我有”的无奈。人们注定无力把握属于自己的未来，人生必然要接受偶然与命运的捉弄！“花自飘零水自流”，生命中的一切原该是如春花秋水般不由自主地飘零消逝的吧！

至此，我们谁还能说《边城》只是一支不食人间烟火的牧歌，谁还能说《边城》只是沈从文对民族品德能否回来的乐观证明？沈从文说：“你们能欣赏我文字的朴实与清新，照例那作品背后隐伏的悲痛也忽略了。”沈从文也是孤独的。

总之，沈从文的《边城》，虽然有借这虚幻的茶垌山城来寄寓作者对民族品德重塑的希望，但更重要的是，沈从文创造性地运用了中国古典诗歌中“以乐景写哀情”的手法，用微笑表现悲哀，用诗意对抗污浊，他笔下的茶峒山城越是清明纯净，笔下的小人物越是善良单纯，就越能衬托出孤独、隔膜、生死无常、爱而不得等一系列人性中共通的悲哀。可以说，《边城》中的沈从文已抵达了生命价值的源头，并勇敢地直视了生命之“冷”。《边城》所营造的那一片神话天空，事实上是为了映衬那一座残缺不全的人性小庙，田园牧歌的咏叹中潜藏着一支悲凉的人性小调。哲理与诗性投映在《边城》的神话天空下，是怎样的警策人心而余音袅袅啊……

当我在课堂上把《边城》一文所隐现的孤独、隔膜、生死无常、爱而不得等一系列人性中共通的悲哀传递给学生的时候，我从学生的眼中看到了他们不经意间流露出的因心智为之洞开、灵魂得以抚慰的惬意和满足，作为一名普通的语文教师，也因他们的惬意而惬意，因他们的满足而满足。

第四章　直觉体味:整体读解模式

——鉴赏性阅读教学方法论

第一节　整体读解模式的意义

一、鉴赏性阅读教学的现状

毋庸讳言,从根本上说,能够有权力有资格评价今天语文课堂上文学教育优劣的,只有长期在课堂上接受教育的学生。所以首先还是让我们一起走进校园,从学生的"嘴巴"里来了解一下中学文学教育的实况:北京某重点中学一位语文教师曾对高一新生班进行过一次问卷调查,发现对语文学科感兴趣的不足10%。据上海市两次抽样调查显示,中学生对数理化课程注意力集中的占91%,而语文只占15%。有学生在谈到自己在上语文课的感受时说:"我自己读《卖火柴的小女孩》时,我哭了;而当老师讲它时,我睡着了。"

在这里,值得关注的是,一些学生在课下阅读时所感受到的愉悦和他们在文学课堂上所收获的枯燥无趣形成了巨大反差,而这种学生在课下与课上所感受到的完全不同甚至是断裂的情绪状态,恰恰是我们每一个语文教师必须反思与追问的。

笔者认为，上述事例至少给我们提供了这样的信息：该学生在课下阅读时已经由一般性阅读上升到了鉴赏性阅读。根据上文对鉴赏性阅读的内涵的论述，我们知道，学生在阅读《卖火柴的小女孩》时，因为自由的联想和情感的投入已经不自觉地进入了一种主客交融、物我两忘的特殊的审美境界，所以才会不自觉地“哭了”。“哭”这种表现无非是他鉴赏性阅读的结果。

但凡一个长期在教学一线的语文教师，都会承认上例中“当老师讲它时，我睡着了”这一令人遗憾的现象并不是偶见的，而我们透过这一现象到底能发现些什么呢？周国平先生在《愉快是基本标准》一文中说：“如果一种教育使学生不能体会和享受读书的乐趣，反而视读书为完全的苦差事，我们便可以有把握的判断它是失败的。”[①]如果按照周先生的标准来衡量，那么上述现象所昭示的无疑是文学教育的失败。

回望中学的文学课堂我们会发现：在教参或教材中，一部融会百家、博大精深的文学精品《红楼梦》，在中学的文学课堂上却被一些教师简单地解读为：“以贾、史、王、薛四大家族的兴衰为背景，以贾宝玉和林黛玉的爱情悲剧为主线，真实而艺术地反映了封建社会走向衰亡的历史趋势。”一首悲慨激荡的《书愤》，学生在学习时却只被告知作品抒发了陆游收复江山壮志未酬的感慨；一篇融注了作者无限慨叹的《孔乙己》，学生在学习中又只被告知作品是为了批判封建科举的罪恶。一些教师参与教材的解读就这样停留在文本的表层，尾随着这种解读的“浅表化”而来的便是教师解读的“模式化”。部分教师在课文解读的实践中，或者以一些抽象的概念，诸如“形散而神不散”“借景抒情”等来固化解读结果，或者贴政治标签，或者滑入“字词、时代背景、段落大意、中心思想、写作特色等”既定模式，这些套路化的讲解与分析，掩盖了文学作品中无数血肉丰满、性格各异的人物形象，遮蔽了作家对历史现实、生命意义的强烈体验，剥夺了学生对文学作品的感动和妙悟，这样的文学教育怎能使学生在阅读文学作品时直接触摸到文本作者那颗的“驿动的心”，又怎能打动学生呢？它教给学生的只是人与人之间的对立与隔膜，只是感情的冷漠与心灵的麻木，学生在这样的文学课堂中收获到的当然只有“木然与索然”！

① 周国平. 各自的朝圣路[M]. 太原：北岳文艺出版社，2004:53.

综上所述，学生有为自己的心灵寻找一个与作者、与文本发生心灵碰撞和灵魂问答的愉悦的安憩地的本能渴望，他们希冀在对文学作品进行鉴赏性阅读的过程中觅得精神的慰藉。然而，现今的中学文学教育中鉴赏性阅读的现状是部分教师以其枯燥乏味的讲解逼迫学生放弃上述追索，从这个意义上来说，现今的有些地方、有些课堂上的文学教育压抑了学生最本真的人性，背离了鉴赏性阅读的本质特征。

由上所论，我们似乎该思考一个问题：既然学生有对文本进行鉴赏性阅读的本能渴望，既然鉴赏文学作品是学生阅读文学作品与教师进行文学教育的必经过程，既然我们已经承认了现今部分文学教育已经背离了欣赏文学作品与进行文学教育的本质特征，那么，在文学的课堂上我们该如何纠正以往不恰当的教育方式呢？如何引导学生对文本投注情感，从而使他们在鉴赏性阅读的过程中顺利地跨过“此在”与“彼在”的鸿沟，体会瞬间的沉迷与陶醉？这就不能不研究鉴赏性阅读教学的方法。

二、整体读解模式的教学意义

前文中笔者把文学审美教育分为一般性阅读、鉴赏性阅读、批评性阅读三个阶段。其中鉴赏性阅读、批评性阅读是中学文学教学关注的核心。鉴赏性阅读是由一般性阅读进入批评性阅读的桥梁和过渡。文学鉴赏的过程，就是读者体验文本的过程，所以，是“感性”“体验”，而非客观、理性。

由于学生的生活阅历较少，知识范围狭窄，审美趣味单薄，艺术感觉能力缺乏，再加上一些教师在课堂上所进行的文学教育之无趣，这一切便造成学生与鉴赏性阅读之间隔了一层厚厚的帷幕。学生在阅读文本时“不能揪着自己的头发离开地球”，不能从现实的世界飘然跨入超然的鉴赏性阅读的艺术世界，此时，但凡是一位有责任心的语文教师一定会在内心深处拷问自己：“怎么办？”“我们要如何才能变出一只魔法棒，轻易地撩起那隔在文本与学生之间的帷幕呢？”笔者认为，在文学教学过程中，我们可以采取“直觉式”“体味式”的整体读解模式，来弥补学生审美能力、审美经验的不足，培养和“创造”出有创造性的新读者。

审美鉴赏是一种审美感知，而这种审美感知又具有直接性、主观性、整体性与情感性的特点。说它具有直接性，是因为审美主体在鉴赏文本时并没有过多抽象、概括的理性分析，只是直接切入文本的深层感情领域和内层境界，即美感的产生无须经过思考推理这个过程，美感判断是不假思索的直觉判断。说它具有主观性，因为文学鉴赏实际上是一种主体能动性的参与行为，读者在这一过程中会将自己的生活感情、人生体验、生命意识积极地投入文本中，并对文本中的“空白点”进行开拓、补充和重构，见人之所不能见，感人之所不能感，此时的文本已经不再是个没有生命的物化的“产品”了，而是熔铸了读者主观意识的人化了的“成品”。说它具有整体性，是因为当审美主体进入鉴赏状态时，并不是对文本进行局部的寻章摘句，而是一种整体的心领神会。说它具有情感性，是因为读者在鉴赏文本时，要调动自己深度的情感体验，对文本进行生命情感和心灵的投入。只有这样读者才能扪及作家心灵的跳动，与文本产生共鸣。

既然文学鉴赏是一种具有直接性、主观性、整体性与情感性的审美感知，那么我们在引领学生步入文学鉴赏的殿堂时，就不能够疏离或漠视这些特点，而应该遵循鉴赏的规律，去寻觅我们脚下未来的路。笔者认为，“直觉式”“体味式”的整体读解模式，是鉴赏性阅读教学的基本方法。

所谓“直觉式”“体味式”的整体读解模式是指读者在文本解读的过程中，通过展开联想或想象，直接切入文本对象的内部，直接去感悟文本对象的内在生命，并进而达到物我同一的至境的一种读解模式。

第二节 整体读解模式的展开前提

要有效地展开“直觉式”“体味式”的整体读解模式，有两个基本条件：一是建立在学生自主阅读“生本对话”的基础上；二是建立在文本朗读以语音为媒介的审美直觉体验的基础上。

一、“生本对话”:直觉性读解的展开基础

所谓“生本对话”就是指学生不需要任何中介的参与,直接去阅读文本,直接与文本进行对话。“生本对话”是学生步入鉴赏性阅读的有效方式之一。

“生本对话”为何是学生步入鉴赏性阅读的有效方式?如何引领学生进行“生本对话”?笔者想做以下两点陈述:

(一)“生本对话”在学生进入审美鉴赏境界中的重要意义

“生本对话”,是学生直接阅读文本,与潜藏着的丰富的可解释性的文本进行直接的心灵交流,在此过程中,学生不需要他人的介入尤其是教师的指点,他们敞开自己的心扉,不受任何干扰地直接去触摸作者或作品中人物的脉搏。

实际上,当学生以一种独立参与的姿态进入文本时,他们因摆脱了教师或他人的干扰,从而形成了一种自我封闭的状态,这种状态自觉地阻断了他们与现实世界的联系,使得他们的思维呈现出一种自由而又连贯的线形,正是在这种思维的牵引下,他们更容易展开自己的想象,积极思维,深入文本。能深入文本的读者才能更好更快地体验文本中情感或思维的深刻,并沉迷其中,获得难以言说的审美愉悦。体验到审美愉悦,不仅是读者深入文本的状态,亦是深入的结果。

在美国畅销书《如何阅读一本书》中是这样阐述“生本对话”的重要意义的:

譬如,阅读莎士比亚的戏剧,会获得极大的快乐。但是一代代的高中生被逼着一幕一幕地念、一个生字接一个生字地查、一个学者注脚接一个注脚地读《裘利斯·恺撒》(*Julius Caesar*)、《皆大欢喜》(*As You Like It*)或《哈姆雷特》(*Hamlet*),这种快乐就被破坏了。结果他们从来没有真正读过莎士比亚的剧本。等到他们读到最后的时候,已经忘记了开始是什么,也无法洞察全

剧的意义了。[①]

(二)"生本对话"的具体方法

既然生本之间的直接对话是学生步入鉴赏性阅读殿堂的捷径之一,那么教师要怎样帮助学生完成这种"生本对话"呢?方法有二:第一,我们要做的就是不要干扰、影响学生对文本内在吸引力的原汁原味的直接接触,要做到这一点,笔者认为我们有必要在课后预习中强调学生的自我阅读,以完成这种"生本对话"。(笔者不主张在课堂上完成这种"生本对话",原因下文会有阐释)。遗憾的是,在今天的语文教学中,一些语文教师要不然就不强调预习,即便教师真的布置了预习,也是会用大量的预习题目来取代学生的这种自我阅读。殊不知,那些大量的预习题会影响、干扰学生与文本的直接对话,会无形中消解学生在生本直接对话的过程中所产生的审美愉悦。第二,注意"生本对话"的空间选择。学生可以在两种空间状态中直接去面对文本,一是在文学课堂上,一是在一个纯私人化的空间里。笔者认为,文学课堂上,因为学生过多,环境相对嘈杂,可能相互干扰,这样一种外部环境很难使学生摒除杂念、虚心静气,完成由现实世界向审美世界的切换,真正进入与文本对话的过程。虽然有很多老师强调课堂上的默读("生本对话"的一种形式),甚至有人在评价某省的优质课大赛时说:这样一种真正让学生进入文本、理解文本、沉浸于文本的读书样式(默读),正在阅读教学中走向衰落,甚至走向消亡,这不能不说是语文教学的一大悲哀。但是,笔者却认为默读这种"生本对话"的方式并不适宜在课堂上进行,更不应该在公开课上进行,"生本对话"(包括默读)适宜在一个安静的纯私人化的空间里展开。

审美主体要想进入审美境界,就必须排除一切世俗杂念、利害思考,保持心灵的纯净澄澈,才能真正进入审美境界,这就需要为审美主体(学生)提供一个相对宁静的读书环境,这也是古人读书的一种基本环境选择。金圣叹强调读《西厢记》应选择花间、雪中;宋代诗人苏舜钦住岳丈家时,每至夜静,一边浅斟

① 莫提默·J. 艾德勒,查尔斯·范多伦. 如何阅读一本书[M]. 郝明义,朱衣,译. 北京:商务印书馆,2014:35.

细饮，一边品评《汉书》，每至会意处，便拍案大叫，满饮杯酒。岳丈寻声窥视，见此状大笑曰："有如此下酒物，一斗诚不为多也。"①这也告诉我们，一个安静的相对封闭的环境往往可以使读者息心澄怀，可以尽快地使读者全神贯注地进入"物我两忘"的审美鉴赏的境界。

总之，在具体的阅读教学实践中，我们要强调学生课后的预习，我们要把"默读"的教学环节由课堂位移至学生的书房。一个安静自由的纯私人化的空间可以阻隔学生现实人生的喧嚣和烦恼，可以使学生在一种安宁的环境中迅速使自己的内心趋于纯净，迅速地沉浸于审美鉴赏的世界里。

二、文本朗读：整体性的直觉体验

朗读是文学鉴赏的手段之一，也是文学鉴赏直觉体验的途径之一。文学作品必须使用语言来发掘世界的审美价值，语言实际上包含语音和词义两个层面。在语言中，除一些拟声词之外，绝大多数语词的语音与词义之间并没有直接的联系，这是一个常识。但是，我们并不能就此认为，文学语言中的语音与文本所要表达的意蕴间全然无关。相反，正如美国文学理论家韦克勒、沃伦在《文学理论》中所说："每一件文学作品首先是一个声音的系列，从这个声音的系列再生出意义。"②应当说，语言的声音层面是文学文本审美效果的重要组成部分。由于语音的长短、高低、徐急、轻重与人的情感的运动节奏和强度有密切关系，因此文本物理层面的声音，往往具有一种特殊意味的"暗示"作用，它能够唤起读者的某种情绪体验，能够引导读者完成对文本意蕴的体悟。尤·鲍列夫在《美学》一书中也说："在领会作品的涵义和价值之前，接受者先欣赏它的情感和语调方面。整个接受过程都是在语调背景上并在其催化作用下进行的。接受者可以感受到它的艺术提示作用。"③

① 刘运好．文学鉴赏与批评论[M]．合肥：安徽大学出版社，2002：80.

② 雷·韦勒克，奥·沃伦．文学理论[M]．刘象愚，邢培明，陈圣生，等译．北京：生活·读书·新知三联书店，1984：158.

③ 尤·鲍列夫．美学[M]．乔修业，常谢枫，译．北京：中国文联出版公司，1986：323.

举例来说，我们阅读李清照的《声声慢》开头的那七组叠字“寻寻觅觅，冷冷清清，戚戚惨惨戚戚”时，我们无须关注七组叠字的语义，只是来仔细琢磨一下它的语音。在这七组叠字中，押的主要是“i”韵，不仅能够给人以低沉、舒缓的感觉，而且这种以塞擦音为主的韵，会让读者在朗读时感觉如两片砂纸在摩擦，发出戚戚擦擦的声音，给人一种烦乱不舒适的感觉。这七组同音叠字的使用，能让读者从中感受到作者单调、迟缓、落寞的生存状态。这样的语音组合，如果我们不去反复地吟诵，如何能体会到作者那种“怎一个愁字了得”的凄苦、落寞的情绪呢？语音的暗示性功能，决定了我们在文学鉴赏教学中必须重视朗读，通过朗读，使学生步入鉴赏性阅读的殿堂。

那么“如何朗读”呢？笔者认为，朗读的原则是“声情统一”。学生朗读时如果能够做到“以自己的声来表作品的情”，就说明他们已经捕捉到了凝定在作品中的审美意象，已经走进了文本的意义世界和情感领域，已经完成了由一般性阅读向鉴赏性阅读的过渡。如果学生不能够独立迅速地深入文学作品的世界，就无法在朗读时实践“声情统一”的原则。此时，教师就要通过课堂教学，消解学生与文本之间的阻隔，引领学生一步步地走入文学作品所表现的那个时空结构中去。

那么，教师如何消解学生与文本的阻隔，促进他们“声情统一”地朗读呢？笔者认为，我们除了要帮助学生正其音、理其意之外，最重要的是完成下面两件事：

（1）引领学生通过联想与想象重塑作品中的审美意象，“以声传情”“以声摹形”。首先引领学生通过联想与想象，还原文学作品中所蕴含的审美意象，只有当一幅幅生活图景活跃于学生眼前，产生身临其境之感时，才有可能用音调的高低、长短、轻重，传达出自己通过联想与想象在脑海中还原出的作品之“象”。

（2）引领学生在朗读时注入个人的情感与体验，读出自我。情感是文学鉴赏时读者诸多的心理活动中最为活跃的一种，可以说，没有情感便没有真正的文学作品，没有情感也没有真正的文学鉴赏活动，因此也无法进行“声情统一”的朗读。教师必须通过各种途径，引导学生体味文本情感，朗读时注入个人的情感与体验。

必须说明的是，我们应该警惕诵读课上的“技术主义”。我们不能只在语调的高低、快慢、轻重等声音处理方式上做指导，也不能干脆就用统一的诵读符号来标画文章，这样做的结果可能会导致学生朗读的机械化与模式化以及“声”“情”的背离。学生只有先“心悟”而后才能“口诵”。声音的技术是在学生还原文本审美意象、体验出文本情感之后的自然产物，教师不宜做统一的指导。比如朗读《乡愁》第二节时，学生如果能够通过联想与想象在自己的脑海中呈现出诗人与新娘遥遥相望的图景，如果能够体验到诗人那种爱而不得的惆怅而又略带甜蜜的复杂感情，那么他们就会在无意识中恰当地对声音进行技术处理，以便准确表现文本情感。由此也可见，朗读必须建立在“生本对话”的基础上，才能有效进行！

第三节　整体读解模式的引导方式

在生本对话和文本朗读的直觉体验的基础上，再进一步深入，就必须切入文本的审美意象。这有两种基本的引导方式：一是音画引导，二是描述引导。

一、音画引导：激活文本的审美意象

在鉴赏文学作品时，首先要将文学文本中静态的物质符号还原为鲜活的审美意象，只有当鉴赏者主动地通过联想与想象，在自己的心灵屏幕上再现文本形象时，他们才可能拉近甚至是消解文本与自己之间的距离，从而使自己和文本交融，达到物我同一的审美化境界。从这个意义上说，通过想象与联想，还原文学作品的审美意象是文学鉴赏活动必经的过程。

对于审美能力较强、审美经验丰富的人来说，从阅读作品到通过想象再现审美意象这一鉴赏过程，刹那间就可以轻易完成。但大多数中学生的审美能力较弱，审美经验不足，他们难以完全依赖自己重建文本形象，这就需要教师做好

引领工作。教师如何才能成功地完成这一引领工作呢？笔者经过长期思考和实践，总结出以下几条具体的教学方法：

（一）音乐引导

音乐，从其本质上来说，就是一种音调，只不过音乐的音调很特殊，它是一种运动着的音调，是一种在时间上延续、能表现无限丰富的人类感受的音流。正是从这个意义上说，音乐不仅仅是诉诸人的耳朵的听觉艺术，它还是诉诸人类心灵世界的情感艺术，只是在音乐鉴赏的过程中，鉴赏者通过何种综合的动力介质才能从“赏心悦耳”的听觉世界进入“悦心悦意”的心灵世界呢？德国诗人海涅说：“音乐是个神奇的东西，我说它是个奇迹，因为它处在思维和现象之间，精神和物质之间，是一种朦胧的介质，既像又不像它所传递的东西——需要时间表现的精神和无需空间表现的物质……我们不知道音乐是什么。”[①]正如海涅所说，音乐具有非具象、非明确语义的特征，而这些特征又和文学艺术的多义性、模糊性相似，这才决定了音乐鉴赏与文学鉴赏一样，都必须要借助于想象、情感等多种综合动力，才能完成现实中的听觉世界与体验中的情感世界的融合。

在文学与音乐鉴赏的过程中，都必须要借助想象填补这两种艺术由朦胧性、不确定性而导致的“空白点”。例如，我们在阅读陶渊明的《归园田居》时，会情不自禁地借助想象，透过语言，在脑海中呈现诗人“采菊东篱下，悠然见南山”的视觉形象，不仅如此，我们仿佛还从诗歌中听到了乡间鸡犬的鸣吠，嗅到了泥土的芳香；同理，我们在听琵琶曲《春江花月夜》时，我们也会不自觉地借助于想象，透过音乐的曲调，在脑海中呈现渔舟拂水、波澜拍岸的景象。

既然文学和音乐都侧重于读者的直觉感知与情感体验，都需借助于想象、情感等相同的动力介质去填补“空白点”，还原审美意象，体验作品情感，那么我们在中学文学教学的课堂上，就完全可以用诉诸听觉的音乐，渲染文学作品中的意境，在读者的眼前呈现相关的文学形象，撩拨起读者在阅读时由于种种原因还尚未奔涌起来的情感激流。只不过这里我们需注意一点，那就是我们在挑

① 普开元．音乐心理学基础[M]．合肥：安徽文艺出版社，1988：107.

选音乐时必须要选择那些与文学作品有相似或相同意境、意象与情感的音乐作品。例如,我们指导学生朗诵《春江花月夜》时,就可以恰如其分地使用琵琶曲《春江花月夜》,并将这支古曲贯穿教学始终。古曲中由琵琶、二胡、箫、筝、木鱼共同演绎出的醇厚深沉、轻柔透明的曲调,恰似那宁静而又诗意的春江月夜,而学生在音乐与文字的共同引领下,通过想象的整合,更容易将作品中的审美意象具象化。(当然,我们在使用这支曲子的时候,须删掉第七段“回澜拍岸”,因为这一段用扫轮方式演奏出一连串顿挫有力、气势宏伟的旋律,恰似波涛拍岸的宏伟景象,这显然是与诗歌中所呈现的那种宁静、寂寞、孤独而又空旷的月夜春江图相错位。)

无可否认,单一的听觉音乐或单一的视觉文字自然也能勾起学生的想象,也能在学生的眼前呈现某种审美意象,但当两个有相似或相同意境、意象与情感的艺术种类完美结合时,双重的引领无疑会加倍地消解学生通过想象复归作品中的生活图景的阻碍。

另外,我们在选择音乐时,没有必要一概选择经典的乐曲,有时我们也可以根据学生的爱好与欣赏水平选择一些流行音乐,条件是这些流行音乐与文学作品有相似或相同的意境、意象与情感即可。比如鉴赏《乡愁诗两首》时,笔者就选择了中国香港歌手罗大佑演唱的《乡愁四韵》作为导入新课的音乐;再比如在教学李清照的《声声慢》一词时,笔者则大胆地选用中国台湾歌手蔡琴演唱的《月满西楼》作为课前引导学生“入静”的背景音乐,在具体的操作过程中笔者发现,这些符合学生爱好与欣赏水平的音乐更容易打动学生,更易激发他们的想象,以帮助他们重塑作品中的审美意象。

(二)图像引导

如果说音乐是以其“听觉的想象”协助文字共同引领学生还原作品中的审美意象的话,那么美术则以其“视觉的想象”协助文字引领学生还原作品中的审美意象。“视觉的想象”比“听觉的想象”更直观,也更能帮助学生越过文字障碍,还原文学作品的意象。因此在文学教学中被普遍采用。

文学作品往往描绘大量的生活与自然的图像,而这一点在诗词中表现得尤为突出。在诗歌文本中，诗人当然可以直抒胸臆，直接表达自己的情志。但一般来说，诗要唤起读者相应的情感体验，更需要将抽象的情感具象化。正如别林斯基所说："诗歌通过外部事物来表现概念的意义，把内心世界组织在完全明确的、柔韧优美的形象中。"①诗人或托物言志，或借景抒情，使内心情感与唤起诗人情感的自然物象交互融会，从而得到情、诗、象的有机统一。

应该说，"诗画本一律，天工与清新"（苏轼《书鄢陵王主簿所画折枝二首》），是中国诗歌的重要特点，也是中国山水写景诗的基本特点。然而，物象入诗有难写之景，借景抒情有难尽之意。如何处理逼真写景、情蕴象中，是诗歌创作的重要技巧。宋梅尧臣说："必能状难写之景如在目前，含不尽之意见于言外，然后为至矣。"（欧阳修《六一诗话》引）苏轼也借评价王维之诗来表述诗画一律的创作理念："味摩诘之诗，诗中有画；观摩诘之画，画中有诗。"（《书摩诘〈蓝田烟雨图〉》）一个须"味"，一个须"观"，也说明诗与画相通。

作为一种语言艺术文学，诉诸抽象的文字符号，对它的接受必然要结合对一定语词的理解并借助于想象来完成。画面则不需要文字这一中间媒介，它直接诉诸人的视觉系统。在画面中，文学向其受众所强制要求的诸如文字、典故、韵律、相关知识积淀等先在的接受条件在这里则一概获得了豁免权，当读者的眼睛追随某一画面时，他们会产生一种如临其境的审美幻觉。在这种审美幻觉的牵引下，文学鉴赏更轻而易举地进入文学文本的意象世界。因此，我们在欣赏文学作品时，就完全可以借助于画面来帮助学生尽快步入鉴赏性阅读的殿堂。

当然，借助于画面还原审美意象，在具体教学过程中，其作用也是一把"双刃剑"。一方面，逼真的画面可以有效地牵引学生还原审美意象；另一方面，由于图像无需文字这一中间媒介，直接诉诸人的视觉系统，形成直观的审美意象，这也无形中限制了学生丰富的联想与想象。所以，如果说文学文本为学生创造了自由驰骋的想象空间，那么，逼真的图像则使学生的自由想象受到了某种约束。同时，图像大大缩减了文字的魅力，试想，在教学《在烈日与暴雨下》一课

---

① 侯玉珍. 阅读·鉴赏·评论. [M]北京：中国铁道出版社，2018:45.

时，如果我们用烈日照射马路的图像和暴雨倾泻而下的图像代替文本的话，那么老舍先生笔下使用了大量修辞手法的几段精彩的景物描写，无疑也就失去了应有的审美价值。这大概是近些年来，多媒体教学备受指责的原因之一吧！其实，我们也没有必要把这一电子时代诞生的“新生儿”视为语文教学的洪水猛兽，只要运用得当，它确实可以帮助学生还原审美意象，消解与文本的阻隔。

那么如何使用图像？笔者认为，必须摆正阅读文本与阅读图像的关系。因为直接阅读文本是还原审美意象的主要途径，阅读图像只是还原审美意象的辅助手段，所以二者在本质上有主次关系，在次序上有先后。尤其重要的是，教师选择图像时，必须依据文本所展示的生活场景与学生的生活经验是否贴近，文本所描述的景物特点与图像的表现方式是否一致，来灵活地选择图像。

如果文本所描述的生活场景（包括人物形象）与学生所积累的生活经验关系较为疏远，就必须选择具有“实写性”的逼真图像，通过直观图画刺激学生的视觉，达到还原文本意象的目的。如教学鲁迅《祥林嫂》一文时，由于作品所处的时代背景离今天较为遥远，学生无法通过想象在自己的脑海中还原出祥林嫂的形象。所以在具体教学过程中，笔者就选择了一张较为“写实”的祥林嫂的图像，图像以鲁镇热闹的祝福场景为背景画面，图像上的祥林嫂一只手拄着拐杖，另一只手提着一个装着空碗的破篮子，那冰冷、绝望的让人不寒而栗的眼神，那篮中的空碗，那鲁镇热闹的祝福场景，不仅强有力地冲击着学生的视觉神经，而且还绕开了学生的想象、知识积淀、生活阅历等先在的接受条件，直接让学生在一种如临其境的视觉世界中，完成对小说审美意象的重构。当然，逼真的图像可能会挤压学生的想象，但笔者认为与其让学生无法在自己的脑海中呈现祥林嫂这一审美意象，倒不如用一张逼真的“写实”的图像强力牵引那些审美能力较弱的学生重构审美意象。况且，某一图像在由教室屏幕转移至学生的脑海中时，学生也可以产生由此及彼的想象。所以说，使用逼真的图像并不一定就会完全摧毁掉学生的想象力。

如果文本所描述的景物特点和使用的修辞手法难以用图像逼真展示，就必须选择“虚写性”的写意图像，通过写意图像唤醒某种联想和想象，达到还原文本意象的目的。我们必须要承认，很多文学文本是高于图像的，文学作品尤其是中国古典诗词的意象，绘画往往难以准确地表达出来。比如文学作品中所表现出的不同空间里分合错综的景物，涉及人的嗅觉、触觉、听觉的景物，描述时使用了大量修辞手法，无疑都是无法入画的。林逋的“疏影横斜水清浅，暗香浮动月黄昏”，疏影、暗香如何用图像表达？王维的“泉声咽危石，日色冷青松”，自然泉声、危石、日色、青松都能入画，但是“咽”“冷”要如何才能画得出?“骇浪生奔马，荒山卧病驼”，前句空间是一致的，不难入画；后句空间是错位的，就难以表达。上述例子表明，许多文字能表现出的东西，绘画却无能为力，文字的表现能力远比绘画要强得多，而我们在文学课堂上讲述这些文学作品之时，就完全可以放弃使用图像，即便是用了，我们也只能是为追求“神似”而选择一些“写虚”的图像。

另外，中国文学尤其是古典诗词与西方文学的艺术创作有着很大区别。西方文学艺术重客观、重写实，而中国文学艺术作品重主观、重写意。在中国古典诗词中，诗人虽然也要通过表现自然来抒写内心的某种情怀，但是他们在诗歌创作中并不只是一味地模仿自然，在他们看来“形似”只是一种低层次的追求，艺术的更高境界是“神似”，是“得意忘形”“天人合一”的审美化境界。晁补之《和苏翰林题李甲画雁二首》谈到诗画的区别及中国古典诗词的特点时曾说：“画写物外形，要物形不改。诗传画外意，贵有画中态。”这里的“态”，实际上指的是审美意象所应具有的某种神韵。中国古代的诗人们所追求的意象的某种神韵，决定了他们笔下的审美意象往往就具有空灵、虚幻、写意、意蕴深远的特点，而对于我们语文教师来说，在教学中国古典诗词时，首先要了解这些文本中审美意象的特点，其次是要根据这些特点，灵活自由地选择图像。具体地说，笔者认为我们在中国古典诗词的教学过程中，如果要选用图像，宜选择那些不以再现具体特定物体色相为能事，具有空灵、虚幻、写意、意蕴深远的特点的水墨写意画。

这里还有必要做两点补充说明：一是在具体的教学过程中，音乐、图像往往并不是单独使用的，这两种与文学作品有相通之处的艺术在具体的教学过程中常常是混合在一起使用的，其效果有时会比单独使用更具艺术表现力，也更能帮助学生重塑文本中的审美意象。二是音画混用不仅能够帮助学生在朗读时重塑作品中的审美意象，而且它还是创设良好的课堂教学氛围、激发学生情感与思维的既简洁又实用的手段。

二、描述引导：重构文本的审美意象

在语文教学中，审美意象的还原方式大致来说有三种类型：一是教师或部分审美能力较强的学生想象出的既带有个性特征又受到文本制约的审美意象；二是部分审美能力较弱的学生在阅读文本时所产生的可能掩藏在自己潜意识中的有待他人去"唤醒"的某种审美意象；三是教材中蕴含着的有待读者去挖掘的审美意象。

在教学过程中，除了以"音画引导"帮助学生重构作品的审美意象之外，语文教师或部分审美能力较强的学生还可以用一种"体验性"的描述方式，通过向其他学生呈现自己想象的结果来帮助他们重塑作品中的审美意象。

所谓语文教师或部分审美能力较强的学生"体验性"的描述方式，就是教师用诗意、形象而又充满着某种内在的生命激情的语言，描述自己体验想象到的文本意象。在这一过程中，由于作品中的审美意象浸染了作者的某种情绪，所以运用洋溢着激情的感性的描述，取代枯燥、冷漠的理性的叙述，既符合文学作品审美意象的特点，又能激活学生的某种情感，在情感和教师所描述的审美意象的共同驱使下，学生会更容易插上想象的翅膀，在脑海中呈现某种掩藏在潜意识中的审美意象。教师"体验性"的描述语言不仅能够挖掘而且能够扩大和丰富文本中内蕴着的审美意象。

笔者在教学李清照的《声声慢》一词时，就用"体验性"的描述方式向学生呈现了自己所想象到的审美意象："我在朗读这首词时，眼前分明会出现一位瘦弱的老妪的形象，此时的她曾经稚气未脱、傲然于世的脸上分明堆砌了无数的沧桑与失落；此时的她曾经明澈见底的双瞳分明地写着人生的无奈与绝望；此时的她正步履沉重地在清冷的院中散步，任由萧索的秋风抚过自己凌乱而斑白的头发，任由已被掏空的心浸出丝丝血泪，流淌在她那已不年轻的脸颊上；此时的她正在用她全部的生命力量呼唤：曾经的那个宠爱过我、怜惜过我的丈夫此时你在哪儿呢？你真的从渺茫的时空中消失了吗？你真的残忍到任由我到处飘零、受尽流离之苦吗？你可曾想到，自别后，国破家亡，在一片凄风苦雨中，我怎样辗转于三千里流亡的道途，我怎样客居他乡、受尽凌辱，说不尽的江湖行路难，抛不尽的弱女辛酸泪。此时的李清照除了反复咏叹‘无计留君住，奈何无计随君去’之外，她还能言说些什么呢？”当笔者用感性的文学语言向学生叙述了自己在阅读时所想象到的审美意象之后，学生的脸色变得凝重了，有的学生眼睛遥望着远方，好像远方真的就站着一位孤苦伶仃的老妪，还有的学生因压抑不住自己内心翻腾的情感不自觉地就在课堂上朗诵起这首小词来了。

上述事例证明：在教师或部分审美能力较强的学生使用激情而又形象的语言陈述自己所体验到的意象的诱发之下，审美能力较弱的学生会更容易在自己的心灵屏幕上呈现出文本中的审美意象。

此外，描述引导往往必须与补充相应的知识有机交织。任何一部文学作品都包含着人与世界的关系。具体地说，它包含个人同心灵、同他人、同社会、同自然、同人类的某种关系。正因为文学作品蕴藏着复杂的关系体系，所以作品中的审美意象往往也是丰富而又复杂的，它可以是作者自己，可以是作者创造出来的文学形象，可以是某一社会，也可以是某一自然风景，总之，文学作品就是一个多样化的艺术形象体系。

正因为如此，所以，对于与作品相关的背景知识、作家生平经历的了解，也是帮助学生在自己的心灵世界中再现审美意象的有效途径，教师在教学过程中有必要对上述内容做相应的补充。

我们知道，李清照《声声慢》一词中的审美意象就是词人的自我形象，所以在教学这首词时，笔者就特地设计了“走入李清照的薄命世界”这一教学环节，具体的教学实录如下：

（屏幕上显示李清照的《如梦令》，师生小声地读）

师：这是李清照少女时所作的一首词，从词中你觉得少女时的李清照生活得怎么样？

生：（七嘴八舌地插话）“快乐”“自由自在”“单纯”。

师：是啊！少女时的李清照自由自在、活泼开朗。此时的她纯真、幸福，对未来充满着向往、充满着遐思。

（屏幕上显示“少女的纯真”）

（屏幕上显示李清照的《醉花阴》，师生小声地读）

师：十八岁的李清照嫁给了当时的宰相之子赵明诚，婚后的生活虽聚少离多，但二人情投意合，款款深情。所以，即便是相思，那也是苦涩中略带甜蜜的。

（屏幕上显示“少妇的闲愁”）

（屏幕上显示李清照的《声声慢》，师生小声地读）

师：伴随着金兵的南下，伴随着北宋王朝的灭亡，李清照的幸福生活结束了。她的丈夫在赶赴建康的路途上一病不起，先她而去；她和丈夫积累了一生的古玩金石也在炮火中灰飞烟灭了。此时的李清照仓皇南渡，在血雨腥风中辗转于三千里流亡的道途，时间长达八个月，尝尽了颠沛流离之苦。

（屏幕上显示“老妪的凄凉”“往日幸福的浓度越大，今天失去的痛苦越深”）

南渡后的李清照，每每回首往事，几多离索、几多期冀、几多欢愉、几多深情都化作了《声声慢》中的寻寻觅觅。今天，就让我与同学们一起去寻寻觅觅《声声慢》中所包蕴着的美。

在这一教学案例中，笔者欲通过“走入李清照的薄命世界”这一教学环节来引领学生走进词人的世界，并进而在他们心灵的屏幕上重建词人的形象，之后的教学效果也完全实现了预设的教学目标。

结合上面的讨论及案例分析，我们可以得出这样一个结论：对于那些暗含着作家自身或社会现实影子的文学作品，了解与作品相关的背景知识及作家的生平经历是帮助学生重塑审美意象的关键。

最后笔者要补充声明一点，重构审美意象是缩短文本所属空间与解读者本人审美空间之间的距离，使自己和文本交融的有效途径。在具体的教学过程中，除了可以使用上述方法来消解读者与文本之间的距离之外，还可以通过让学生动手画出文本中的意象或让学生亲自扮演文本意象中人物的方法来实现上述目的。当然，在今后的教学过程中，我们还要进一步探索帮助学生重塑文本审美意象的有效途径。

第四节　整体读解模式的情感体验

文学作品的核心是借助意象的描绘，抒写作者的某种意绪、情感和思想。意绪是情感的隐性形式，思想表达或曰说理则是情感的一种抽象表达，因此情感是文学文本的核心。情感，指人的喜、怒、哀、乐等心理表现，是人在现实生活中对待事物的一种主观态度。文学鉴赏中的情感体验，是鉴赏者在文艺作品中的人物形象、情景、意蕴的刺激下而产生的一种特殊的感受、体验和态度。

所以，文学鉴赏始终伴随着情感体验，托尔斯泰曾说过，艺术是这样的一项人类活动：一个人用某种外在的标志有意识地把自己体验过的感情传达给别人，而别人为这些情感所感染，也体验到这些感情。[①]刘勰也说："夫缀文者情动而辞发，观文者披文以入情。"（《文心雕龙·知音》）两位大师的论证不谋而合地展示出两层意义：一是文学作品中如果没有充盈着作者丰富的情感内涵，那么它难以成为真正的文学作品；二是读者在解读文本时如果不能够注入自己的某种情感体验，那么审美主体也难以走进鉴赏的艺术境界。所以，如果说文本中蕴藏着的是作家的一种情感体验，那么读者鉴赏文本就是读者在体验作家的体验，体验作家体验过的世界，是一种体验的体验。没有丰富的情感内涵，文艺作品难以成为文艺作品；没有读者仿佛亲历的情感体验，鉴赏主体也难以走进艺术境界。体验是读者与文本产生情感交流、心灵对话并进而达到"共鸣"的鉴赏境界的基本方式。

一、情感体验：走进文本情境的重构途径

其实，描述引导，不仅是描述教师或审美能力较强的学生对文学文本意象的还原或曰重构，还应该包括描述对文学文本情感的体验。教师能够准确、生

① 托尔斯泰. 艺术论[M]. 丰陈宝，译. 北京：人民文学出版社，1958：47.

动、形象地描述自己对文学文本的情感体验，是引导学生走进文本情境的重要途径。

文学的教学，应该注重调动学生欣赏的情绪。因为欣赏是一种情感的事，所以教师也只有用情感的方法，来激发学生的欣赏情绪。“在文学欣赏一点上看，作者主张，教师是必须用活跃而出神的方法，来为学生讲解的。因为学生所能涵泳体味的，当然没有教师深，教师必须把他自己所涵泳体味到的情感，传导给学生，这是一件很要紧的事。”[①]笔者认为，不仅教师有责任要把他自己所涵泳体味到的情感传达给学生，而且学生也有必要把自己在阅读文本时所体验到的情感传达给自己的同伴，这样做的目的，不仅有利于锻炼学生的口头表达能力，最重要的是通过教师与学生的共同传达能够弥补学生阅读主体的差异性。这也是显性对话要达到“理解和共识”的结果的必由之路。

师生该如何选择传达自己情感的语言呢？笔者认为，师生间传递自己情感的语言应该诗意、形象而又充满着某种内在的生命激情，只有这样的语言才能够激活学生的情感，才能够在学生“此在” 的现实世界与文本“彼在”的审美世界间架起一座桥梁，让学生轻松地跨越这道鸿沟，感受到那缥缈而又深度迷醉的审美愉悦。

令人遗憾的是，今天在以“情感—审美”为其本质、以文学鉴赏为其主要目的的语文课堂上，堆砌的却仍然是语法学、词汇学、修辞学、写作学、阅读学等纯粹理性知识的内容，这样一种只能触及文本的“肌质”——注重研究文本的语言文字和各种修辞方法，而严重忽略了文本深层情感或思想内容的文学教育，就决定了一些教师只能被动地选择漠视情感的纯知识性的科学语言。譬如说，在记叙文教学中，教师要讲解“顺序、倒叙、插叙、时间、地点、人物、原因、经过、结果、主题”等内容；在小说教学中，教师要讲解“人物、情节、环境、开端、发展、高潮、结局”等内容，这样一些与文本情感关联并不紧密的内容，虽然因其能帮助学生理清文本脉络、传达文本的基本信息而有其存在的必要性，但如果一节文学课充斥的全是这些无关情感的科学用语的话，那么只是要通过符合逻辑的真实来使读者从理智上信服的科学的语言，必然会阻隔学生与文本之间的直接的

① 顾黄初，李杏保. 二十世纪前期中国语文教育论集[M]. 成都：四川教育出版社，1991：927.

情感“交流”，并进而阻止学生步入真正的文学鉴赏之中。

什克洛夫斯基在《作为技巧的艺术》一文中指出：“艺术之所以存在，就是为使人恢复对生活的感觉，就是为了使人感受事物，使石头显出石头的质感。艺术的目的是要人感觉到事物，而不是仅仅知道事物。”① 在文学教育中，为了使鉴赏有困难的读者早点“感知到事物”，并进而顺利地步入鉴赏性阅读，语文教师与学生在课堂上解读文本时当然应该在必要时选择纯感性的、体验式的语言。此时，课堂解读用语尤其是教师用语本身并非为了传达某种信息，而是为了清扫阻挡学生步入鉴赏性阅读的路障。

笔者在教学《乡愁诗两首》时，就选择了一系列充满诗意、形象而具有某种内在的生命激情的“体验式”的语言。在具体的教学过程中，从第三人称的角度，以感性的语言这样解读余光中先生的《乡愁》的情境：

> 小时候，作者离家读书，乡愁唯有通过那小小的邮票以写信的方式来向母亲诉说，李白是‘我寄愁心于明月’，而作者儿时只能是‘我寄愁心于邮票’了，真是邮票小小，思念浓浓啊！长大后，为了生活，作者奔走他乡，此时除了对母亲的思念之外，还增加了对爱人的惦念，那缕缕乡愁只有寄情于那一张张来回的船票，真是船票窄窄，相思依依啊！到后来，一方矮矮的坟墓把作者与母亲永远隔开了，含辛茹苦的母亲由于年老体衰，由于念儿成疾，已经长眠于地下了。作者多年后回到故土，只能在冷风苦雨中直挺挺地跪在坟前，没有眼泪，眼泪也许在作者漫长的思念中流尽了。此时，冰冷的雨水也许就是作者的泪吧，凄厉的秋风大概就是作者的哭声吧！而现在，那一湾浅浅的海峡又阻隔了多少亲人的团圆梦想！这哪里是海峡啊，这海峡的浩荡之水分明就是中华民族、炎黄子孙旷古的乡愁之泪！浅浅的海峡，却寄托了作者深深的无奈！

毋庸置疑，正是这样一种描摹逼真、感情醇厚的情境体验，帮助学生步入了文学文本的情境之中，从而体会到那种深度迷醉的审美愉悦。

总的来说，文学创作是作家通过语言，将自己在生活中捕捉到的审美意象

① 姚杰．艺术概论[M]．北京：中国传媒大学出版社，2015：123.

或情感物化在作品之中；文学鉴赏是读者透过文本语言，通过联想、想象、移情，将作家凝定在文本中的意象还原并体验到作家的情感激流；文学鉴赏教育则是要帮助那些只能停留在一般性阅读乃至于消遣性阅读阶段的学生，顺利地跨越现实世界与审美世界的鸿沟，进入文本的情境之中。而教师情感体验的直接描述，无疑是引导学生走进文本情境的基本途径。

二、知音境界：走进文本情境的审美化境

教师对文本情境审美体验的直接描述，只是一种教学手段而不是目的。教学的目的是通过这一手段，让学生自觉地走入文本情境之中。只有当鉴赏者在阅读文学作品时设身处地地体验作者和作品中艺术形象的情感，他们才会坠入文学作品设定的情境之中，才会站在"忘我"的分享者位置上，与作品产生共鸣，从而达到知音的审美化境。

共鸣是一种忘我的境界。欣赏、喜悦虽然动了感情，但比较冷静，还未"进入角色"，还未"入神"，只站在旁观者的位置上，物我之间的界限是很清楚的。到了共鸣的时候，就像演员进入角色，物我之间，演员与角色之间完全融合在一起，已经没有清楚的界限，物就是我，我就是物；作品中的人物就是我，我就是作品中的人物，呈现出忘我的境界。读者在阅读文学作品时，能否达到这种忘我的共鸣境界是区别鉴赏性阅读与一般性阅读的重要标志。

读者如何才能进入这种忘我的共鸣境界呢？笔者认为，读者进入共鸣境界除了上文所介绍的方法之外，还可以有以下几条途径：第一，在叙事类作品中，读者通过想象，在再现艺术形象时，把自己的生活经验融入作品。读者只有将自己的生活经验嵌入文本之中，作品才会勾起我们久已隐忍的哀伤，或者撩拨起我们曾经的快乐，这就达到了你中有我、我中有你的知音式的审美化境界。当然，经历不同的人，再现出来的艺术形象各不相同，有与作品相同或相似经历的人，就较容易再现艺术形象；生活经历浅泛，并没有与作品相同或相似经历的人，就不易完整地再现艺术形象。第二，在抒情性作品中，作品的情感与欣赏者的情感直接交流。抒情性的作品，着重表现情感，疏于描写客观事物的形象，所

以读者要想达到基于共鸣的审美化境界，就必须直接与作品进行情感交流。现代文艺心理学表明，阅读抒情性作品，欣赏者具有与作品相同或相似的情感经历，更容易与作品产生共鸣。

综上，无论是叙事类作品还是抒情类作品，审美主体所具备的与作者和作品中的艺术形象相同或相似的生活经历、情感体验，都是审美主体达到共鸣境界的动力源。

但是，我们也应该看到，就文学教育的主体——学生而言，由于他们的年纪小、课业负担过重，所以他们的生活经历、情感体验就远不能满足审美主体达到共鸣境界所需的动力源的要求，这就在所有的语文老师面前放置了一个问题：教师要如何诱导、引领学生填补他们生活经历、情感体验严重匮乏的空白，要如何带领学生跨越他们要达到共鸣境界所需的动力严重不足的阻碍呢？笔者在长期的教学实践与改革中发现，最关键的是教师要帮助学生完成与作者或作品主人公的"同一化"。

尤·鲍列夫在《美学》中说："在艺术欣赏过程中，信息接收者把作品中的形象和情节'移植'到自己的个人生活境遇中来，把主人公与接受者的'自我'同一化。"[①]尤·鲍列夫所说的"同一化"实际上就是鉴赏者在鉴赏文学作品所描写的人生情境时，重新观照自我的人生情境，刹那间在想象的城堡中完成向作者或作品中的艺术形象的角色转换。应该看到，此时的读者已经彻底地摒弃了自己曾有的社会地位、人生命运和现实处境，由一个游离在文本之外的鉴赏者，摇身一变成为作者或作品中的艺术形象，这种转变虽是一种在假定或幻想中瞬间的转换，不会延续很长时间，但完成了这种角色转化后的读者不再是站在文本之外的观赏者，而是会从作家或作品中的艺术形象的视角，来体察作品中的生活情境，这样一来，作为读者的"我"固然可以理解为鉴赏者自身，也可以理解为与"我"具有相似命运的作者或作品中的某一人物形象。鉴赏者与作者或作品中的艺术形象的完全重合、相叠，使得鉴赏者在阅读作品时获得一种感同身受的自我体认与自我认同。

角色的同一化对于鉴赏主体来说是他们步入鉴赏性阅读的最佳途径之一，

---

① 尤·鲍列夫．美学[M]．乔修业，常谢枫，译．北京：中国文联出版公司，1986：310．

然而在中学文学教育的实践中又存在一个不可避免的事实，那就是学生由于生活经历与情感体验的严重匮乏而无法顺利地完成这种角色的急变与逆转，这样一来就要求语文教师必须探索出一定的方法来引导学生完成角色的转换。具体地说，可以有以下一些方法：

1. 作为教学的主体，语文教师要完成这种角色的同一化

语文教师也是一个读者，而且理应是一个相比较学生而言人生经历与情感体验更丰富的读者，所以，正常情况下，教师会比学生更容易完成这种角色的同一化。笔者认为，在具体的教学过程中，只有教师的心房中泛滥起与作者或作品中的艺术形象相类似的情感，他们才可能在课堂上把自己体验到的某种情绪，通过有效的方式传达给学生，以帮助学生完成上述的角色转化。

举例来说，清华附中韩军老师在谈到教学艾青《大堰河——我的保姆》一诗的感受时曾说道，我在教学艾青《大堰河——我的保姆》时，课起始，我有一段感人至深的全诗的范读，直把听课的成百上千的师生感动得热泪盈眶。之所以起到如此效果，根本原因就是，我通过想象，与其说，设身处地走入了艾青所营造的"景"之中，不如说，我已经将自己融入了艾青的心灵之"景"，我已俨然化身为艾青，与他一体，我心是他心，我眼是他眼。[①]在此教例中，韩军老师正是完成了与诗人的"同一化"，才可以拥抱满怀诗人的情感，并把自己体验到的情感通过朗读的方式转达给学生，以帮助学生完成角色转化。当然，我们除了可以采取朗读的方式来把自己体验到的情感传达给学生之外，教师还可以灵活地使用上文所介绍的诸如"体验性叙述"音画渲染、扮演角色、生活的展现等方式来传递情感，以帮助学生完成角色转换。

2. 设置情境，换位假设

在通常情况下，教科书所编选的教材内容与学生既有时间距离，又有空间距离，再加上教师枯燥无味的分析和灌输，更强化了这种距离感，使学生无法轻易地走进文本世界。面对这种情况，教师可以创设各种情境，引导学生进行换位假设。所谓"换位假设"就是引导学生把自己比拟成作者或作品主人公，分享

① 韩军. 韩军与新语文教育[M]. 北京：北京师范大学出版社，2006：144.

他们的苦与乐，并进而与文本产生共鸣。具体步骤如下：第一步，创设情境，缩短学生与文本间的距离。第二步，教师以直观感性的语言对作者或作品中艺术形象的生平经历做简要而又撩情的介绍。第三步，在前两个步骤的铺垫下，教师再牵引学生转换身份，让他们把自己假设成作者或作品中的艺术形象，完成身份的置换。经过以上三个步骤，学生会在那样一个比拟化的虚幻时空中，因为身份的迁移而目睹到另一个生命的本相，倾听到另一个生命的心音，触摸到另一个生命的脉搏，并进而轻松地步入到难得的共鸣境界。

韩军老师教学杜甫《登高》，教学伊始，他首先是用低沉的语调、缓慢的语速、形象而又感性的语言描述出一个受尽苦难折磨的老年诗人的形象，之后韩老师又播放乐曲《二泉映月》，用音乐渲染气氛，使学生情不自禁地进入诗人悲戚孤独的情感漩涡中，同时音乐也为下面的教学环节做了铺垫。在完成了前两个教学步骤的铺垫之后，教师再在课堂上不断地牵引学生置换身份，“要想读好一首诗或一篇文章，你就把自己当成作者，化身为其人，就当这首诗或这篇文章就是你自己写的”，“就让我们化身为杜甫，站在高天下，急风中，面对清渚、白沙、孤鸟”，“你就是杜甫，面对萧萧落木，你应该是什么心情”①。通过教师上述的引导，学生在自己想象的城堡中反复地把自己比拟假设成诗人，伴随着这种假设的不断进行，学生拉近了文本与自己之间的距离，使自己和文本交融，从而同化文本的意义，即使它成为自己的意义。

3. 情感位移

在具体的教学过程中，我们常常会遇到一种现象，那就是教师、学生和作者或作品主人公之间毫无相同的情感经历，这样一来，学生自然无法完成角色的同一化，此时我们可以通过“情感位移”的方法来完成上述任务。“情感位移”就是从教师或学生的情感经历中提炼出与文本中的情感有少许契合的情感信息，教师对这些情感信息进行再加工，使它位移至文本当中，以激起学生与文本的情感共鸣。比如教学余光中《乡愁》一诗，笔者在备课时发现了两个毋庸置疑的事实：一是绝大多数学生根本就没有离开家乡的经历，更没有饱尝过乡愁的滋

① 韩军．韩军与新语文教育[M]．北京：北京师范大学出版社，2006：184-187.

味；二是学生虽然没有体会过乡愁，但他们却曾体味过与同学好友、挚爱亲人分手时的那种“挥手常劳劳，相望各依依”的离别之痛。同是离别，因为人类在离开家乡时除了有对家乡久已熟识的风情不舍之外，更重要的还是对家乡亲人朋友的依恋，所以，离别家乡与离别亲朋好友之间无疑有叠印交叉的地方。这也就是说学生虽没有直接的有关于乡愁的情感体验，但他们的情感世界中却有与乡愁相契合相类似的情感信息，在备课的过程中，笔者就设计了一个教学环节，即引导学生回忆自己曾有的与亲朋好友分离的情景，这样做的目的是要帮助学生把与亲人离别的情感体验位移至文本之中，以让学生与文本中的情感产生共鸣。

事实上，这样的教学设计在课堂教学中常常可以起到出人意料的效果。在教授《乡愁》一课时，笔者就有意地引导学生回忆自己曾有的与亲朋好友分离的情景，先后有学生饱含热泪地叙述起自己与外婆、与父母、与好友离别的经历，而这些与乡愁相契合相类似的情感信息，会帮助学生从自己联想到作者，从自己的情感体验联想到作者的情感体验，循环往复，在学生的充分联想过程中，逐渐走进文本设定的情境之中，登上忘我的共鸣殿堂。

第五章　探究发现:分析读解模式
——批评性阅读教学方法论

第一节　中学文学教育批评性阅读的现状

一、批评性阅读的三大误区

就目前的情况看,文学教育中的批评性阅读存在着三大误区:一是解读文本思想——泛政治化;二是知识建构的"泛滥"与"贫乏";三是批评性阅读的严重弱化。

(一)解读文本思想——泛政治化

重视思想,追求文本的思想之美,是古今中外优秀作家的共同美学主张,也是古今中外优秀作品的共同美学特色。弗罗斯特说:"一首完美的诗,应该是感情找到了思想,思想又找到了文字。……始于喜悦,终于智慧。"[1]

如果把作家与文学评论家关于作品思想美的言论辑录起来的话,可以成为一本厚厚的书。在此笔者就不再一一赘述。我只想以此说明:一个人如果没有

① 方铭.文学的鉴赏与评论:上[M].合肥:安徽大学出版社,2014:398.

思想，即便他写出了鸿篇巨制，也不能称其为“作家”，只能叫“写手”。同理，一部作品如果没有表达出一定的思想，即便是其间堆砌了无数华丽的辞藻，也不能称其为艺术精品。我国齐梁时期泛滥的宫体诗就是一个典型例证。所以说，真正的作家是一位精神世界无限广袤的思想家，真正的文学作品是作家丰富而又深刻思想的结晶。明确了思想性在文学作品中的重要地位之后，我们还必须承认：文学作品所呈现出的思想是一个多层次的结构，政治性也即作家对时代政治问题的观点，只是其中的一个浅表层次。当然，这一层次决定着作品的现实性和作品的现实意义。但是，随着时代的变迁、政治的变化，作品中的政治性思想会被逐渐地解构甚至消失，这样一来，一部文学作品要想在文学的历史长河中获得让后人瞻仰的高度，作家在创作它时则必须要开发出其思想性的深部层次——哲理性。

文学作品中的哲理性层次是指作品中所蕴藏着的作家对历史、人生、宇宙和自然的整体观念，余秋雨先生在《艺术创造工程》一书中对艺术作品中的哲理有精要的阐释：“艺术哲理的本质，在于对世界、人生的内在意蕴的整体性开发。”[①]凡是优秀的文学作品无不刻镂出人生之精髓、人性之概要，无不叠印着作家对人生、宇宙的形而上学的思考，无不充盈着一种人生的诗化的哲学意蕴，所以，一个没有哲学眼光和深度的诗人只能是一位吟花咏月、顾影自怜的浅薄文人。李白、苏轼、但丁、莎士比亚的诗篇之所以会让我们浸润其间而流连忘返，打动我们的不仅仅是作品中华丽的语言、精巧的结构，也不仅仅是作品所表现出的时代的、政治的问题（新时代读者几乎感觉不到古代作品中所包含的时代、政治的问题），更多的是作品所传达出来的作家对人类命运、普泛人性、生命终极价值的思考与探索。正是从这个意义上来说，中学文学教育，应该淡化对文学作品中时代的、政治的要素的讲解，要更关注于挖掘文学作品思想性的深部层次也即哲理性层次，只有传递出作家对人生的思考与感受的文学课堂，只有回荡出永恒的哲学喟叹的文学课堂，才能勾起学生内心的某种战栗，才能使他们真正地领略到文学作品所蕴藏着的哲学魅力。

但是，当下的文学教育仍然存在着对文学作品中所包含的时代与政治要素

① 余秋雨．艺术创造工程[M]．上海：上海文艺出版社，1987：120—121.

过度解读的现象。

例如在教学巴尔扎克的小说《守财奴》时，一些参考书和一些教师就一直把“揭露资本主义制度下人与人之间赤裸裸的金钱关系”当作它的主题，这种用政治眼光来观照文学作品的现象无疑会掩盖甚至是消解文学作品中的哲理意蕴。余杰在其《阉割外国文学作品》一文中对《守财奴》这一课主题的教学提出了尖锐的批评，他说：“作者所要表现的是人性的贪婪和愚昧的一面。这是人性共有的弱点，不是某种社会制度专有的。资本主义社会里有这样的现象，社会主义社会里照样存在。”“《守财奴》的作者不是批判资本主义社会的黑暗，而是暴露人性的弱点，进而寻找对人性的疗救之道。作者最后找到了宗教，宗教能否起到如此巨大的作用，当然值得进一步探讨。”[①]莫泊桑的《项链》，一些参考书和一些教师至今还把玛蒂尔德的悲剧归于“女主人公强烈的虚荣心”和“资本主义社会的腐化堕落”。其实，玛蒂尔德的悲剧并不只是特定的所谓“腐朽堕落”的阶级与社会的产物，也不只是人物的缺陷性格所造成的结果，而是由人类生命的无常性这只黑手在幕后操纵所导致的。之所以这么说，一方面，玛蒂尔德性格深处的虚荣心是大多数女人共有的，作者莫泊桑只是把女人人性当中具有普遍性的弱点撕开来展示在大家面前罢了，这并不是造成女主人公悲剧的主要原因。另一方面，如果我们仔细阅读原文的话，我们会发现作者在叙述了女主人公一系列戏剧化的遭遇之后，曾经用一句话对女主人公的遭遇做了总结：“人生是多么奇怪，多么变幻无常啊，极细小的一件事可以败坏你，也可以成全你。”极简单的一句话却深刻地直抵人性的根本——人类是那样的渺小，在命运的摆弄之下，人类只能无奈地选择投降。应该说，这种由命运的不可操纵性而导致的“几乎无事的悲剧”，恰恰因为其超越了时代、阶级的界限，因为其对人性根本的披露而在瞬间使解读主体“心有戚戚焉”，并由此使小说获得永久的价值。

当然，上述的论述并不是要一概地反对从政治的角度去解读文本，例如我们在解读巴尔扎克的《人间喜剧》时就必须要联系19世纪法国社会的历史，但笔者也认为，从政治学的角度来解读文本，只是文本解读多重纬度中的一重。如果我们仅仅从政治的角度来解读文本，那么，无疑会将文学文本中的思想性

---

① 黄荣华．“生命体验”与语文学习[M]．上海：复旦大学出版社，2008:47.

缩减为政治性，丢弃的是文学文本中的瑰宝——诗话的哲理意蕴。

（二）知识建构的“泛滥”与“贫乏”

在具体地谈语文教学中知识的“泛滥”与“贫乏”之前，笔者认为，我们首先应该明确“知识”与“语文知识”的概念：“可以把知识定义为个人通过与其环境相互作用后获得的信息及其组织。被贮存于个体内，即为个体的知识。通过书籍或其他媒介贮存于个体外，即为人类的知识。”[①]“知识是能被交流和共享的经验和信息。”[②]“知识”就其本质而言，是一组有关于事物的概念和规律的信息。以此类推，语文知识就是一组有关于语言、文章和文学的概念与规律的信息，具体地说，语文知识会涉及语法、词汇、修辞、写作、阅读、文学等多方面的内容。

回眸历史，在20世纪有关于语文教学的大讨论当中，人们把批判的焦点集中在语文知识的“泛滥”上，有专家学者就明确地提出，反对把注重感性内化、注重心灵感悟的语文教育，潜意识地理解为纯粹理性的语法学、词汇学、修辞学、写作学、阅读学、文章学等的堆砌[③]。过去，在相当长的一段时间内，因为语文测评以考语法学、词汇学、修辞学、写作学、文章学等知识为主，所以，这些产生于20世纪一二十年代的陈旧甚至是不科学的知识点霸道地在语文课堂上“横冲直撞”，这也就导致曾经的文学课堂“干透了没有一毫润泽，板死了没有一点生气”。

众所周知，文学作品的意义与价值并不来自某种机械而又理性的知识，而在于读者通过感性共鸣而能唤起灵魂深处的那点点“涟漪与震颤”，或通过理性探究而能从心中迸发出的那“解决疑惑”后的愉悦。所谓文学知识，就是为了成就文学作品上述的意义与价值而建构的一组信息。简单地说，文学知识是要通过研究作品语言、意象、观点、结构、风格等问题，使读者于瞬间抵达鉴赏性阅读或批评性阅读的审美化境界。

① 邵瑞珍．教育心理学[M]．上海：上海教育出版社，1997：58．

② 维纳·艾莉．知识的进化[M]．刘民慧，等译．珠海：珠海出版社，1998：60．

③ 韩军．韩军与新语文教育[M]．北京：北京师范大学出版社，2006：84．

（三）批评性阅读的严重弱化

伴随着人们对语文教学中理性分析的尖锐批评，在当今的课改过程中，又诞生了另外一种倾向：那就是排斥对文学作品的理性审视，排斥以抽象思辨为其主要特征的批评性阅读。

当代作家王汶石在概括鉴赏客体的阅读过程时说："读重要作家的重要书籍时，至少读三遍：第一遍，作艺术享受；第二遍，大拆卸，像机枪手学习拆卸和装配机枪一样，仔细考察每一个零件的性能、制作方法和他们的联系；第三遍，再浏览，求得一个艺术的完整印象。"①第一遍所说的获得某种"艺术享受"的阅读，即为鉴赏性阅读，而第二遍"大拆卸"式的阅读就是批评性阅读，这种阅读过程就是把读者在鉴赏性阅读中猝然而生的美感做理性的分析和逻辑的思辨，使这些本来模糊的美感得以清晰化。事实上，我们在阅读的过程中除了要能够感受到文学作品中所蕴含的美外，还要知道文学作品缘何而美，解释出文学作品缘何而美正是批评性阅读的价值之所在，这正如别林斯基所说："对于我们，只是欣赏还不够，——我们还想求知，没有知识，我们就谈不到欣赏。假如有人说，某某作品使他很兴奋，可是却不能解释这种快感，追究不出快感的原因何在，这种人就是自欺欺人。"②

批评性阅读偏重于理性的审美判断，它借助于一定的概念、判断和推理，对文学作品作"拆卸式"的剖析，因此，它难免造成一定的"僵化"，但这种"僵化"却是对作品进行全面分析的必经阶段，是作品审美价值滋生与增值的必经过程。别林斯基曾强调文学批评的重要作用："只有一条道路和一种手段——把思想和形式拆开，把构成该真理或该现象的要素摊开。理智的这一行动不是为了确定后者的意义而毁坏美好现象的那种令人憎恶的解剖过程。理智毁坏一个现象，正是为了使理智自身——如果它在形式身上能找到自身表现的话——给形式灌注新的美和新的生机……这一过程就叫作批评。"③

① 卢跃．名人与书[M]．北京：中国经济出版社，1991:183.

② 别林斯基．别林斯基论文学[M]．梁真，译．上海：新文艺出版社，1958:259-260.

③ 尤·鲍列夫．美学[M]．乔修业，常谢枫，译．北京：中国文联出版公司，1986:534-535.

今天，在新课改的进程中，很多人认为文学是一种直觉领悟，是直抵人们内心的情感世界的，因而文学教育只要能唤起学生刹那间的心灵感应就可以了，太多的理性参与只会使文学教育陷入概念化和公式化，只会使文学教育摒弃其人文价值而走向机械的解读与空洞的说教，只会使本该充满“诗意”和“情致”的文学教育变得抽象乏味。有学者在批判批评性阅读的“拆卸式”剖析时曾说：“肢解的结果，是让阅读者只见字、词、句、篇等僵死的‘零件’，犹如庖丁解牛，全然没有‘全牛’，唯剩牛关节与骨架而已，这实在是抽去了作品的灵魂，抽去了作品丰富的人文精神和审美功能，使文学作品变成了一具没有灵魂的躯壳。”[①]针对上述观点，笔者认为今天的文学教育并不是批评性阅读这一教学环节出了问题，而是教师在进行批评性阅读指导时所使用的解读方法出了问题，教师的“浅表化解读”，消解了学生阅读时所能获得的审美愉悦，因而批评性阅读在此次新课改中被弱化了。

二、批评性与鉴赏性阅读的关系

相对于鉴赏性阅读的整体模式，批评性阅读则是分析模式。这种分析模式是否真如鲁定元批评的那样，只见“零件”，不见“全牛”，“使文学作品变成了一具没有灵魂的躯壳”？显然不是。任何一种批评性阅读的分析模式都与鉴赏性阅读的整体模式有难以切割的联系。

第一，批评性阅读的理性分析是鉴赏性阅读的深化。如果说鉴赏性阅读是在整体上体味美，是审美判断，那么批评性阅读则是分析美，是逻辑判断。后者是对前者质的飞越。所以，教师在文学课堂上，一方面要引领学生通过凝神观照和丰富想象与文本达到物我交融的境界，并在这一境界中让他们体会到文本所传达出来的美，另一方面还要强力牵引学生从物我交融的境界中跳出来，运用概念、推理等方法帮助他们理性地审视文本缘何而美。前者是鉴赏性阅读，后者是批评性阅读，两者是相辅相成的。批评性阅读以鉴赏性阅读为基础，同时批评性阅读又把鉴赏性阅读引向深层，对读者在鉴赏性阅读中通过直觉所领

① 鲁定元．文学教育论[M]．武汉：湖北人民出版社，2006：187.

悟到的飘忽的美感予以清晰化、理性化。鉴赏性阅读和批评性阅读,是文学作品的审美价值得以滋生和增殖的必经过程,缺一不可。

第二,批评性阅读的理性分析并未剥离情感。鉴赏性阅读是文学欣赏过程中的一个阶段,这个阶段结束后就进入"深入本质"和"再评价"阶段,也即批评性阅读阶段。在批评性阅读阶段,读者必须从作品中"走出来",站在作品之外冷静旁观,然后才能对作品进行分析,并对它作出全面的评价。批评性阅读要求读者从作品中"走出来",但是这并不意味着要彻底地剪断读者与作品间情感的"脐带"。事实上,批评性阅读是对读者在鉴赏性阅读中所获得的审美知觉进行理性的审视反照的过程,批评性阅读一般发生在鉴赏性阅读之后。当读者的欣赏沿着"鉴赏—批评"的方向向前推进时,相应地,他们在鉴赏时心中所漾起的情感也继续向灵魂深处延伸,所以,批评性阅读阶段是读者的理智与情感高度融合的阶段。这种与理智高度结合的情感,是一种交织着思想意义的更深刻的情感。正是从这个意义上来说,今天我们语文教学界的许多学者所批判的理性分析搁置了文学文本中的情感这一观点是值得商榷的。实际上,理性分析并没有错,错在我们的文学教育有没有沿着"鉴赏—批评"的方向向前推进;错在我们今天文学课堂上理性分析的内容是不是过于简单化与概念化,是不是有大量的与文学不相关的内容渗透于文学教育之中;错在文学课堂上的理性分析有没有激活学生的思维,有没有激起学生审美探究的情感。

第三,批评性阅读的理性分析并未阻隔学生的审美愉悦。在批评性阅读阶段,学生所获得的审美愉悦是得到了一定程度扩展的,具体地说,学生在这一阶段获得愉悦感的途径有两种:①在鉴赏性阅读中自觉流动出来的共鸣的情感。情感处于一种流动的状态,学生在鉴赏性阅读中所获得的那种心醉神迷的情感激流,会继续延伸并传导至批评性阅读阶段。②在批评性阅读中,由审美发现而激发出来的审美惊喜。批评性阅读是一种发现,读者在对文学作品冷静理性的审视反照之后,能发现文学作品中所蕴藏着的语言美、意象美、结构美等诸多审美元素,而在这一发现的过程中,读者会由怀疑、惊奇过渡到恍然大悟,这种深度的解读会使读者沉睡的思维得到苏醒和提升。所以,如果说鉴赏性阅读是由人类的感性直觉而抵达同频共振的审美化境界的话,那么批评性阅读则是由人类的审美探究而抵达疑问释然令人惊喜的学理境界。

由上可知，批评性阅读不仅是读者欣赏文学作品时必经的一个过程，而且它还会使学生阅读时所获得的审美愉悦得到一定程度的扩展和升华。正是从这个意义上来说，在新课改的历程中我们不仅不能对理性分析采取一种情绪化的全盘否定的态度，而且还必须要认识到理性分析的价值并适当加大理性分析的力度，新课改改变的不是理性的分析形式，而是要改变理性分析的内容和教师呈现这些内容的方式。

第二节　分析解读模式的实现途径

一、语文教学的探究发现法概说

美国作家奥里森•马登在《一生的资本——获取成功与财富的个性因素》一文中说："一颗潜水艇的水雷，其爆炸力量之强，足以击沉兵舰。但是，同样的水雷，如果只经过普通的抛掷，绝对不会爆炸，孩子们尽可以把它当玩具来玩，或滚或击，都不会有危险。而只有将它置于火炮中发射，才会发出惊人的力量来。同样，每个人对他自己所具有的最大能力，也并不知道。只有等到大的灾难、大的变故降临到他的头上，或是重大的责任降临到他肩上时，才会发出惊人的力量来。"[①]由此，笔者联想到文学教育中的批评性阅读，批评性阅读的职能不是要传授给学生多少知识、多少技能，而是要开启他们的智慧，激发他们的潜能，培养他们独立思辨的能力。

在具体的教学过程中，笔者发现，探究发现无疑是实现批评性阅读上述职能的最佳方法。所谓探究发现分析法就是指教师在指导学生发现潜藏在文学

① 奥里森•马登．一生的资本——获得成功与财富的个性因素[M]．包刚升，李丽娟，译．北京：中国档案出版社，2000:69.

作品中的各个审美元素时，不是将答案直接提供给学生，而是向学生提供一种问题情境，让学生积极思考，独立探究，自行发现并掌握相应答案的一种方法。

《义务教育课程标准》中指出："语文课程必须根据学生身心发展和语文学习的特点，关注学生的个体差异和不同的学习需求，爱护学生的好奇心、求知欲，充分激发学生的主动意识和进取精神，倡导自主、合作、探究的学习方式。"①2006年《普通高中语文课程标准（实验）》中也说："为改变过于强调接受学习、死记硬背、机械训练的状况，特别要重视探究性的学习方式。"由于探究性的学习方式能够激起学生的好奇心与求知欲，所以这种学习方式在新课标中得到了一定程度的理论上的张扬，只是细究一下，我们就会产生疑惑：探究性的学习方式为何就能激起学生的好奇心与求知欲呢？

还是让我们从心理学的角度来尝试着回答这个问题吧，人类探究行为的形成与他潜意识中的情感流动是密不可分的。当一个人碰到与自己曾有的知识经验不一致的事物时，他们多年来早已形成的稳定的神经联系系统就会失衡，这种暂时的失衡会导致他们不自觉地产生怀疑，而正是这种怀疑反过来又会激发起他们的求知欲，并进一步召唤他们去探索问题的答案。在追寻问题答案的道路上，他们的心中有时会迸射出小簇的思维火花，这些小火花会使他们一次次地逼近问题的答案，然而只是逼近，离最后问题的解决依旧是有一步之遥，最后当一大团神秘的智慧火光投射在他们的心灵上时，他们心头的迷雾彻底地散开了，就在他们有如醍醐灌顶似的觅得了问题答案的瞬间，他们的心中也喷薄而出一种若狂的欣喜。

综上，我们得出两个结论：其一，审美探究沿着这样的运动轨迹：怀疑→产生问题→思考、分析→问题解决→惊喜、愉悦。其二，如果说在鉴赏性阅读中读者是对文本中的审美意象进行再创造的话，那么，在批评性阅读的过程中，读者是对文本中客观的审美价值进行再创造。两种完全不同的创造方式导致读者产生两种完全不同的审美愉悦：在鉴赏性阅读中，读者往往因为与文本产生了共鸣而被一种神秘的幸福感所包围；在批评性阅读中，读者则会在疑问得到解决的瞬间而心生一种强烈的惊喜，虽然这种惊喜可能很短暂，但却是强烈的。

① 潘新和．新课程语文教学论[M]．北京：人民教育出版社，2005:148.

这正如普列汉诺夫在谈到批评给人带来的审美愉悦时所说:“别林斯基可以使普希金的诗所给你的快感大大增加,而且,可以使得你对于那些诗的了解更加来得深刻。”①

二、设疑解惑,诱发学生探究发现的欲望

既然探究性学习可以给学生带来一种强烈的审美愉悦,那么作为一名语文教师,他该如何激起学生的探究欲望呢?笔者在长期的教学实践中,认为学应知疑,“疑者,觉悟之机也。一番觉悟,一番长进”。

教学中,教师应有意识地传授学生设疑解惑的思路与方法。顾明远先生在谈到如何激活学生的探究欲望时曾说:“要求教师鼓励学生自己提出问题、讨论问题,自己找出答案。”②教师的鼓励当然是必需的,但仅有教师的鼓励还无法让全体学生自己设疑、解惑。在具体的教学过程中,笔者发现许多学生的审美经验、文化修养、知识储备严重匮乏,再加上他们长期以来在语文课堂上养成的只习惯于听而不习惯于思考的思维习惯,导致了有时在课堂上无论教师怎么鼓励,学生也无法凭自身的力量来设疑、解惑,此时,教师就不能仅停留在鼓励学生的层面上,而是必须要传授学生一些设疑、解惑的方法。只有让学生掌握打开知识宝库的金钥匙,才能使学生触类旁通。叶圣陶先生说:“教师教任何课(不限于语文),‘讲’都是为了达到用不着‘讲’,换个说法,‘教’都是为了达到用不着‘教’。怎么叫用不着‘讲’用不着‘教’?学生入了门了,上了路了,他们能在繁杂的事事物物之间,自己探索,独立实践,解决问题了,岂不是用不着给‘讲’给‘教’?”③

在教学实践中,笔者在“授之以法”、培养学生的探究精神方面,做出了一些尝试,如笔者教授《声声慢》一课,在让学生自己设疑、解惑之前,笔者首先揭示设疑、解惑的方法:“周汝昌先生在谈到中国古典诗词的特点时曾说:中国的古

① 瞿秋白.瞿秋白文集·文学篇:第二卷[M].北京:人民文学出版社,1986:1090.

② 顾明远.教育大辞典:简编本[M].上海:上海教育出版社,1999:448.

③ 叶圣陶.叶圣陶语文教育论集:上册[M].北京:教育科学出版社,1980:152.

典诗词是'一幅小小的感情的图画'。由中国古典诗词的上述特点我们可以认识到中国古典诗词中包蕴着图画美、情感美，那么用什么样的语言来抒写情绪，用什么样的结构来把独立的意象巧妙地组合到一起？这就涉及中国古典诗词中的语言美、结构美，当然中国的古典诗词是强调音韵的，因而还有音韵美。而要挖掘语言美，我们可以用颠倒、抽换、比较、寻找矛盾点的方法来设疑；要挖掘结构美，我们可以设置疑问：'独立的意象间是用什么脉络相连接的？'要挖掘音韵美，我们可以设置疑问：'作者为什么要压此韵，压此韵对表达情感有何作用？'""授人以鱼，不如授人以渔"，通过对学生设疑、解惑的方法的指导，教师为学生提供了一个思考的方向与维度，这样做的目的，就避免了学生想要思考而又无从思考或无法思考的现象发生。

当然，这里需要补充论证的是，如果学生提不出有价值的问题，那么教师就要综合自己的思考和体会，设计一些带有一定启发性和一定难度的问题，在"疑"的驱动下，教师再引导学生进一步深入思考，从而捕获文本中潜藏着的审美元素。

三、探究发现式教学的主体要求

如何培养学生的探究发现能力，关键在于教师。作为教学主体的教师，提高素养，努力使自己具备捕捉文本美点的能力，是关键中的关键。

（一）教学主体素质的基本要求

我国当代美学家王朝闻在谈到批评性阅读的重要性时，他曾举了一个看戏叫"好"的例子，指出，它虽是一种伴随艺术批评的感动，但也只有当观众知道它好在哪里和为什么好的时候，这一声"好"才具备艺术批评的自觉。从更严格的意义上来说，接触文学作品（读或听），受到感动，那还只是阅读的初级阶段——鉴赏性阅读阶段，这时的读者不过处于相对被动的地位，而只有当读者步入批评性阅读阶段，他们才会占据阅读的主动地位，不仅为作品叫好，而且能说得出好在哪里，这时，读者的阅读才可以说是深层次的、完整的。

然而，回视中学文学教育的现状，我们又会发现一个不争的事实，那就是大部分学生会止步于鉴赏性阅读阶段（对于那些审美能力较弱的学生来说，鉴赏性阅读也被搁置了，他们只能停留在消遣性阅读的层面上），仅凭学生自身的力量，他们显然无法自觉地向前跨进批评性阅读的大门。所以，语文教师就必须引领学生完成由鉴赏性阅读向批评性阅读的转化。如何引领？笔者认为，教师具备捕捉文本中所蕴藏着的审美元素的能力，是他们引领学生迈向批评性阅读的根基。教师只有具备了一个合格读者的素质，他才能依靠自身深厚的学养与独立的理性思辨捕捉到潜藏在学生视阈之下的美点，在整个的教学过程中，教师必须闻道在先，传道在后。

只是，今天，在语文教学实践中，我们又会遗憾地发现：部分语文教师并不具备一个合格读者的素质，一方面，他们长期不读书（笔者这里所说的“书”，不是指教参、教案或习题集，也不是指为文凭的应考书，而是那些能让我们沉醉其中并能带给我们灵魂整体震颤的优秀作品），缺乏深厚的学养。另一个方面，他们由于某种习惯的惰性，长期不去主动地激活自己的思维，长期不去自觉地捕捉文本中所蕴藏着的美。远离书本，远离一切可以让我们感动的文学作品，远离独立的沉思默想，其结果是一些教师拱手把自己的精神领地空出来，心甘情愿地把自己独立自足的精神家园演变为教参、教案编写者们思想的“跑马场”。

部分教师在专业素养方面存在严重缺陷，今天看来，弥补这一缺陷并没有捷径可走，只有四个字：读书、思考！因为语文教科书所涵盖的内容是宽泛的，所以语文教师必须是个知识广博的杂家，他阅读的触点不能仅仅局限于文学作品，还应该涵盖哲学、历史、美学、文学评论甚至是科学类图书。

一个嗜书为乐、嗜思为快且把读书、思考当作一种生活习惯的语文教师，必定具备“捕捉”文本审美元素的能力，必定会“给形式灌注新的美和新的生机”，必定会勾起学生审美探究的欲望，并引领他们感受“发现后的愉悦”。

（二）课堂评价语言的常见弊端

在教学过程中，诱发学生的探究发现，是完成探究发现式的批评性阅读的重要方面。教师的评价语言是否具有启发、唤醒功能，是教学主体素质的标志之一。从批评性阅读的课堂教学现状来看,教师的评价语言有两种现象比较突出。为了便于说明问题,我们仍然从课堂教学案例出发。

例一:学习王实甫的《长亭送别》,课后有一练习,让我们欣赏品味"将来的酒共食,尝着似土和泥",并说说该句在写景抒情上的妙处。教师按照教参给出如下答案:用夸张、比喻的手法,强烈地表现了莺莺黯淡、低落的心情。

例二:有教师在教学《大堰河——我的保姆》一文中的第四节时这样设计教学过程,教师提问:"这段用了什么修辞手法?"学生齐答:"排比。"教师再问:"这段中的排比有何作用?"学生七嘴八舌地回答后,教师归纳:"这段使用了八个排比句,一方面具体地铺叙了大堰河极度的贫穷和繁重的家务劳动,另一方面表明大堰河无时无刻不在关心照料着乳儿,充分表现出大堰河的善良、勤劳,对乳儿无私的爱。"

由以上案例,我们可以归结出两种不当的课堂评论用语:

第一,"断裂式"的评论语言。乍一看,教师的评价并没有错,但是从"手法"到"心情",从"排比"到"无私的爱"之间,缺少必然性逻辑关系的阐释,因此因和果之间的逻辑关系"断裂"了。例一中,《长亭送别》中"将来的酒共食,尝着似土和泥"一句确实是使用了比喻、夸张的修辞手法,只是这些修辞手法的使用为何就能强烈地表现出莺莺黯淡、低落的心情呢？上述评论用语由对文本所使用的修辞手法的归纳,直接切换到使用这些修辞手法的艺术表达效果,严重忽略乃至于割裂了现象向结果延伸的过程,学生在教师这种"断裂式"的评论语言的引导下,只能收获到"知其然"而不能深入地"知其所以然"。事实上,修辞手法只是作者为传达出文章情意而使用的艺术呈现形式。我们在评论文本的语句时,应该以作家所使用的艺术表现手法为评论的原点,向深处挺进,探询并补充出由现象到结果的那条"艺术通道"。例二中,教师没有创设情境,没有能刺激学生的想象,没有能够以诗作的"原生性意象"为支点来帮助学生在他们的心灵屏幕上投射出一个"再造性意象",相反,在具体的教学过程中,有些教师用一把剪刀硬生生地切掉了"再造诗作中的审美意象"这一诗歌教学中重要的教学环节,使诗歌教学中原本流畅的"语言—意象—文意"的教学通道发生了短路。试想,教师在诗歌教学中所使用的评论语言仅仅是概念的堆积和形式的判断,他们没有能够直接宣讲出自己想象的文本意象或帮助学生重塑诗作中的审美意象，像这种热衷于抽象直说法而疏远具体呈现法的诗歌教学，无疑会使学生感到厌烦，对于学生来说，被动地接受尚且困难，那当然就更谈不上主动自由的美的再创造了。

第二，“概念化”的评论语言。细细辨来，在上述两个教例中，我们还可以看到部分语文教师课堂用语的概念化倾向十分明显。虽然近些年来许多人嘲讽、批判中学语文教师课堂用语的刻板与贫乏，但我们还必须承认，今天在我们的语文课堂上，还充塞着诸如“语言流畅”“结构严谨”“夹叙夹议”“本文通过什么，揭示了什么，赞美了什么，表达了什么”等大量远离学生在阅读文本时衍生并体悟到的思想、感受和情绪的句子，在学生的周围，堆积着教师一些空话、套话，这些话由于没有承载教师自己真实的阅读思考的结果，所以也无法使学生对教师的评论产生反应。

（三）课堂评价语言的基本要求

在具体的教学过程中，笔者认为，教师在讲授自己的解读成果时除了要使用个性化的语言之外，还要注意使自己的评论语言符合以下基本要求：

（1）准确易懂。在文学创作中尽管作家可以把自己的很多观念隐蔽在人物形象和故事的后面，他们所创作出来的作品尽管也可以是象征的、多义的，然而作为评论者对该作品的评价要以直率准确的语言鲜明地表达出来。比如茅盾的《谈〈水浒〉的人物和结构》一文，在分析林冲、杨志、鲁达三人各自的落草经过时，就贴切地抓住了作品中人物的主要特征，用准确的语言这样表述：“对于杨志，我们虽可怜其遭遇，却鄙薄其为人；对于林冲，我们既寄以满腔的同情却又深惜其认识不够清醒；对于鲁达，我们除却赞叹，别无可言。”

需要注意的是，一般读者在呈现自己的解读结果时，可以自由地选择书面语和口语这两种形式，而语文教师在呈现自己的解读成果时则大都要用口语的形式，教师评论语言的局限性决定了他们在表达时要避免艰涩隐晦。

（2）丰富多彩。文学评论的语言有其严肃性、逻辑性、抽象性的一面，但同时又由于它是“文学”的评论，所以它的语言必须是生动活泼、文采斐然的，必须像文学本身那样能唤起人的美感。这里让我们读一段林兴宅《论阿Q性格系统》中的文字：

> 我们在小说中可以明显看到：鲁迅正是从实际的失败受辱和虚妄的胜利自傲这两方面来描写阿Q性格的。在这里，凄惨和得意、失败和胜利形成强烈的对比；物质和精神、现实和幻想尖锐地对立；悲剧和喜剧、眼泪和笑声高度地交融统一，它们形成了巨大的情感冲击波，轰击着读者的灵魂。而且，阿Q越是获得精神的胜利，读者越是感到悲哀；阿Q越是感到得意，读者就越是感到痛苦。这是多么奇异的魅力啊！鲁迅哪里是在塑造一个雇农的典型呢？分明是在揭示生活的悲喜剧的真相。作者是由痛苦的沉思转为发笑，而读者则是由发笑转入痛苦的沉思。阿Q性格的真谛，不正是存在于这特殊的矛盾统一之中吗？[①]

在上述这段文字中，作者使用了大量丰富多彩的词汇、变化多端的句式、灵活多变的修辞手法，这一切就使得这段文学评论避免了陈词滥调，对读者来说，它不仅具有认识的价值而且更有审美的价值。

(3)情理互渗。文学评论的语言要有“理”，这里的“理”不仅表现为评论者深刻的思索、冷静的分析、稳健的议论，而且还表现为评论中要充盈评论者对人生、社会的哲理思考，即要充盈着一种人生的诗化哲学意蕴。文学评论的语言除了要有“理”之外，更要有鲜明的感情色彩，或热烈、或推崇、或藐视、或嘲讽、或幽默，总之，评论者在进行文学评论时一定要融进自己的阅读感受，要执着且气韵自然地表达出种种情态。我们看刘再复的评论《〈孔乙己〉的思想深度与美学力量》中的一段文字：

> 孔乙己没有起码的做人的权利，人们可以随便凌辱他，嘲笑他，在社会上是一个贫穷而又悲惨的“多余人”。鲁迅描写道：“孔乙己是这样使人快活，可是没有他，别人也这么过”。孔乙己在社会上是多余的，他没有任何一点人的地位。社会给他造成了累累创伤，他一上场就带着伤痕；孔乙己

① 江西省文联文艺理论研究室．文艺研究新方法论文集[M]．南昌：江西人民出版社，1987：24-25.

一到店，所有喝酒的人便都看着他笑，有的叫道："孔乙己，你脸上又添了新伤疤了"。

这种伤疤不仅是他肉体上的伤疤，而且更是他心灵上的伤疤。社会不仅公开污辱他、损害他、耻笑他，而且用封建思想意识和封建科举制度毒害他、麻醉他，使他变得麻木不仁，盲目的挣扎了一辈子，被别人践踏和自我践踏了一辈子。他最后不仅满身伤痕，而且还被打折了腿，用手走路。这时的孔乙己从人变成了猪狗牛马似的四脚动物，丧失了人与动物的最后一点自然区别，丧失了人的最后一点尊严。总之，从人异化成非人。①

上述这段文字巧妙地融进了评论者的情感激流和深度的理性思考，给读者带来的除了灵魂情感的震荡之外，还有他们生命价值信念的苏醒。

在具体的教学过程中，笔者发现有很多学生的审美经验、审美能力严重不足，思维品质与思维习惯也缺失主动性，这就直接导致部分学生即便在老师的指导下也无法提出有价值的问题或者是他们提出了问题也无法找到答案。此时，教师就不能在课堂上穿上隐形衣，故意地不在场了，而是要坚定地把自己在批评性阅读中所捕获到的文本内层精微的美点呈现出来，以期给学生带来一定的启发与审美的愉悦。

第三节　分析读解模式的四种类型

探究性学习是人本主义心理学家所提倡的一种学习方式，它要求教师鼓励并启发学生发现问题、讨论问题、解决问题，也就是说，探究性学习是围绕培养学生发现、思考、研讨、解决问题的能力而进行的一种学习活动。在探究性学习过程中，学生在教师的引领下会开展一系列积极的认知活动。而这种认知活动由于有创造性的发现，所以会使学生在抽象思辨中获得独特的理性自娱和认知

① 张秀英．试论《孔乙己》的悲剧深度和美学风格[J]．通化师范学院学报，2002，23(3)：56．

愉悦。也正是从这个意义上来说，探究性学习是读者在批评性阅读中获得审美愉悦的关键。

既然探究性学习是读者进行批评性阅读的关键，那么教师在教学过程中要如何引导学生使他们的探究性学习得以发生呢？笔者认为，在探究性学习“发现问题——思考问题——解决问题”的思维链条上，发现是该学习方式得以进行的发轫之处，所以，语文老师在课堂上重点是要教会学生发现问题的方法，并辅以教授解决问题的途径。

下面笔者就“发现式”审美探究性学习模式的具体操作方法逐条进行论述。

一、直觉—分析发现法

所谓直觉，是一种接近本能的感性活动，它可以完全不通过概念、推理等逻辑中介而在瞬间把握事物的本质，具有直接、迅速、综合的特征。审美直觉是审美主体在审美活动中对客体文本的内涵加以直接把握的一种艺术思维能力。

读者在文本阅读的过程中，往往会撇开先验的理论和抽象的概念，在看似漫不经心地匆匆一瞥中，灵感闪现，凭直觉捕捉到文本潜在的内涵和文本存在形式的奥妙。叔本华说：“直观是一切证据的最高源泉。只有直接或间接以直观为依据才有绝对的真理。”[①]勒美脱尔也指出：“所谓批评也者……都不外是阐发一件艺术作品在某一顷刻所给我们的印象。”[②]而正是这某一顷刻间的印象，却可以让审美主体准确的触碰到文本的内核，当然，这犹如闪电般浮现在读者脑海中的审美直觉是必须要以他们充分的积淀为基础的，除了先天的艺术感知能力之外，审美主体必须要有一定的生活经验和知识储备。

直觉批评强调批评的主体意识，主张批评中读者的自由心态，追求批评的独立价值和独立品格，从某种意义上来说，直觉批评也是一种艺术的再创造，只是它过分地夸大批评的主观性，完全摒弃理性的剖析，在解放审美主体的同时

① 叔本华．作为意志与表象的世界[M]//文化部教育局．西方现代哲学与文艺思潮．上海：上海文艺出版社，1987:5.

② 黄键．京派文学批评研究[M]．上海：上海三联书店，2002:205.

也制约了他们客观全面的解读文本。因而笔者认为，我们在指导学生解读文本时需要均衡感性认知和理性分析的关系，将二者融为一体方是解读文本的最佳选择，笔者在教学实践中摸索出一套简单实用的方法，具体如下：

第一，整合感受，分析批评的基础。由于读者在阅读过程中所获得的第一印象往往是模糊零散的，有时还会稍纵即逝，因而读者在获得第一印象之后需要将这些初始印象加以提炼和升华，使印象更加明显和“成形”，用李健吾先生的话来说，就是使自己的印象由朦胧而明显，由纷零而坚固①。具体到中学语文教学，笔者的做法是让学生在文本空白处做旁批，及时将自己在阅读中所获得的第一印象记录下来，为后面的理性验证、鉴别做准备。

第二，理性验证，分析批评的核心。由于审美直觉只注重个体主观生命的感发，在混沌情感的扩张中缺乏理性因素的渗透，因此，这种解读方式往往停留在艺术的表面，未能深入系统地研究作品以把握作品的内在规律，有时甚至会造成一定程度的误读。鉴于这种解读方式的不足和盲点，笔者认为我们在强调审美直觉的同时，还必须引领学生用下文中所归纳的理性解读文本的方法，去验证自己所获得的印象是否正确。感性地解读文本由于读者的自由意志得到了充分的解放而使得解读具有更多的偶然性和独创性；而理性地解读文本因为有理性思辨的介入而使得读者凭直觉所获得的神秘体验得到进一步的验证，有其一定的科学性，正是从这个角度我们可以说，只有感性和理性的解读方法互证共融，才能既克服理性解读的呆板，又避免感性解读的天马行空、为所欲为。

二、反常—合道发现法

文学作品是一个和谐统一的自足整体，但是这种和谐统一并不是编程式的排列，也可能是在“反常”艺术表达中形成辩证的和谐统一。在文学作品中，作家根据思想情感的表达需要，往往采用违背常规的“陌生化”的表达方式，形成特殊的“吁请”结构，引起读者的审美期待，诱导读者发现文本的言外之意，这就是所谓“反常—合道”。简要地说，作家的创作看似“反常”，即违背常规的表达

① 郭宏安．李健吾批评文集[M]．珠海：珠海出版社，1998:43.

方式，但是从文本表达的主旨和艺术而言，却又是合乎文本书写逻辑的。

如果说作家“反常—合道”的创作，遵循“意蕴—表达”的思维脉络展开，那么读者的欣赏，则须沿着“表达—意蕴”的线索捕捉文本意蕴的丰富性存在。他们必须做一些探究性的发现工作，发现文本中潜藏着的矛盾之处、碰撞之声，读者只有发现文本表达的“破绽”之处，并进而沿着这“破绽”的缝隙去思考其中潜藏着的大量密码，他们才能完成“追体验”的过程，即读者通过发现文本的“反常”之处，追逐并体验作者真正的创作意图。

应该承认，一个成熟的读者如果能有意识地从表达的“反常”处解读文本，就会进入文本的内在肌理。比如，我们在学习《种树郭橐驼传》时，用这一方法去解读这篇文章，就会发现该文存在三处“反常”的表现褶皱点：一是标题为何特别点明人物的职业特征——“种树”；二是为何特别点明人物的生理特征——“橐驼”；三是人物的职业、生理特征与主题表达构成何种关系？

先谈第一个问题。人物的职业是“种树”。从文本标题上看，它是一篇传记。传记文学本源于史书，所以我们平时读的传记，一般都是“某某传”，很少将职业直接出现在题目之中，即使是“伶官传”这类带有职业色彩的人物称谓，也只是某一类人的抽象代称。那么，这篇传记的题目在“郭橐驼传”前面为何还要加上“种树”二字？而且联系文章内容，并没有记录郭橐驼的生平事迹，只是借郭橐驼种树阐明“与吾业者其亦有类”的治人之术。由此我们可以联想到柳宗元的其他作品，如《捕蛇者说》《黔之驴》之类。在这篇文章中，柳宗元实际上糅合了传记散文与一般寓言的写法，创造了一种新的寓言体式。寓言是用比喻性的故事来寄托意味深长的道理，给人以启示的文学体裁。本文就是通过叙写郭橐驼种树之法而引申出统治者的治人之术，由树及人，以事明理，种树是说理的源头，因而题目中特别标示“种树”的职业特点也就不足为怪了。

再谈第二个问题。人物的生理特征是“橐驼”。橐驼是一个含有调侃、讥讽、轻蔑甚至侮辱意味的外号，那么作者为何将这一外号作为文章标题，而且橐驼本人也说“甚善，名我固当”？教参上解读说：“称他为‘驼’，是指其病而为号，并不雅。最为难得的是，‘驼’竟放弃自己原来的名字，也这样自称起来。作者寥寥数笔，就勾勒出人物豁达的性格，令人猜想在这豁达的背后，一定存在着某种自信，也就增强了阅读的兴趣。”称之为“橐驼”，难道真是为了揭示他“豁达的性格”和心理的“自信”？显然是误读。如果只是要勾勒人物豁达自信的性格的话，那么这个目的不仅和下文没有相应的勾带关系，而且也疏离了本文的主旨。本文的主旨是要由养树之法推演出统治者养人之道，告诫为官者不能“好烦其令”，不能扰民、伤民，很显然开篇第一段这一重要节点所表现出来的郭橐驼豁达自信的性格和本文的主旨是完全不契合的。作者之所以用橐驼作为文章标题，而且人物本人也欣然接受，有着特殊的“寓言”含义，与文章的说理主题构成隐性的逻辑关联。在表现手法上，“橐驼”和“种树”也形成隐性的内在呼应。这在下文再详细论述。

后谈第三个问题。人物的种树职业、生理特点与说理的主题有何关系，是文本阅读的核心。因为文本的体裁是寓言，所阐述的统治者治人之术是由郭橐驼种树之理延宕而来，其说理的核心就是“吾问养树，得养人术”。而橐驼种树的特点是“能顺木之天，以致其性”，即养树之道在于顺应自然，达乎本性。这显然是庄子的基本哲学观念。庄子《逍遥游》的核心是强调“无待”逍遥的生命状态，无论是自然中的鲲鹏、蜩与学鸠、朝菌与蟪蛄、冥灵与大椿，还是社会中的智者、行者、德者以及超然世俗的宋荣子、列子，都没有达到这种生命状态，要达到这种生命状态，就必须“乘天地之正，而御六气之辩，以游无穷”，其意义是说，万物的根本是自然，唯有顺应天地四时的自然变化，才能进入逍遥无待的生命状态。非常有趣的是，庄子“寓言”常常将这种顺应自然的生命状态外化为人的生理状态，用极端的方式塑造了一系列畸人形象，其中佝偻承蜩中的“佝偻丈人”与“橐驼”的外形最为接近。庄子何以塑造畸人？《大宗师》说：“畸人者，畸于人而侔于天。”意思是，畸形的人，虽然对于常人是畸形，却恰恰顺乎自然（天）。也就是说，畸人正是自然的形象化，所以他所塑造的畸人都是超越世俗，通于“天道”的。这样，“橐驼”的“侔于天”，“种树”的“顺之天”和治人的“致其性”，构成了逻辑上的呼应。

解决了这三个“反常”的疑窦之后，就可以流畅地解读文本了。文章的主体有三个自然段：(1)概述结果，橐驼种树，“或移徙，无不活，且硕茂，早实以蕃”，所以长安富豪人家“争迎取养”，其他种树的人也“窥伺效慕”。(2)用“莫能如也”

引起下文之问，阐述种树之道，橐驼回答：“橐驼非能使木寿且孳也，能顺木之天，以致其性焉尔。”接下来先谈“植木之性”：舒展树根，培土均匀，须用树苗原土，栽时夯实土层——栽种时爱之如子；再谈管理之法：自然无为，全其天性——管理时休养生息；最后说明，若植之不得其法，或“爱之太恩，忧之太勤”，背离了树木的自然本性，则是“虽曰爱之，其实害之；虽曰忧之，其实仇之”，这就从反面证明自然无为、全其天性的重要性和唯一性。(3)又用“以子之道，移之官理”引出文章主旨。郭橐驼虽然说“官理，非吾业也”，但是他又从亲身经历说起，官府“促尔耕，勖尔植，督尔获，早缫而绪，早织而缕，字而幼孩，遂而鸡豚”，因为政令繁苛，本是爱民，反成祸民；“鸣鼓而聚之，击木而召之”，百姓不得不“辍飧饔以劳吏”，本是治民，反成扰民，这一切都违背了休养生息的原则，与种树者“虽曰爱之，其实害之；虽曰忧之，其实仇之”的道理是完全一致的。所以问者“得养人术”，并且以橐驼的种树之道作为为官之道。

《种树郭橐驼传》的结构与庄子《庖丁解牛》的结构类似，都是以事明道，事与道之间存在一种必然的逻辑关系。然而，《种树郭橐驼传》由种树之道正（无为适性）和反（有为逆性）两种不同结果，引申出治民之道的正（与民休息）和反（祸民扰民）两种可能的结果，形成鲜明对比，使说理比《庖丁解牛》更为显豁。所以，就文体形态而言，《庖丁解牛》重在事件描述，道寓其中；《种树郭橐驼传》唯取人物对话，道存言中。这与柳宗元的其他寓言如《三戒》有别，更近于《蝜蝂传》。

如果说《捕蛇者说》重点批判“苛政猛于虎”，那么《种树郭橐驼传》则是从正面说明治政之道在于自然无为、顺乎民性，亦即无为而治、休养生息。这显然与柳宗元所处的时代及思想倾向有关。安史之乱后，唐王朝由鼎盛走向衰微。国家人口锐减，经济衰颓，民生凋敝，亟须休养生息，所以柳宗元这篇寓言乃是针对现实而发。然而，文章的出发点是儒家的仁政爱民，所强调的治政措施是无为而治、休养生息，所以他的措辞不用“治人”而用“养人”。柳宗元的思想以儒家为主体色调，但是统合儒道也是他晚年思想的基本倾向之一。他的《送元十八山人南游序》说：“太史公尝言：‘世之学孔氏者，则黜老子；学老子者，则黜孔氏，道不同不相为谋。’余观老子，亦孔氏之异流也，不得以相抗。”柳宗元的《八晋》正是以援儒入道的方式，强调“民利，民自利”，而要做到这一点，就必须“安其常而得所欲，服其教而便于己”。一言以蔽之，自然无为，顺乎本性，教化而不扰民，利民使民自利，是基本的“养人之术”。所以，《种树郭橐驼传》中郭橐驼“畸于人而侔于天”的外在形象，“适性”“自然”“无为”的种树之道，以及二者内在逻辑联系中所蕴含的顺民之天、致民之性、无为而使民自为的“养人之术”，正是柳宗元这一思想的诗意表达。在幽默诙谐的闲澹之笔中，传达出警醒人心的审美韵味。

当然，橐驼的“无为”并不是毫不作为，比如论种树之道是“为”，管理之法是“不为”。为，不是强为妄为，而是致乎本性，为而不为；不为，不是无所作为，而是顺乎自然。也正是这个原因，所以人称之“橐驼”，他没有犀利地抗争，而是安时处顺，循其自然，主动欢悦地接受其名。柳宗元在文本的开端部分实则就已经毫无痕迹地将道家“自然”“无为”的思想蕴藏于文本之中了，且这条主线在文本中并未有任何断裂，一直贯穿至文本结尾。

综上所述，关注文本的“反常”表达，发现文本有悖常理之处，恰恰成为解读文本的端口，如果我们沿着这个端口细读文本，进而可以探寻到文本“含而不露”“隐而不显”的深邃之处，整个解读过程不仅扩大了文本的阐释空间，同时也走出了只知道提炼信息的浅表化解读模式的缠绕，从而走向多元化、审美化的解读空间，并进而提升了思维品质。在对《种树郭橐驼传》的解读过程中，通过对文本“反常”之处的诗意追问和发掘，成功地将自己从普通的读者群体中超拔出来，由“无敏悟非理性的一般性阅读”提升到了“有学识有理性的批评阅读”，并在此过程中体会到了一种“发现”的惊喜。这正是在“反常”处发现“合道”的文本细读方法。

三、比较—对照发现法

比较是人们根据一定的标准，把有某些联系的两种或两种以上的事物加以对照，确定它们之间的异同及其相互关系，以期形成对事物更深入的认识。从本质上看，比较是基于客观世界个别事物的有形或无形的联系，因而它是人们认识事物的通常而有效的办法。文学作为一种独特的艺术生命，人们如果要探寻其中的奥妙，比较发现是于文本的平淡之处遇见神奇的常用方法之一。巴赫金说："文本只是在与其他文本（语境）的相互关联中才有生命。只有在诸文本间的这一接触点上，方能迸发出火花。它会烛照过去和未来，使该文本进入对话之中。""理解是与其他文本相互对照，并在新的语境（我的语境、现代语境、未来语境）中重作思考。"①

比较对照作为文本细读的一种重要方法，它可分为同类参照比较、语音变形比较、词汇变形比较、句法变形比较、书写变形比较五种，下面笔者会分类进行阐述。

（一）同类参照比较

大多数的比较阅读采用的是同类参照，即将文本和与文本相关的文章进行比较。艾略特说，在莎士比亚的戏剧中，头脑简单的人可以看到情节，较有思想的人可以看到性格和性格冲突，文学知识较丰富的人可以看到词语的表达方法，对音乐较敏感的人可以看到节奏，那些具有更高的理解力和敏感性的听众则可以发现某种逐渐揭示出来的内涵的意义②。笔者认为，文学课堂上应该培养的正是能够将文本的多层面的复合结构予以解读出来的成熟的读者，如艾略特所说是"具有更高的理解力和敏感性的听众"，这是文学课堂的出发点和归宿点，正是从这个意义上来说，除了学生课下的自行阅读之外，如果时间允许，教师有责任带领学生比较同类文本，探寻文本奥妙。

例如，同样是描写杨贵妃的美，杜甫、李白、白居易各不相同。杜甫《丽人行》："态浓意远淑且真，肌理细腻骨肉匀。绣罗衣裳照暮春，蹙金孔雀银麒麟。"李白《清平调》："云想衣裳花想容，春风拂槛露华浓。若非群玉山头见，会向瑶台月下逢。"白居易《长恨歌》："风吹仙袂飘飖举，犹似霓裳羽衣舞。玉容寂寞泪阑干，梨花一枝春带雨。"

① 巴赫金. 文本•对话与人文[M]白春仁，晓河，周启超，等译. 石家庄：河北教育出版社，1998：380.

② 雷•韦勒克，奥•沃伦. 文学理论[M]. 刘象愚，邢培明，陈圣生，等译. 北京：生活•读书•新知三联书店，1984：279.

这里笔者认为，教师在教学时要引领学生通过比较来朗悟其中蕴含的诗性智慧，杜甫诗中写贵妃的装束犹如在画一幅工笔画，意在状其高贵、华美和富丽；写人物则既有工笔，又有写意，工笔意在勾勒贵妃丰润的肌理和匀称的体态，写意意在突显贵妃的意态、风神及其美好的内在品质。语言虽晓畅平易，呈现在读者眼前的却是一个内外兼有美质的贵妃形象。

李白的诗意飘逸而婉转，在飞扬的想象中蕴含着飘然欲仙的身姿。作者以花来比贵妃之天生丽质，以云来喻贵妃之衣的晶莹飘逸，以花受春风露华润泽来譬其深受皇帝的宠信，以仙女来方其奇艳逸美之气质。教师在教学时，要特别引领学生探寻“花”和“云”这两个意象使用的妙处。细细探究，我们会发现作者以花的色粉质嫩来状贵妃之肤色，以云的色白质逸来摹贵妃“清水芙蓉”的素雅和飘逸的体态，同时花的粉红又和云的洁白形成了色彩上的映衬，使整首诗因为超越了单一的色调而丰富灵动。不仅如此，花这一意象在结构上也和下文的“春风拂槛露华浓”形成了一种勾带呼应的关系，诗虽短，但因为这种结构上的呼应而使得整首诗浑融一体，可以说李白这首《清平调》虽是奉皇命之命所作，但情绪奔逸而不乏应有的含蓄与蕴藉，天真淳朴而不乏形象和情感上的丰富，是一篇难得的佳作。

白居易在《长恨歌》中用“犹似霓裳羽衣舞”写贵妃飘扬飞动的衣袂，同时该句又与前文“渔阳鼙鼓动地来，惊破霓裳羽衣曲”呼应，再次暗示人物的悲剧人生，自然引出下联。“玉容寂寞泪阑干，梨花一枝春带雨”，兼容了李杜之长，以特写镜头描摹女性之美，特别富有视觉冲击力量。在教学时，我们依然要引领学生通过品味语言、探究意象来判断诗歌的审美价值。从意象的角度看，作者以梨花来比贵妃皮肤的色泽和质地，梨花蕊心粉红，花瓣粉白，淡淡的红晕浸润在粉白的底色之上，作者用梨花来摹写贵妃的肤色白中带粉，肤质柔嫩，而“春带雨”的梨花，仿佛鲛人之泪，更显晶莹剔透，为读者描摹出贵妃泫然欲泣、惹人怜爱之态。梨花不是一树、一片，而是一枝，这就让贵妃茕茕孑立、孤独寂寞之美人意态跃然纸上。通过这个镜头，我们可以窥探到她内心交织着最深挚的爱和最不忍的痛。从结构的角度来看，上联的玉容、寂寞、泪阑干和下联的梨花、一枝、春带雨前呼后应，环环相扣，影像互补，相得益彰。

其实，用同类参照比较法鉴赏诗歌的例子举不胜举，像毛泽东与陆游的《卜算子·咏梅》，我们也可用此法进行鉴赏。

（二）语音变形比较

语音是文体构成的表层要素，也是语言的基础。“每一件文学品首先是一个声音的系列，从这个声音的系列再生出意义。”[①]语音主要由音韵、节奏和旋律结合而成。音韵由声、韵、调组成，音节之间声、韵、调的和谐能产生一种悦耳动听的音乐效果。老舍曾对杜甫的“烽火连三月，家书抵万金”一句做过分析，他说：“‘连三’两字，舌头不用更换位置就念下去了，很舒服。在‘家书抵万金’里，假如你把‘抵’字换成‘值’字，那就别扭了。”[②]这里谈的就是诗歌音韵的和谐。

毛泽东的《沁园春·长沙》押的是ou韵，我们在教学时可引导学生将此韵换成十三韵中的其他韵，并比较优劣，最后我们会发现此韵用法之妙，ou[ou]发音时，起点元音o比单元音o[o]的舌位略高、略前，唇形略圆，发音时，开头的元音o[o]清晰响亮，u[u]的发音含混短暂，只表示舌位滑动的方向，ou是普通话复韵母中动程最短的复合元音，正是这个响亮短暂的音符表达出了一位生命意志高扬的英雄，要把盘踞在中华大地上的魑魅魍魉全部击个粉碎的决心，作者的浩浩壮志也正是通过这个音符充塞于文本之中，也洋溢在读者舌尖心头。

节奏是指语音的长短、高低、轻重、疾徐、间歇相配合所形成的语言的节律，它能形成富有音乐性的语言美，从而具有表情达意的作用。一般来讲，急促或明快的节奏往往体现出作家激昂或喜悦之情，而缓慢低沉的节奏则暗示出作家的压抑或悲哀之情。例如，杜牧的《阿房宫赋》中就采用了这种短句、长句夹杂相间的节奏，在“六王毕……阿房出”一句中，作者用铿锵有力、掷地有声的三字短句写出了秦始皇统一天下、志得意满的那种高蹈轻扬的风采。在“戍卒叫，函谷举，楚人一炬，可怜焦土！”一句中，作者连用三个动词，句式节奏短促，生动地表现出秦末农民起义风起云涌、摧枯拉朽之势。在文章最后一段的说理部分，

① 雷·韦勒克，奥·沃伦. 文学理论[M]. 刘象愚，邢培明，陈圣生，等译. 北京：生活·读书·新知三联书店，1984:166.

② 老舍. 出口成章：论文学语言及其他：增编本[M]. 2版. 沈阳：辽宁人民出版社，2016:59.

作者则使用长句，舒缓纡徐，给人一种侃侃说理、从容不迫的感觉。笔者认为，我们在教学此文时可通过改写、删除等手段来比较长短句的不同作用，并进而体会笔者的匠心独运。

旋律是指语音高低、升降的规律性变化以及相同、相近语音成分的反复或再现而形成的抑扬、回环的旋律美。例如欧阳修的《醉翁亭记》，全篇连用了21个“也”字，这种不断重复的陈述句式不仅形成了舒徐畅达的叙事节奏，而且也能体现人与人、人与自然和谐相处的愉悦。笔者认为，我们在教学时可以通过删除“也”的教学环节，引领学生体会文本节奏的妙处。

（三）词汇变形比较

词汇是最小的能够自由运用的语言单位。作家斯威夫特在谈到作家的创作时说“在恰当的地方使用恰当的词”，新批评派的布鲁克斯和沃伦在合著中也认为“诗人选择、排列、安置他的词汇的风格”。的确，文学作品整体氛围的营造、主题的表达、审美情趣或境界等的获得，都有赖于作家对词语的选择，所以分析词汇在文本中的表现力是我们解读文本的一个重要端口。

作家为了能够吸引读者的眼球，在词汇的选择上往往会主动追求一种“陌生化”，他们或者有意颠倒词序，或者有意混淆词汇性质，或者有意造成词义上的别解等，而读者在解读时就有必要通过删除、颠倒、替换、改写等手段捕捉遮蔽在文本新奇外衣下的作者运思的妙处。戴望舒的《雨巷》首尾两节的词句几乎全部相同，在最后一节中作者只是将第一节中的“（我希望）逢着”改成了“（我希望）飘过”。笔者在教学时针对这一现象有意引导学生思考：“最后一段的‘飘过’也改成‘逢着’可不可以？”答案很显然，“飘过”比“逢着”好，作者的这一小变动除了有避免重复的作用外，还有以下一些好处：首先，从内容的角度来说，“希望逢着”是作者的一种主动欲求，“丁香一样的姑娘”是作者的一种带有唯美色彩的理想，作者“希望逢着”这姑娘是渴望自己的这个色彩斑斓的梦能够得以实现。而在接下来的几段中作者不断地使用“飘过”“消了”“散了”“消散了”等词，这表明作者执着追寻的理想最终会飞散成空气中的泡沫。可即便如此，在诗歌的最后一段，诗人依旧“希望飘过”这“丁香般的女郎”，这表明诗人明知理想无法实现，但他还依旧盲目地执着期待着，泥鳅似的在骨感的现实中打着滚，作者以一种“明知不可为而为之”的决绝气概，在黑暗的缝隙中依然希望寻找到哪怕是只有一丝的光亮。在作者看来，理想可以折翼，但不可以放弃，所以从这个角度来说，笔者并不赞同教参中的观点：“读到诗的最后一节，我们不禁感到：诗中所渲染的那种理想破灭而又无法挽回的苦闷、哀怨而又无奈、惆怅的情感又加深了一层……‘我’只有自怨自艾，自悲自叹。”其次，从结构的角度来看，由于最后一段的加入，也让诗人的情感世界变得层次丰富起来，全诗的结构由简单的“希望——失望”演变成“希望——失望——决绝追寻”的嬗变过程，而这种结构上运转自如的大起大落也增加了文本有张有弛的力度，让整首诗在平和含蓄的表达中深蕴着高扬闳深的生命气象。

再如，在鲁迅的《记念刘和珍君》中有这样的句子：“倘使我能够相信真有所谓‘在天之灵’，那自然可以得到更大的安慰，——但是，现在，却只能如此而已。”其中的“但是，现在，却只能如此而已”我们完全可以将其变形为“但是，我现在却只能如此而已”，内容没有变，但标点和词语的位置发生了变化，作者的情感也因为这一简单的变形而相应地发生了变化，“但是”“现在”两个字就停顿一次，铿锵有力，表明作者内心久久盘踞着的对当局者的愤怒已经要喷薄欲出了，短促的节奏增加了作者情感表达的力度。作者将“现在”移至主语之前，是为了强调在当下这个时间节点作者只能用文字来表达自己的无奈和悲痛，但未来这种悲痛终将会像火山一样爆发，以摧枯拉朽之势将腐朽堕落的统治者击垮，作者的这一血债终会血来还的警告也和下文的“不在沉默中爆发，就在沉默中灭亡”产生了一种结构上的回环呼应的关系。

诗歌的辞藻（意象的载体）和日常语言不同，在它上面总是蕴涵着更细微更丰富的情感信息，有着更动人的审美意味，所以我们在解读诗歌意象时则更需通过使用删除、替换、颠倒、改写等手段来仔细揣摩其中蕴含着的神采。比如，我们在教授“鸡声茅店月，人迹板桥霜”一句时，就完全可以将“板桥”换成“木桥”，让学生仔细品味这两个意象的区别，事实上，板桥即木桥，但古代诗歌中却只有“板桥”而绝少“木桥”，如“春江一曲柳千条，二十年前旧板桥”（刘禹锡《杨柳枝》）等，仔细品味，“板”比“木”更有诗味，更有形象感，音节上也更响亮。再如，王之涣的“白日依山尽，黄河入海流”一句，我们也可将“白日”换成“太阳”，引领学生比较这两个意象之间的差别，“白日”就是太阳，但它比“太阳”有味儿，它有一种光芒万丈、灿烂辉煌的气象，而这一点又刚好能和诗歌中所表现出的作者积极进取的不凡的胸襟抱负相契合。这类例证非常常见，比如王安石《泊船瓜洲》“春风又绿江南岸”，贾岛《题李凝幽居》“僧敲月下门”，以及杜甫《秋兴八首》“香稻啄余鹦鹉粒，碧梧栖老凤凰枝”，等等。“绿”“敲”可以用同义词替换的方式，品味这两个词独特的审美张力。后一例可以将倒装的句式改写成正常句式，比较二者的异同，从韵律、抒情、拗救所形成的风格上，分析杜甫为何采用这一特殊表达方式。

（四）句法变形比较

句子是表达一个完整意思的基本语言单位，作者在创作时往往通过诸如有意颠倒句子的顺序、有意重复某个句子、摒弃或活用标点符号等手段来表情达意，所以读者在解读文本时也要紧跟作者的脚步，通过变形还原的手段咂摸出作者的原意。

柳永《雨霖铃》中的“寒蝉凄切，对长亭晚，骤雨初歇”就是个倒装句，在教学时我们就可以引领学生将该句调整为正常的语序，也即“对长亭晚，骤雨初歇，寒蝉凄切”，并进而引导学生思考两个句子的区别，体会作者运筹帷幄的锦口妙心。仔细考察，我们会发现作者将诗句倒置与错位除了有押韵的原因之外，这种打破了传统语言表达习惯的话语模式也给读者的审美心理产生了巨大冲击。他们无意识的阅读过程受阻，产生一种陌生感，而这种语言的“陌生化”又会迫使读者去仔细玩味语言，领悟诗人借助特殊的语言运用方式传达出来的审美意趣。另外，从诗歌内容表达的角度来看，作者的主体情感直接导致了诗句语序的错置。《雨霖铃》一词围绕作者与爱人的离别，展现出两人间的依依惜别之情，所以作者为了要突出这样的心绪，而把能够间接揭橥他“情”与“思”的语句“寒蝉凄切”放在前面，用寒蝉凄切的叫声来营造一种凄苦的意境，并进而映射出作者与友人的别离之苦，“骤雨初歇”之所以调整至最后，是为了与下文形成结构上的映带关系，因为雨停了，下文才会有“兰舟催发”。

作者正是用这种与常理相悖的思路去经营自己的作品，来宣泄自己的内心波涛，而这实际上是一种不正常的正常、不清醒的清醒、不理智的理智，其作品也因此具有更特殊的效力。

（五）书写变形比较

在文学类作品中，书写形式与篇章的意义表达之间联系紧密。作家在文学创作过程中，往往喜欢通过书写的变异也即文字的特殊排列形式来表情达意，所以读者在阅读过程中需要“还原”这变异的书写形式，通过比较来追踪觅迹，捕捉作者凝定在文本中的情意。

举例来说，戴望舒《雨巷》的第一段共有六行，其中有三句是完全可以和其他三句合并的，在教学时我们可以把诗行重新排列一下：

撑着油纸伞，

独自彷徨在悠长、悠长又寂寥的雨巷，

我希望逢着一个丁香一样的结着愁怨的姑娘。

诗行经过这样的重新排列，其“表义”功能并没有任何变化，但它的“表情”功能却弱化了许多。这主要因为：(1)“独自”如果放在第一行句末，单独占行，前面和第一句话之间又有逗号隔开，其强调突出的功能是不言而喻的，透过这书写变异的密码，读者无论是在视觉、听觉还是在心理上，都能感受得到作者即便伶仃孤苦地置身于没有尽头的人生小巷之中，也不会放弃对追寻理想的执着信念。(2)“悠长”之所以要与“又寂寥的雨巷”断开，原因有二：一是本诗押的是江阳辙“ang”韵，“长”的韵母是“ang”，所以要断开。二是后鼻韵母“ang”以元音“a”开始，口大开，之后声音由鼻腔中徐徐缓慢发出，象征着小巷的幽深漫长，音义契合。(3)“丁香一样的”之所以要与“结着愁怨的姑娘”断开，是作者有意强调“丁香”这一意象，丁香花色多为紫色或白色，白色象征着作者理想的高洁，紫色象征着理想的神秘朦胧，可望而不可即；丁香花未开时，其花蕾密布枝头，含苞不放，称为丁香结，这象征着作者的理想难以实现，愁怨积郁于心间；丁香花的香气清新怡人，但花香可闻而缥缈，难以捕捉，也象征着作者理想的难以实现。

此外，还可以进行篇章变形比较。“夫人之立言，因字而生句，积句而成章，积章而成篇。”(《文心雕龙·章句》)篇章通常指由一系列连续的句子即句群或段落构成的语言整体，我们对篇章研究的落脚点主要集中在对其结构的探究，即通过文本的结构营造方式去探测艺术家的思想轨迹上，对于这个问题，下文再专题探讨，这里暂搁不提。

四、一干一多支发现法

文学作品的意蕴贯注在艺术形式之中，并通过艺术形式表现出来。要了解作品的意蕴就要剖析艺术形式，剖析艺术形式有助于理解作品的意蕴。这里，我们打算谈谈作为形式因素之一的结构及其与意韵之间的关系，看看结构是如何传达作品意蕴的。

所谓结构就是作家对作品内容总体的组织与安排，即文学作品的组织构造，我国清代文艺理论家李渔在《闲情偶记》一书中将文本的结构比作房屋设计，他说：“何处建厅，何方开户，栋需何木，梁用何才。”[①]都必须精心安排，作家要根据自己在作品中所要表达的主题，来对分散的零星的生活材料进行组织和安排，使之成为一个有机整体。

每一部文学作品到底要如何结构，主要取决于文学作品的主题，作品的主题犹如树之主干，它是统帅作品的灵魂，而材料的取舍、详略，作品中人物、情节、环境的安排等犹如树之枝丫，它们都必须紧扣主题，为主题服务。作家创作文本，经历“主题—结构”的心理历程，因其“神”而得其“形”，而读者阅读文本，刚好是与作者的创作思维相反，按照“结构—主题”的思维轨迹去探寻作家的创作意图，因其“形”而得其“神”。

具体地说，引领学生体会材料的取舍、详略等的艺术功能，首先是要理清文本脉络，归纳出文本的层次大意；其次他们要凭着某种直觉认知或者是各类教

① 李渔．闲情偶寄[M]//中国戏曲研究院．中国古典戏曲论著集成：七．北京：中国戏曲出版社，1980：10.

参、教案的提示概括出主题；最后读者要思考这两者的契合度，如果有段落的意思与主题无关甚至是相背离，那么我们就要以此为突破口，重新理性地窥探作品的内核，沿着裸露在地表的线索去觅迹寻踪，有可能会挖掘出深潜在文本中的更加错综复杂的主旨，也有可能会挖掘出文本层次段落中的某种让人们忽略了的更丰富性的存在。

笔者在教授《项脊轩志》时，用上述方法就发现了文本中有一处“形”与“神”不相契合的“疙瘩”，教参在归纳这篇课文的主旨时这样说：“文章通过记叙项脊轩……表现了物在人亡、三世变迁的感慨，表达了怀恋祖母、母亲、妻子的深厚感情……隐含着由于时光易逝、怀才不遇，辜负了亲人的抚育和期望的无限沉痛的心情”，而第四段写了“轩凡四遭火”的变故，表面上看正如教参所说“（轩）遭遇火灾之多，足见项脊轩命运之乖蹇，是悲的内容的进一步深化”，“神”和“形”是相契合的，但细思文本语境，作者写了三句话，却构成了一种内在的转折和因果关系，轩虽“四遭火”，但“得不焚”，是因为“有神护”。熟知汉语语法的读者都知道，转折关系复句强调的是后半句的内容，因而作者强调的并不是项脊轩屡遭变故，而是其有如神灵庇佑的某种不可控的神秘力量。写此文前四段时，作者只有十八岁，他少年既已成名。十岁时就写出了洋洋千余言的《乞醯论》；十四岁时就应了童子试；二十岁考了个第一名，补苏州府学生员，同年到南京参加乡试。所以此时“弱冠尽通六经、三史、大家之文”的归有光，对举业是满怀信心的，因而作者在此采用这有意味的话语模式，并不是要绵绵无尽地自伤自悼，而是要将自己高蹈轻扬、改天换地的斗志熔铸在文本之中。在十八岁的归有光看来，神灵既然会保佑他的书斋，就必然会保佑在其中读书的自己科举中第。从这个角度来说，这一段是有明朗乐观的基调的，它慨而不悲。这样一来，疑问就产生了，这一段的情感基调似乎和主旨是相背离的，既没有表达对已逝亲人的怀念，又没有隐含它怀才不遇的悲郁，那么这一段的作用到底是什么呢？回答这个问题的结穴处在文本最后两段的补叙部分，最后两段作者补叙了妻子在轩中陪他读书的情形，表面上看是作者在悼念妻子，其实蕴有深意。作者写最后两段时他已经三十一岁了，从二十岁到三十一岁，在这漫长的十二年里作者不断地参加科举考试，然而不断地落第，他才华出众却生不逢时，满腹经纶却英雄路短，科举上的失意使他无奈地退居家庭一隅，他希望家庭的温暖、爱的抚慰能稀释他深沉的感伤，只是他聊以舔舐伤口的甜蜜的爱情也随着妻子的奄然去世而演绎成了“一寸相思一寸灰”的悲凉，此时留给他的只有人生毫无着落的孤孑无依。文本第四段中所隐藏着的信念式的希望和最后两段事实性的绝望之间形成了一种犹如绝壁跳崖似的落差，而这种终极逆转也将作者推向绝地。所以正是从这个意义上说，笔者认为文本的前四段中并未潜藏作者“怀才不遇”的“沉痛”，在第四段中也没有看到“悲的内容的进一步深化”，而是渗透进了作者某种高蹈轻扬、自信轻逸的斗志，只是在文本的最后两段才深潜着作者怀奇才而不遇，浮沉于江湖的极哀。

附　录

《声声慢》教学实录

授课地点：厦门市集美中学。

授课时间：2007年4月14日第4节课。

授课教师：程海滨。

入静：课前反复播放由蔡琴演唱的歌曲《月满西楼》，低沉哀怨的音乐声回荡在教室中。

一、导入新课

师：同学们在成长的过程中有过愁吗？

生：或不自觉地点头，或小声说“有”。

师：其实愁是人类最普遍的一种情感，没有人敢说我这辈子没发过愁。当然，愁这种情感的内涵是因人而异，各个不同的。举例来说，人类会有离别之苦、死别之痛、家国沦亡之恨、怀乡念远之悲，还会有年华已逝、物是人非之叹，形影相吊、茕茕孑立之孤。我想，上述的任何一种愁绪给任何一个普通人所带来的创痛都将是终生难以平复的，可是大家想过吗，如果上述的所有愁绪都叠加在一个人的身上，而且是一位柔弱的女子身上，她会怎么样呢？有同学会问：真的有这样的人吗？真的有！她就是词国的女皇帝李清照。（学生难以置信，有些同情她)下面就让我们通过李清照的几首词来走进她的薄命世界!

二、走入李清照的薄命世界

(屏幕上显示李清照的《如梦令》,师生小声地读)

师:这是李清照少女时所作的一首词,从词中你觉得少女时的李清照生活得怎么样?

生:(七嘴八舌地插话)“快乐”“自由自在”“单纯”。

师:是啊! 少女时的李清照自由自在、活泼开朗。此时的她纯真、幸福,对未来充满向往、充满遐思。

(屏幕上显示“少女的纯真”)

(屏幕上显示李清照的《醉花阴》,师生小声地读)

师:十八岁的李清照嫁给了当时的宰相之子赵明诚,婚后的生活虽聚少离多,但二人情投意合,款款深情。所以,即便是相思,那也是苦涩中略带甜蜜的。

(屏幕上显示“少妇的闲愁”)

(屏幕上显示李清照的《声声慢》,师生小声地读)

师:伴随着金兵的南下,伴随着北宋王朝的灭亡,李清照的幸福生活结束了。她的丈夫在赶赴建康的路途上一病不起,先她而去;她和丈夫积累了一生的古玩金石也在炮火中灰飞烟灭了。此时的李清照仓皇南渡,在血雨腥风中辗转于三千里流亡的道途,时间长达八个月,尝尽了颠沛流离之苦。

南渡后的李清照,每每回首往事,几多离索、几多期冀、几多欢愉、几多深情都化作了《声声慢》中的寻寻觅觅。今天,就让我与同学们一起去寻寻觅觅《声声慢》中所包蕴着的美。

(屏幕上显示“老妪的凄凉”“往日幸福的浓度越大,今天失去的痛苦越深”)

三、一般性阅读——通晓文字,把握文本“原意”

注:这首小词的文字浅显,教师只强调了“将息”“次第”“敌”的含义。(略)

四、鉴赏性阅读——融入自己的情感体验，走进审美幻境，读出自己

师：我们读一首词，在把握了文本原意之后接下来要做的就是诵读体验，当然在诵读体验的过程中，我们要融入自己的情感与经历，走进文本，读出自己。我们都知道朗读有朗读的技巧，在朗读时要注意重音、语调、语速的处理，除了上述这些基本的技巧之外，今天老师还要给大家补充两点：一是发挥想象力，重构此人形象。二是注入个人的情感与体验，读出自己。

（屏幕上显示“朗读方法指导”）

（老师描述自己读词时的体验，消解学生与文本间情感上的阻碍）我在朗读这首词时，眼前分明会出现一位瘦弱的老妪的形象，此时的她曾经稚气未脱、傲然于世的脸上分明堆砌了无数的沧桑与失落；此时的她曾经明澈见底的双瞳分明地写着人生的无奈与绝望；此时的她正步履沉重地在清冷的院中散步，任由萧索的秋风抚过自己凌乱而斑白的头发，任由已被掏空的心浸出丝丝血泪，流淌在她那已不年轻的脸颊上；此时的她正在用她全部的生命力量呼唤：曾经的那个宠爱过我、怜惜过我的丈夫此时你在哪儿呢？你真的从渺茫的时空中消失了吗？你真的残忍到任由我到处飘零、受尽流离之苦吗？你可曾想到，自别后，国破家亡，在一片凄风苦雨中，我怎样辗转于三千里流亡的道途，我怎样客居他乡、受尽凌辱，说不尽的江湖行路难，抛不尽的弱女辛酸泪。此时的李清照除了反复咏叹“无计留君住，奈何无计随君去”之外，她还能言说些什么呢？

师：老师在朗读这首词时，除了眼前有词人的形象之外，我还联想到了与自己最好的朋友分手时的情景，眼前好像还闪现出一手将我带大的外祖母在临终前的一幕又一幕。（老师运用“移情”方法，帮助学生完成角色转换。老师在洞箫曲《碧水流涧》的伴奏下范读，示范读后，学生自由朗读，酝酿情感。）

学生朗读。（略）

五、批评性阅读——走出审美幻境，挖掘文本中美的元素

（一）批评性阅读方法的指导

师：周汝昌先生在谈到中国古典诗词的特点时曾说：中国的古典诗词是“一幅小小的感情的图画”。由中国古典诗词的上述特点我们可以认识到，中国的古典诗词中包蕴着图画美、情感美，那么用什么样的语言来抒写情绪，用什么样的结构来把独立的意象巧妙地组合到一起呢？这就涉及中国古典诗词中的语言美、结构美，当然中国的古典诗词要强调音韵，因而还有音韵美。

师：我们要用设置疑问的方法来挖掘文本中所蕴藏着的美。例如，要挖掘意象美，我们可以设疑：“作者为何要选择该意象？选择该意象对表达作者的情感有何作用？”要挖掘语言美，我们可以用颠倒、抽换、比较、寻找矛盾点的方法来设疑；要挖掘结构美，我们可以设置疑问：“独立的意象间是用什么脉络相连接的？”要挖掘音韵美，我们可以设置疑问：“作者为什么要压此韵，压此韵对表达情感有何作用？”

（屏幕上显示“批评性阅读方法指导”）

（二）学生思考设疑

略。

（三）大家谈：设疑、解惑

生1问：这首词的第一句为何要用一连串的叠字？

生2问：这首词的第一句一连串的叠词的顺序能不能颠倒？

生3问：这首词的第一句为何要压“i”韵？

生4问：“寻寻觅觅”能不能换成“寻寻找找”？（全班哄笑）

（对上述问题，有学生低头思考，有学生与他人讨论，教室一片哗然）

生1答：我在读叠字的时候觉得语速很慢，词人大概是要用舒缓的节奏来表现自己的愁。

生2答："觅"不能换成"找"，觅是一种更细致地找。另外因为它们之间有一种递进的顺序，所以语序也不能颠倒。

生3答："ī"音读起来比较缓慢、低沉，词人用这种有些低沉的声音表现自己的愁。

老师肯定学生的回答，在此基础上补充："寻寻觅觅"是一种无目的、无方向、无理智思考的寻找，她在找，但又不知自己在找什么，只是无规律地重复着一个连她自己也不知为何的动作，通过这个动作反映了人物内心一种不知若何的落寞感。

（屏幕显示"以动作来写愁"）

"冷冷清清"是用周围环境的清冷来衬托愁绪。

（屏幕显示"以环境来写愁"）

"凄凄惨惨戚戚"是直接来抒写自己的心情。

（屏幕显示"直接抒写愁"）

十四个叠字是一种递进关系，寻而无着，在寻的过程中词人自然会注意周围"冷冷清清"的环境，无结果的寻觅再加上清冷的环境使得词人不自觉地感到悲凄，悲凄到无法承受的程度便会觉得"惨"，因为无法承受，所以会以泪洗面，伏枕而泣，就是"戚戚"了。

生问：我在读这首词时，发现了一个矛盾点，"乍暖还寒"是描写春季的气候，但下文又出现了大雁、菊花这些秋季才有的意象，上下文间岂不矛盾？

（生惊奇怀疑，窃窃私语）

师：这个同学读得很细致，思考得也很深刻，他所提出的问题是许多词评家共同关注的。有词评家就认为这句所描写就是春季；有词评家认为这句描写的不是节气，而是早晨；有词评家认为"乍"字除了有"刚刚开始；起初"的意思外，在《辞海》中还有"忽然，骤然"的义项。李清照词里的"乍"就正是用的第二个意思，这一"乍"字非常准确地反映了"秋天"气温忽高忽低变化不定的特点。不同的人有不同的观点，请同学们课后思考你的观点，并说说理由。

师总结：这句其实是作者在用身体的不适来抒写自己的愁绪。

（屏幕显示"以身体的不适来写愁"）

生问：酒为何是“淡”的？难道词人喝的是白开水或是低度酒？（生哄笑）

（很快有学生跃跃欲试）生答：因为词人情绪不好，所以此时即便是美味佳肴，她也会觉得无味。

师设疑：大家都知道借酒浇愁，即便是千杯万盏都还嫌不够，为何本文却是“三杯两盏”？

生1：这个句子和下文的“怎敌他，晚来风急”形成结构上的映带关系，正是因为酒少、酒淡，所以才无法驱赶傍晚凛冽的寒风。

师总结：这位同学说得对。这句词作者除了用味觉来写自己的愁绪之外，还用晚风的遒劲与寒冷来衬托自己深重的失落。

（屏幕显示“以味觉、触觉来写愁”）

生问：为何要选择大雁这个意象？

生1答：因为词人和大雁一样是由北方迁到南方的，因而看到大雁就会想到自己的家乡。

生2答：鸿雁能够传书，看到大雁，词人会想到她与丈夫鸿雁传情的生活。

老师在肯定学生的回答之后补充：①这一句词写到了声音，长空雁鸣，用大雁凄厉的哀鸣来引发作者内心的痛苦。②中国古典诗词结构上有一个特点“似断而实连”，也即从表面上看，作者所选择的意象是各个独立的，而实际上这些意象是用一定脉络将它们连接起来的。比如说，这句词中的意象“雁”和下片中的意象“黄花”，它们都是秋季才有的意象，词人用“秋季”将上下片连接在一起，这就是古典诗词中的“过片的艺术”。

师总结：这句词是用意象、声音来写愁。

（屏幕显示“以意象、声音来写愁”）

生问：为何要选择黄花这个意象？

生答：看到满地的黄花，词人想到了自己不正像这落花一样，年华已逝。

老师在肯定学生的回答之后补充：①黄花是高洁品质的象征，用黄花来隐喻自己的高洁。②落地的黄花的颜色是枯黄的，词人用不鲜亮的颜色来写自己不鲜亮的心情。这句词作者是在用意象与颜色来写愁。

（屏幕显示“以意象、颜色来写愁”）

生问:词人为什么一定要守着窗儿?

生1答:因为站在窗前,词人才能看见满地黄花和梧桐细雨。老师插话:这就是结构上的勾带,对吗?(学生点头)

生2答:对于一个内心寂寞的人来说,大概难挨的时间是对她最大的惩罚吧!

师总结:这句词是用意象、颜色(黑色)来写愁。

(屏幕显示"以意象、颜色来写愁")

生问:为什么要选择"梧桐细雨"的意象?

生答:词人用单调乏味的雨声来写自己内心的烦乱与寂寞。

老师在肯定学生的回答之后补充:梧桐叶干枯且阔大,细雨打在其上,可听得更真切。梧桐是高洁之木,"凤凰非梧桐不栖",用梧桐来隐喻自己的高洁。

师问:"这次第,怎一个愁字了得"与"只恐双溪舴艋舟,载不动,许多愁""问君能有几多愁,恰似一江春水向东流",同是写愁,有何区别?请同学们课后思考。

参考答案:自庾信以来,或言愁有千斛万斛,或言愁如江如海(分别见李煜、秦观词),总之是极言其多。这里却化多为少,只说自己思绪纷茫复杂,仅用一个"愁"字如何包括得尽。妙在又不说明于一个"愁"字之外更有什么心情,即戛然而止,仿佛不了了之。表面上有"欲说还休"之势,实际上已倾泻无遗,淋漓尽致了。

六、运用所学,迁移训练

师:通过今天的学习,我们了解到读诗词的方法,课后请同学们按照"少女的纯真——少女的春愁——新妇的柔情——少妇的离愁——老妪的凄凉"这一顺序,收集李清照的词作,并用本课所学研读其中一首小词。

下　编

■□　　文学文本研究

第六章　“咀嚼的惊喜”：文本的语言美

在整个文学美育的教学过程中，教师既是文学的鉴赏者、批评者，又是教学的分享者、引领者。在对文学作品的直觉体味与理性分析中，教师必须正确有效地指导学生进行鉴赏阅读和批评阅读，以提高他们的欣赏趣味和批评能力。意大利美学家克罗齐说：“批评家好像是一位有修养的导游者或者一位耐心而谨慎的教师，‘批评是教人阅读的艺术’。”①从这个意义上说，文学教育的目的之一就是要帮助学生克服阅读障碍，走向文学堂奥，最终使之成长为一名“合格的读者”。

文学文本，是文学鉴赏和批评的唯一对象。对文本审美元素构成的细致分析，不仅可以提升教师也可以帮助学生理性认知文本之美。文学语言有两种含义：一种是广义的，泛指科学著作、政治论文、报刊文章、新闻广播等所使用的具有文学意味的一切书面语言；另一种是狭义的，专指诗歌、小说、散文、戏剧等文学作品所使用的语言，我们所讨论的是狭义的文字语言。语言是文学文体的物质载体，唯有细致分析文本语言的种种特点，才能获得“玩味咀嚼后的惊喜”。

① 克罗齐．美学原理·美学纲要[M]．朱光潜，韩邦凯，罗芃，译．北京：外国文学出版社，1983:275.

第一节　文学语言的基本特点

作为狭义的文学语言，是文学作品用以表达情感和形象内容的物质载体。既具有一般文体的语言语法构成、语言修辞手段、语言组织秩序，又具有文学语言特殊的审美表达手段。具体说来，文学语言有以下几个方面的特点：

一、语言的具象性

文学语言是一种形象性的语言，亚里士多德在其《论修辞》中说“文字必须将景物置诸读者眼前”。这一观点和欧阳修在《六一诗话》中所记载的梅圣俞的观点是大体一致的，即“必能状难写之景，如在目前，含不尽之意，见于言外”。实际上东西方的这两位理论家都不约而同地概括出了文学语言的特点，即文学语言具有绘声、绘色、绘形的具象性。

所谓文学语言的具象性，是指文学语言能够让读者在表象文字的基础上，通过联想和想象，于自己的心灵屏幕上还原出文学作品所描绘的一幅幅关于人物形象、景物和生活画面的一种特性。鲁迅在《阿Q正传》中，曾把阿Q“从腰间伸出手来，满把是钱，在柜台上一扔”，改为“从腰间伸出手来，满把是银的和铜的，在柜台上一扔”。这一改，就将抽象的“钱”转化为具象的“银的和铜的”，既有形的区别，又有色的不同，同时还可以让人联想到“在柜台上一扔”的哗哗啦啦的声音。

文学语言的具象性并不是直接地将形象诉诸读者的视觉感官，文学作品中的形象必须通过读者的想象与联想才能被感知，因而对文学作品中生命形象的感知是间接的、不确定的。举例来说，高中课本《林黛玉进贾府》对初进贾府的林黛玉做了这样的描绘：“两弯似蹙非蹙罥烟眉，一双似喜非喜含情目。态生两靥之愁，娇袭一身之病。泪光点点，娇喘微微。闲静时如姣花照水，行动处似弱柳扶风。心较比干多一窍，病如西子胜三分。”这里所描绘的林黛玉的形象既是直观的，可以通过联想或想象而得又是模糊的，不同读者联想或想象的内容各不相同。这正是文学语言具象性的特点——文学语言是一种富有弹性的语言，文本中也往往会留有大量的审美空白，这就需要读者通过自己的联想和想象对这些意义空白处进行审美再创造。再比如，在《林黛玉进贾府》中对迎春外貌的描写，“腮凝新荔，鼻腻鹅脂”。那么，新荔、鹅脂分别有什么特点？两个词能否互相颠倒？我们可以想象，新鲜荔枝鲜嫩、红润，说明了迎春的两腮娇嫩、青春；鹅脂是白色的，这就通过写迎春鼻子白皙，补足了她红润而白皙肌肤之美；鹅脂柔嫩而且光滑，又进一步写出迎春肌肤柔嫩、白皙、红润中又富有质感。特别值得注意的是，“腮”是近镜头，而“鼻”则是特写，因此两句的次序是不可颠倒的。在意义的空白处，借助想象和联想将作者的描绘具象化。

二、语言的增殖性

俄罗斯有一个谜语，谜面是“不是蜜，却可以粘住一切东西”。这个谜语的谜底便是文学语言。这个谜语告诉我们，文学语言相比较其他的艺术形式，它能够更广泛地描写形象、反映现实。

文学语言不同于绘画、雕塑。绘画和雕塑因为是直接将形象诉诸人的视觉感官，所表现的内容有限；文学语言诉诸人的心理想象，所表现的内容则具有无限性。文学语言能够将无法言传的抽象的情感、哲思或难以表达的某种无形的物象，通过譬喻、借代、映衬、双关、比拟、夸张等手法来加以具象的描绘。举例来说，绘画和雕塑无法描摹触不到、看不见的声音，但是文学作品可以。白居易在《琵琶行》中这样描绘声音：“大弦嘈嘈如急雨，小弦切切如私语。嘈嘈切切错杂弹，大珠小珠落玉盘。间关莺语花底滑，幽咽泉流冰下难。……银瓶乍破水浆迸，铁骑突出刀枪鸣。”这里，作者运用一系列奇妙且喻体形象极易还原的譬喻，将无形的声音具象化，读者在浮现这些譬喻的喻体形象时，也似乎在耳边幻化出了琵琶女所弹奏的琵琶声。正是这种具象化的语言，可以引起读者丰富的联想与想象，拓展甚至超越了语言自身表达的内容，增殖了文本的美感属性。

上文中的黛玉形象,“似蹙非蹙”“似喜非喜”的矛盾意象,以及“心较比干”“病如西子”的联想对比,也是文学审美增殖的一种重要手段。

三、语言的情思性

文学语言的情思性,是指文学语言相比较其他的艺术语言能够更加细腻、深刻地表现作家凝定在文本中的思想情感和他观照社会人生之后的一种生命哲思。

“言为心声”。文学作品是最深邃的心灵艺术,而文学语言是一种直接隶属于人类心灵的语言符号。一方面,心灵的声音是语言的内容,没有来自心灵的声音也就没有文学语言;另一方面,文学语言又是表达这种“心灵声音”的物质外壳,没有文学语言,也就无法传递出这种来自人类心灵深处的声音。所以,人类的情思是文学语言要表达的内容,而文学语言又是人类情思的外化形态。

因为文学语言是一种在日常语言的基础上经过作家艺术加工而升华了的语言,日常语言要成为文学语言,必须要经过艺术家的遴选、改造和变形,所以读者在欣赏文学作品时,不是仅仅读懂文学作品的内容,他们还要透过经作家遴选、改造甚至是变形的语言形式来探究其中隐含着的精妙。作为教师,我们要引领学生深入探究文学语言的艺术技巧。

第二节　文学语言的审美转换

文学语言不同于其他文本语言,其魅力就在于文学将一般追求“辞达而已”的语言转换为具有美感意义的语言。其中化静为动、化美为媚是文学语言审美转换的重要途径。化静为动,化美为媚,使得文学语言不仅能够展示一个个零落的静态的画面,而且它还能够呈现一个个具有延展性的连贯动作,因为这一点,人物形象才会活泼灵动地呈现在文本的字里行间。

一、化静为动

如果说，雕塑呈现的是一种静态的美，那么，文学呈现的则更多是一种动态的美。雕塑往往撷取具有包孕性的动作，暗示一种动态的存在，如法国雕塑家奥古斯特·罗丹创作的《思想者》，通过紧张的肌肉以及弯腰、屈膝，右手托着下颌，默视下方，瞬时的动作，表达全神贯注的思考，以及深沉的心灵痛苦；而文学不仅借助具有包孕性的动作，如杜牧《清明》“借问酒家何处有，牧童遥指杏花村”，在“牧童遥指”的包孕性动作中暗示以下可能发生的情节，而且往往化静为动，如王维《鸟鸣涧》“人闲桂花落，夜静春山空。月出惊山鸟，时鸣春涧中”，本是人闲、夜静，却以“桂花落”凸显人闲静到寂静的程度，以断续的鸟鸣突出春山的宁静，尤其是“月出”竟然惊起山鸟，其空山之静更是无以复加了。

其实，一个优秀的作家，其作品往往会力图避免出现单一的静态意象，他会努力地把静态的意象演绎成呈现在文本中的动态意象，我们必须要注意对这种意象的把握和分析。如杜甫《咏怀古迹五首·其三》中的首句“千山万壑赴荆门，生长明妃尚有村”中，诗人就使用了化静为动的语言技巧。千山万壑本是静态的景物，“千”与“万”是极言山之多，山之连绵起伏，而着一“赴”字，不仅使静态的山壑变得流动起来，而且还刻画出了群山万壑萦绕着湍急的江水逶迤连绵的鲜活的动态景象，仿佛群山也在奔赴昭君的家乡荆州府。写这首诗时，诗人正在夔州的白帝城，地势较高，他向东遥望三峡东口外的荆门山及其附近的昭君村，遥遥数百里，诗人本看不见昭君的家乡荆州府，但他发挥自己的想象，构想出群山万壑随着险急的江流奔赴荆门山的流动图景。

一个“赴”字，将全诗点染得雄奇壮丽，明人胡震亨在其评注的《杜诗通》说：“群山万壑赴荆门，当似生长英雄起句，此未为合作。”意思是说这首诗的首句有关于地理环境的描写是那样的气势磅礴，雄奇壮丽，这应该是英雄所居之所啊，用于写柔弱红颜王昭君似乎不太恰当。其实，各位读者只要细细思量，就会发现这正是老杜的玉心妙笔之处啊。诗人是要借昭君的身世来映照自己的情怀，在诗人心中是把已经作古的王昭君引为跨越了时空通道的红颜知己啊，他们之间有着那么多的相似之处:昭君沉鱼落雁般的容貌就如同作者旷古的才华,深埋在烟雾缭绕的雪山之中,永无人赏识;昭君因为太美只能隐藏在幽暗之处的孤独正好应和了诗人自己才志无人赏识的“永夜月同孤”;昭君对故土乡人的牵挂也正是和诗人自己对苍生黎民的魂牵梦绕相一致。所以,在这首诗中,诗人完全打破了传统意义上的男尊女卑,借高山大川的雄伟气象来烘托他心中的巾帼英雄、红颜知己,而这点玉心又岂是凡夫俗子所能体会和了悟的啊!总之,“千山万壑赴荆门”放在开篇,赋予了静态景物以动态的形象,内蕴丰富,就如同戏曲的开场,绣帘揭处,一个精彩的亮相,震煞全场。这也正是化静为动的艺术魅力之所在。

二、化美为媚

化静为动,不仅使静态的景物具有动态的美感,而且使静态的景物也可以充满生命的妩媚,这就是化美为媚。

其实,早在两千多年前,中国就有民间诗人娴熟地掌握并在其诗歌中运用这种“化美为媚”的语言艺术。《诗经·硕人》:“手如柔荑,肤如凝脂,领如蝤蛴,齿如瓠犀,螓首蛾眉。巧笑倩兮,美目盼兮。”描写女主人公形象之美,前面五句比喻美人各部位的美,虽然有形象,但却是一些断片式的静态形象,如果作者只是写到此就戛然而止的话,那么女主人公的形象就无法真正灵动而丰盈地呈现于字里行间,诗歌的语言也会显得有些呆滞,缺少变化。幸运的是,作者在最后两句写了人物的动态,一笑一盼,笑中带着娇慵和柔情,盼中带着羞涩和期待,说不尽的闺中女儿的羞怯娇懒,述不完的待嫁少女的柔情蜜意。巧笑倩兮,美目盼兮,只此两句,一个顾盼神飞的少女似乎就在诗文中站了起来,并款款地走入读者的心中。

在朱自清的《荷塘月色》中,“叶子出水很高,像亭亭的舞女的裙”,也使用了化美为媚的语言技巧。出水很高的荷叶是由一根又细又长的绿茎支撑着的一个圆盘形的叶子,它本是静态的景物,它的美主要表现形、色、态,但是作者将荷叶比作舞女的裙,这是一个动态化的倒置了的形象:荷叶下细长的绿茎犹如舞女袅娜苗条的身材，绿茎上面圆盘形的荷叶如同舞女旋转时才会张开的圆盘形的下裙，而这微微飘动着的下裙就犹如在微风的抚摸下轻轻颤动着的荷叶，细长柔弱的绿茎上颤巍巍顶着一个圆盘形的似乎有些沉重的荷叶，这个意象在读者心中所激起的那种莫须有的哀悯，原来也是和柔弱的舞女形象在读者心中所激起的内心感受相一致的。“裙”的飘动衬托了舞女的轻盈，“亭亭”的身段投映了舞女的美丽。这就将本来只有形、色、态的荷叶之美，转化为撩人心魄的生命的妩媚。朱自清不同俗常的语言技巧的使用，蕴含了新奇别致和尚雅的意趣。

三、化静为动、化美为媚的内在联系

化静为动、化美为媚二者之间有密切的内在联系。因为“动”，才有“气”，才有“神”，才有生命的活力。这“气”“神”及其所产生的生命活力，才使得静态的美具有生命的妩媚。妩媚就是一种生命所呈现的外在神采。

文艺复兴时代，诗人阿里奥斯托在《疯狂的罗兰》里这样刻画美女阿尔契娜的眼睛：“她那双眼睛给人的印象不在于黑和浓烈，而在于她的秋波流转；她那嫣然一笑，瞬息间在人世展开了天堂。”德国18世纪美学家莱辛对这段话极为欣赏，并从这段话中得到了启发，于是在他的名著《拉奥孔》中提出了一个重要的美学观点：“诗想在描绘物体美时能和其他艺术争胜，还可用另外一种方法，那即是化美为媚，媚就是动态中的美。”他还认为：“在诗里，媚却可以保持住它的本色，它是一种一纵即逝而却令人百看不厌的美。它是飘来忽去的。因为我们回忆一种动态，比起回忆一种单纯的形状或颜色，一般要容易得多，也生动得多，所以在这一点上，媚比起美来，所产生的效果更强烈。”①

从审美效果上说，“媚”更具有激动人心的力量。辛弃疾《贺新郎·甚矣吾衰矣》说：“我见青山多妩媚，料青山见我应如是。”词人感慨：“甚矣吾衰矣。怅平生、交游零落，只今余几！白发空垂三千丈，一笑人间万事。问何物、能令公喜？”年衰无成，门庭冷落，白发空垂，想到人间万事，都付笑谈之中，不禁心情沉入谷底。然而，抬头远望，山岭葱郁，充满无限的生命活力，词人忽作奇想：山岭

① 莱辛．拉奥孔[M]．朱光潜，译．北京：人民文学出版社，1979：121．

见我也应是充满生命的活力啊。在青山妩媚之中，体悟到生命的意义，进而从颓唐的心境中超越出来。静态的山岭呈示了动态的生命，既是化静为动，又直接化美为媚。

文学语言正是通过化静为动、化美为媚，将一般达意的语言转换为审美的语言，从而给人无限想象的空间和韵味。

第三节　文学语言的着色技巧

着色，是绘画艺术的主要手段，画家通过着色，刻画形象，表达特定的生活感受和审美理想。画家的着色艺术被许多作家引入创作之中，他们着色入文，传情达意。袁行霈先生对《花间集》所收66首温庭筠的词评价时说道，大量使用诉诸感官的秾丽辞藻。视觉方面，用“红”字达十六次之多，如艳红、香红、愁红、红烛、红袖、红粉等。[①]袁先生这里所说的，就是文学作品中所关涉到的色彩运用问题。其实，不仅是“红”色，另外如“金”“碧”“青”等色彩在古今中外的文学作品中也俯拾皆是。

知否，知否？应是绿肥红瘦！——李清照《如梦令》

花落水流红。闲愁万种，无语怨东风。——王实甫《西厢记·赏花时》

这灯光漂白了的四壁。——闻一多《静夜》

说到了牵牛花，我以为以蓝色或白色者为佳，紫黑色次之，淡红色最下。——郁达夫《故都的秋》

以上例子，只是我们梭巡在文学大观园中随手拾起的一两朵小花罢了。因而，我们在鉴赏文学作品时，要重视对文学语言的着色技巧，要澄心静虑地去发掘作品的着色艺术所蕴含的审美内涵。

那么，我们要如何穿透语言的魔镜去洞察着色技巧的精妙之处呢？笔者认

① 袁行霈．中国诗歌艺术研究[M]．北京：北京大学出版社，1987：322.

为可以从以下几点着手：

一、衬托性着色

以次衬主的调和之美，是作家常用的艺术手段。对于视觉艺术而言，赋予作品以对比衬托的色彩是非常重要的。艺术理论家贡布里希在介绍完了化学家谢弗鲁尔所发现的“邻色对比法则”之后，认为色彩相互作用这一领域充满着使人惊奇的效果[①]。是啊，我们在观赏色彩世界的时候，往往会有一种心理感受，如果眼前出现的只是孤立存在的颜色，那么我们常常会觉得单调乏味，但如果绿叶丛中有一朵红花，则会觉得红花格外的艳丽。所以作家创作时常常根据表达作品题旨的需要，选择两个或两个以上的色彩，分为主次，以次衬主，不仅突出了鲜明的主体视觉形象，而且还避免了色彩的单调，增加了文本色彩的层次感，给人以调和之美。杨朔在散文《茶花赋》中有对华庭寺茶花的描写，运用的就是这种衬托性着色艺术：“且请看那一树，齐着华庭寺的廊檐一般高，油光碧绿的树叶中间托出千百朵重瓣的大花，那样红艳，每朵花都像一团烧得正旺的火焰。”这幅画面中巧着两种色彩，而且宾主分明，即以绿色为宾，红色为主，以宾衬主。火红的茶花在油光碧绿的树叶的衬托下，显得分外艳丽，生机勃勃，更加光彩。

鉴赏有衬托性着色技巧的文学作品时，尤其要注意主宾色彩的组合比例，注意主次、多寡之分，切忌平分秋色。如袁枚《湖上杂诗》：“烟霞石屋两平章，渡水穿花趁夕阳。万片绿云春一点，布裙红出采茶娘。”这首诗的颜色真是好看煞人。在缥缈烟霞的笼罩下，山上一簇簇生机盎然的茶树幻化成了随处飘移的绿色云彩，在这大片绿云中跳闪着身着红布裙的采茶娘。她们窈窕的身姿，艳丽的色彩在大片绿色的映衬下，显得格外的跳跃和醒目。在这首诗中，绿色多，红色寡，诗人巧妙地以绿色为宾，红色为主，以宾衬主，通过恰当的主宾色彩的搭配比例，描绘出一幅色彩鲜明、充满着自自然然的山野之气的农家采茶图。

① E.H.贡布里希.秩序感：装饰艺术的心理学研究[M].范景中，杨思梁，徐一维，译.长沙：湖南科学技术出版社，1999：158.

二、象征性着色

色彩往往是人们情感的附着体，在日常生活中，不同的色彩常常会有不同的象征意义。例如，红色象征着热烈，绿色象征着生机盎然，蓝色象征着宁静。文学作品中的色彩也往往会附着着人们的情感，俄国著名艺术家列宾说“色彩，在我们不过是一种工具，它应该用来表现我们的思想”“色彩，就是思想”。当然，文学作品的色彩，不可能如白炽灯直射在实体之上，而只能像镜子中折射出的白炽灯光映照着闪烁的身影，只有这样，色彩才可能包孕着人物的思想情感。从这个意义上来说，文学作品中的色彩往往具有象征性，融情于色，借色寄情，用色彩来暗示丰富的情感内容。这种象征性着色技巧，增加了作品传情达意的曲折度和作品的美感，避免作品流于粗浅和直白，同时也增加了读者接受和理解的难度。

在鉴赏文学作品时，由于这些具有象征意义的色彩是在曲折隐晦地传情达意，所以在分析色彩的象征意义时，必须根据作品的特定情境和作者的情感意向，不可游离作品而妄加引申，用主观臆测代替艺术分析。举例来说，郁达夫所作的散文《故都的秋》中就有对秋天色彩的描写，这其中就运用了象征性的着色技巧。

> 就是在皇城人海之中……早晨起来，泡一碗浓茶，向院子一坐，你也能看得到很高很高的碧绿的天色，听得到青天下驯鸽的飞声……说到了牵牛花，我以为以蓝色或白色者为佳，紫黑色次之，淡红色最下。

散文《故都的秋》是紧扣“清、静、悲凉”这一情感脉络来展开文本的，所以在这幅画面中作者选用了碧绿、青、白、灰(驯鸽是灰色或白色)、蓝等色彩，其目的就是要通过冷色调的表象来象征故都的秋悲凉、深沉、淡泊的特点。这里若改用红、黄、橙等“暖色”，就破坏了主观色彩的协调和统一，冲淡了故都的秋特有的风味和精神，完全游离于作者的情感意念之外了。再如，作家陆蠡生活在战火纷飞、百姓流离失所的动荡年代里，他内心的恐惧、挣扎、忧伤、孤独是可想而知的，满肺腑的愁怨，除纸笔代喉舌，更向谁人说啊，所以在其所作的《囚绿记》

中就将绿色看作是生命力、希望和快乐的象征，而他之所以囚禁绿色，则是渴望借助象征着生命和快乐的绿枝条来使自己从忧伤、孤独的心境中解脱出来。

由上可知，象征性着色技巧的使用可以使属于视觉感受的显像的色彩具有含而不露的不尽之意，化实为虚，化显为隐，单一被丰富所延长，有限向无限敞开，这种技巧的使用创造了含蓄、隽永、意味无穷的艺术表达效果，而读者在鉴赏时就是要联系特定的语境和作者的情感意象，咀嚼出显像的色彩所蕴含的阔大而又有些缥缈的象外之意。

三、形容词的着色功能

“吟安一个字，捻断数茎须”“两句三年得，一吟双泪流”，炼字炼句，苦吟成癖，这是自古诗人们就有的自觉而又执着的审美追求，因此，读者在解读时要善于挖掘这些经过诗人们苦吟而得的字句背后所蕴藏着的无限深永的韵味。这里，不谈其他，只是着重谈谈表示色彩的形容词的炼字艺术。

表示色彩的形容词本身只能够赋予诗句中的某一个名词以视觉显像的色彩，也就是说，它只能修饰某一个名词的静态色彩，并没有太多的其他功能。可是，这些表示色彩的形容词一旦异变活用，那么其意义就会多向延展，从而增加词句意义表达的密度。在王安石那句著名的“春风又绿江南岸”中，作者就把原本表示色彩的形容词“绿”异变活用为一个动词，其精妙之处就在于“绿”字大大拓展了作品要表述的内容，原本视觉感知到的静止色彩，在瞬间便有了动态的渐次变化的效果，春风犹如一位孕育万物、生化万物的母亲，在它的吹拂下，江南的每一片土地渐次被染上了绿色，青葱碧绿的江南美景，延展到天的尽头，具有无垠的广阔感和旺盛的生命力。一个绿字，不仅赋予景物以色彩，而且还在读者面前展现了一幅在春风的吹拂下，江南景物渐次变绿的具有连续性、动态性的宏大图景。

形容词活用为动词，在中国古典乃至近现代诗词中也是比比皆是的。王安石之后不久的南宋词人蒋捷，在其所创作的《一剪梅·舟过吴山》中就效仿前人，写下了流传千古的名句“流光容易把人抛，红了樱桃，绿了芭蕉”，这里，词人就别出心裁地将两个有些俗气的表示色彩的形容词“红”与“绿”作动词用，赋予静态的色彩以动态的延展变化的视觉感受，把樱桃由浅红到深红、芭蕉由浅绿到深绿的发展过程，生动地展示了出来。

实际上，表示色彩的形容词不仅可以活用为动词，还可以活用为其他的许多词性，比如它常常会活用为名词，李清照《如梦令》中的“知否，知否？应是绿肥红瘦!”，就把表示色彩的形容词“绿”和“红”活用为了名词，意为“绿叶”与“红花”。其实，形容词的活用现象在文学作品中是比较普遍的，这种活用不仅能够引发读者对于色彩的视觉美感，而且它还能够在有限的文字和篇幅中包孕尽可能稠密的内涵，表现尽可能丰富的生活与思想感情，从而增加了文学作品语言文字的表达密度。

第四节　文学语言的表达技巧

文法，就是作家在创作文学作品时为了传达某种艺术思想而使用的表现技巧和写作方法。作者的文学创作有两种方式，一种是叙述者只追求尽快说完一个故事或说明一个道理，这样的叙述可以十分流畅，但这样的叙述寡淡、乏味，因此曾经有人这样指责道：“开口便见喉咙，又安能动人?”另一种是作家为了追求艺术作品的价值，往往会把自己的思想通过使用一定的表现技巧来委婉的呈现，有时作家甚至会将自己的思想以“密码”的形式隐藏于一定的符号体系之中，这种符号体系就构成作品的语言。在欣赏这种文学作品时，艺术接受者需要破译这一符号体系以接受其背后的艺术信息，正是这样的文学作品，才会让读者低下头玩味，仰起脸寻思。自然，这种玩味寻思增加了文本阅读的难度，然而同时它也能够使读者在穿透语言符号的障碍后，捕捉到文法背后所隐含着深意的瞬间体会到一种灵光乍现、难以言说的愉悦。

其实，作家的创作大都会使用多种表现技巧和方法，因此文法所包括的内容是相当丰富的，诸如各种描写方法、修辞方法、写作手法，还有小说中所特有的叙述角度、叙述语气、叙述时间等，都隶属于文法的范围，这里笔者不欲一一展开，只是结合中学课本中出现的某些文法，来做精微细致的探究。

一、比喻的深层意义

无论是在东方还是在西方的文学作品中，比喻都被视作极重要的一种创作方法而受到作家们的重视。两千多年前，古希腊哲学家亚里士多德在他的修辞学中就曾谈道："诗与文中，比喻之用大矣。"而中国，在先秦时期提出的"风、雅、颂、赋、比、兴"等"诗六义"中就明确地提出了"比"，也就是"以彼物比此物"的比喻。所谓比喻，就是就两类事物的相似点进行类比的一种修辞方法。比喻通常由三个部分组成，即本体（被比喻的事物）、喻体（作比方的事物）和比喻词（比喻关系的标志性词语）。构成比喻的关键有两点：甲和乙必须是本质不同的事物，甲和乙之间必须有相似点，否则比喻不能成立。比喻的种类有明喻、暗喻、借喻和博喻。明喻的典型形式是甲像乙，本体、喻体都出现，表示一种相似的关系，中间用比喻词"像、似、仿佛、犹如"等连接；暗喻的典型形式是甲是乙，本体、喻体都出现，表示一种相等的关系，中间常用比喻词"是""成为""变为"等连接；借喻的典型形式是甲代乙，表示一种相代关系，本体、喻体不出现，只出现喻体。博喻是连用几个比喻从不同的角度，运用不同的相似点对同一本体进行比喻。

比喻是诸文体通用的一种修辞手段，本文所分析的比喻专指文学类文本，不讨论其他文体，涉及具体篇章仍然以中学教材为主体。

无论是鉴赏性阅读还批评性阅读，分析比喻必须注意比喻的直观意象和抽象意义之间的逻辑联系，而不是仅仅关注本体和喻体之间的表层联系。如分析《再别康桥》第二节"那河畔的金柳，是夕阳中的新娘"时，切忌照搬教参内容，蜻蜓点水似的说："第二节写康河岸边的柳树在夕阳中倒映河中的景象，将柳树比喻成'新娘'，独具匠心，表现了诗人极度迷恋的感情。"诚然，这样高度概括化、简单化的解读没有问题，而且也成为当代语文教学界通行的解读模式。只是，问题在于：诗人为什么要把河畔的金柳比作夕阳中的新娘？柳树是绿色的，为什么作者要说是金柳呢？经过笔者思考，以为能有如下答案：①被夕阳浸染着的柳树自然会披上一层金色的外衣，这与同样在夕阳映照下的新娘所呈现出来的颜色相似；②柳树随风飘动所显现出的婀娜柔美的风貌与新娘腼腆温柔的情态、窈窕幽约的身姿相类似；③金柳是自然界中的美景，新娘是人世生活中的美人，作者用自然界的美景和人世生活中的美人来喻指康桥的美好；④做新娘在一个女人的一生中是极其短暂而又美好的瞬间，作者正是用这虽短暂但却能够温润人们心田，给人的一生带来无限怀想的新娘来喻指自己在康桥美好而又短暂的生活和对康桥一生的牵念与怀想；⑤"柳"与"留"谐音，在中国古典诗词中经常使用这种谐音双关，来表达作者的依依惜别之情，徐志摩沿用了这一中国文学创作的传统意象来表达自己对康桥浓郁醇厚的惜别之情；⑥从结构上来看，作者由岸边的金柳写到了水底的青荇，由康河的自然景物写到了于康河之上撑篙慢溯的惜别之人，意象的选择上具有层次感；⑦由第二节中的金柳和夕阳中的新娘可以推断出此时是傍晚时分，而由第五节中的那句"满载一船星辉，在星辉斑斓里放歌"可以推断出此刻时间已经转换为夜晚了，在这一段漫长的时间里，诗人在康河边徘徊，而正是这种无方向、无目的、无结果地游走真切而又传神地表达出了诗人黯淡绝望、凄迷哀怨的惜别情怀。通过以上分析，我们就可以从教参的表层分析中，深入到诗性智慧的层次，由直观意象的"独具匠心"深入到抽象意义的现实人生。所以分析比喻，也必须打通直觉意象和抽象情感之间的甬道，分析外在的本体和喻体的意象层与文本内在的意蕴层之间的统一性。

作家常常感到自己体验到的东西说不出来或者说不清楚，于是他们在创作过程中往往会焦灼于"不可言传"与"非说不可"之间表与里的二元对立关系，最终，睿智的作家想到了使用各种艺术表现手法委婉地完成对这种"不可言传"的表达，这当中自然包括比喻。具体地说，作家使用比喻这种修辞格的目的，就是要把某种抽象的精神意绪和生活体验转化为可触可感的生活意象，这样化抽象为形象，最终完成对某种"不可表达"的表达。所以，必须在注意修辞格中本体和喻体的意象联系的情况下，深入探究本体和喻体这两种异质异类的情感物象之间的相似性，再进一步从文本书写系统中追寻其传情达意的重要功能。如《荷塘月色》："树缝里也漏着一两点路灯光，没精打采的，是瞌睡人的眼。"这一修辞格，从表层意义看，本体“树缝里也漏着一两点路灯光”和喻体“瞌睡人的眼”之间的相似点是无精打采，毫无生机；从深层意义上看，①树缝里漏出来的一两点路灯光，一丝两丝的明亮与大片大片的晦暗构成鲜明对比，因此那一丝两丝的路灯光在黑暗的吞噬下毫无生机，如“瞌睡人的眼”；②“瞌睡人”，消沉无力；“瞌睡人的眼”，无精打采。这实际上是朱自清当时心态心境的折射。③在动荡的时代，现实一片晦暗，一切毫无生机，作者对国家民族和个人命运充满忧虑，却又无能为力。本来是逃避到荷塘边，在月色荷塘中，消解内心的“颇不宁静”，“白天里一定要做的事，一定要说的话，现在都可不理”，然而路边的灯光、偶起的蝉声，将他拉回现实，在月色荷塘边瞬时扬起的心境又一下黯淡、消沉了下去。所以他选择这一比喻，选择抒写长叹“热闹是他们的，我什么都没有”。由此可见，分析文学文本的比喻，不能仅仅停留在追寻喻体和本体的相似点上，而必须探究比喻所蕴含的特殊抒情达意功能。

综上所述，分析本体和喻体的意象层与文本意蕴层之间的统一性，分析本体和喻体所蕴含的特殊抒情达意功能，是鉴赏性阅读和批评性阅读都必须注意的两层。

二、通感的审美属性

通感是一种把视觉、听觉、味觉、触觉、嗅觉等感官知觉沟通起来的修辞手法。钱锺书在其《通感》一文中也有非常通俗且简明的解释：“在日常经验里，视觉、听觉、触觉、嗅觉、味觉往往可以彼此打通或交通，眼、耳、舌、鼻、身各个官能的领域可以不分界限。颜色似乎会有温度，声音似乎会有形象，冷暖似乎会有重量，气味似乎会有体质。诸如此类，在普通语言里经常出现。譬如我们说‘光亮’，也说‘响亮’，把形容光辉的‘亮’字转移到声响上去。”[①]

细究起来，通感的使用不仅彰显了作家高妙的艺术创造手法，而且它也为读者提供了一个充分发挥自己联想和想象能力的艺术空间，增殖了文本的审美效果。具体地说，一方面，作家在其艺术创作的过程中，由于联想和想象的作

① 钱锺书．七缀集[M]．北京：生活•读书•新知三联书店，2002：186

用，往往会突破单一的感觉经验，形成“感官的挪移”，这样，作家的思维在各种感官之间的界限被彻底打破之后就可以在其间纵横交错，这种感官之间的自由挪移和交互作用，最终使得作者“鼻有偿音之察，耳有嗅息之神”。所以，在文学文本中，作者眼中有“声”，如“微风过处，送来缕缕清香，仿佛远处高楼上渺茫的歌声似的”；耳中见“色”，如“风随柳转声皆绿，麦受尘欺色亦黄”。这种感官之间的自由穿越与挪移，熔铸出许多朴素而又新奇的语句，一切都是作者在不经意间信手拈来，自然流畅，但却达到了“华而不俗，朴而不拙”的“无理而妙”的艺术境界。另一方面，文学作品中通感的使用，能够把普通的语言加工成有些陌生的、变形的、对人具有阻拒性的语言。这种语言可能不合语法，打破常规，却能引起读者的注意和兴趣。读者在阅读这些新奇的语句时，往往不会轻易地让它们从眼前滑过，会把自己的注意力暂时停驻于这些语句之上，同时也调动自己的各种感官，在想象的城堡里深深地体味这些语句中所隐藏着的妙不可言的艺术魅力。

同时，通感又将审美形象的有限性与无限性统一了起来。在文学作品中，通感的使用不仅打破了作者也打破了读者的单一感觉，对于欣赏者来说，他们内在的各种感觉彼此沟通，圆融地叠加在一起，使得原本诉诸读者单一感官的有限的审美形象呈现出了突破有限时空的无限美。这样，他们在作品中直接感觉的形象与间接感觉的形象，就交融相通，扩大了对艺术形象感受的范围。因而，读者在这种无限扩大了的感官世界里心驰神游，俯仰自如，感受到了文学作品带给他们的“精神上的至乐”。然而，分析文学文本的通感，必须注意两点：

(1)将通感与一些类似的比喻区分开来。如前所述，通感是两种或多种感官之间的相互挪移和沟通，而比喻只是一种本体与喻体有着某种相似点的修辞格，虽然有时候通感也使用一些常见的比喻词，但是两者之间还是有本质的区别。例如，《荷塘月色》中的“塘中的月色并不均匀，但光与影有着和谐的旋律，如梵阿玲上奏着的名曲”，虽然使用了比喻词“如”，但是作者把属于视觉的在光与影的笼罩下若隐若现、忽明忽暗的塘中月色挪移为属于听觉的梵阿玲上奏着的忽高忽低的名曲，这是把视觉写成了听觉，属于通感。相反，白居易《琵琶行》中的“大弦嘈嘈如急雨，小弦切切如私语。嘈嘈切切错杂弹，大珠小珠落玉盘”，作者用雨声、私语、珠落玉盘声来状写琵琶声，只是听觉联系听觉，并未把听觉挪移到视觉。所以，这些就都不是使用了通感的语句，而只是使用了比喻。对于通感和比喻这两种有些类似的修辞格，我们有必要仔细加以辨析。

(2)辨析在使用通感的语句中相互连接的不同感官所感知到的内在意蕴的共通性。如前所述，“通感”是两种或多种感觉经验的相互挪移和沟通，但值得注意的是并不是任两种或多种感觉经验之间都可以相互挪移和沟通，“通感”之所以能“通”，还需要不同感官所感知的内蕴具有共通性。因此我们分析此类句子的作用时，就必须要探讨不同感官感受之间的共通性。戴望舒《雨巷》“她静默地走近，走近，又投出太息一般的眼光”，就使用了通感的修辞手法，作者把属于听觉的叹息声和属于视觉的那位丁香姑娘的眼神联结起来，声音是哀伤的，眼神是惆怅的，两种不同感官所传递的情感内涵叠合在一起，有其共通性，因而作者可以贯通视觉和听觉，使读者能够以日常生活中人们常闻的叹息声为触媒，通过联想较轻易地捕捉到丁香姑娘那飘忽不定、转瞬即逝的哀怨的眼神。李清照《醉花阴》的“东篱把酒黄昏后，有暗香盈袖”，也使用了通感的修辞手法，词人把属于嗅觉的“香”和属于视觉的“暗”联结起来，是嗅觉通于视觉，香气无影无形、似有似无，难以捕捉，而黑暗中的一切仿佛也都罩上了一层暗沉的外衣，它也是忽隐忽现、难以寻觅的，两种不同感官所传递出的意蕴内涵叠合在了一起，有其共通性，因而作者可以把两种感觉交融在一起，相互转化，欣赏者在这种语言的提示下对艺术形象的感受也得以延展。

三、虚实相生

虚实相生是中国古典美学的一条重要原则，它广泛地应用在中国文学、绘画和建筑艺术当中。这里我们着重分析虚实相生在中国文学中的运用。

在文学作品中，所谓的虚是指抽象的不存在的部分，它包括个体情思、幻境以及在文学作品的字里行间所隐含的空灵境界；所谓的实是指具体的存在物，它包括实像、实事和实境。在概念上，虚和实互相对立；在文学中，虚和实又是高度统一的。实者虚之，虚者实之，虚实组合，既富于生活的实感，又富于空灵之趣，对读者的审美联想具有强烈的刺激力。

虚实相生在中国古代各种体裁的文学创作中都得到了广泛运用。

(1)在叙事类文学中，虚实相生除了表现为题材处理的方法，也即作家如何处理生活真实和艺术真实之间的关系之外，还主要表现在材料选取、情节取舍的章法技巧上，这种章法技巧要求作家创作时，在组合审美意象、叙述故事情节、描写人物性格时，故意取消一些联系环节，省略部分内容，使作品在整体上呈现出一些虚处空白，从而使作品既显得简洁、精致、含蓄，又显得富于空间性、包蕴性和内容的丰富性。如在《孔雀东南飞》中，作者在塑造人物形象时就采用了虚者实之、实者虚之的创作方法，具体分析如下：

①实者虚之之一：正面烘托。人的容貌为实，它是具体可见的，而本文在写焦仲卿妻的美丽时却采用了实者虚之的手法，从虚处落笔，通过写她的服饰之美从正面来烘托其容貌之美。具体到文章中，“著我绣夹裙”“足下蹑丝履”，作者以绣裙绸鞋来写其艳丽，“头上玳瑁光”“耳著明月珰”，以明月耳环和玳瑁首饰来写其高贵，“腰若流纨素”，以腰间纨素来写其身姿曼妙，总之，焦仲卿妻的服饰装扮越美就越能烘托出其姿容之丽。

②实者虚之之二：侧面衬托。通过他者对女主人公的追慕来衬托其绝世的姿颜。本文中被遣归的焦仲卿妻仅“还家十余日”，县令和太守就先后遣人为他们或“窈窕”或“娇逸”的儿子做媒，这种遣归后依然被优秀男子追捧的情节无疑从侧面点染出焦仲卿妻出众的美貌、绝伦的丰姿。

③虚者实之：刘兰芝以自请遣归和严妆这些具象的动作来维护其抽象的尊严。作品中的刘兰芝，不仅有具象的容貌美，而且有抽象的诸如勤劳、善良、自尊、忠贞、不慕钱财与权势等人格美。作者在表现这种精神人格时采取了不同的笔墨——虚者实之。

在封建社会里，礼教和家长的双重压制，必然会剥夺女性的话语权。刘兰芝现实的抗争在婆婆的刁难和丈夫的软弱中逐渐消泯，她虽然对作为儿媳的“女性失语”感到无奈和绝望，但无奈和绝望的背后却有对自己尊严的一种信念式的追求，在文本中，刘兰芝以自请遣归和严妆来维护自己的尊严。面对专横的婆婆，她可以有多重选择：或者是委屈妥协以求得婆婆的原谅；或者是在婆婆的驱逐下不得已而归；或者是为维护人格尊严主动请归。刘兰芝以决绝的姿态选择了最后一种，“昔作女儿时，生小出野里。本自无教训，兼愧贵家子。受母钱帛多，不堪母驱使。今日还家去，念母劳家里”，她以把自己逼入生存困境的放弃性抉择，维护心中的那盏尊严圣灯。兰芝在被遗弃之后着意打扮，“著我绣夹裙，事事四五通。……腰若流纨素，耳著明月珰。指如削葱根，口如含朱丹。纤纤作细步，精妙世无双”，此时的刘兰芝打扮得比平时更光艳照人，潜意识中她想展示自己的美，最后一次呈现自己价值的存在——美。这里兰芝有自尊，也有报复的心理。主动请归和刻意装扮是具体的动作，它虽注定了刘兰芝此后飘摇悲惨的命运，但无疑它又是一把利剑，直刺向封建礼教的心脏，刘兰芝据此维护住了自己心灵的尊贵，具象的决绝行为是为了维系虚像的人格尊严。

(2)在抒情文学的创作中，“虚实相生”往往表现为以景写情，化情思为景物，作者通过对具体景物的描写，来表现观念形态的抽象感情。抒情文学以“情”之抒发为根本，审美情感是一种意识性存在，虚空无形，具有抽象的特征。因而，在表现抽象性、意识性的审美感情时，作者往往借助景物的描写，寓情思于景物，这样，作品才会有形象性的美感。宋代范晞文《对床夜语》云：“《四虚序》云：‘不以虚为虚而以实为虚，化景物为情思，从首至尾，自然如行云流水，此其难也。否则偏于枯瘠，流于轻俗，而不足采矣。’姑举其所选一二云：‘岭猿同旦暮，江柳共风烟。’又：‘猿声知后夜，花发见流年。’若猿，若柳，若花，若旦暮，若风烟，若夜，若年，皆景物也，化而虚之者一字耳，此所以次于四实也。”

需说明的是，虚实结合作为一种章法技巧又往往与一些修辞手法、写作手法重叠，比如比喻、夸张、烘托等，而这种重叠又往往让许多中学语文教师感到疑惑。在此，我们有必要一一廓清。第一，虚实与比喻。虚实是一种表现手法，比喻是一种修辞手法。但是，比喻可以化抽象为具象，完成由虚向实的转化，如贺铸的《青玉案》：“试问闲愁多几许，一川烟柳，满城风絮，梅子黄时雨。”作者就是用烟柳、风絮和黄时雨来比喻愁之多，愁之连绵。从虚实的角度来看，化虚愁为实景，虚实相应相生。比喻也可以化具象为抽象，完成由实向虚的转化，如苏轼《饮湖上初晴后雨》：“水光潋滟晴方好，山色空蒙雨亦奇。欲把西湖比西子，淡妆浓抹总相宜。”前两句是实写，后两句是虚写。西子不再是现实中具象化的形象，而是虚化了的传说中的人物，西湖则是眼前之景，将西湖比作西子，就将眼前之景引向遥远的传说，可以引起无限的联想和想象，诗歌境界也化质实为空灵。第二，虚实与夸张。夸张也是一种修辞手法，作者为了表达的需要，故意言过其实，对客观的人、物尽力扩大或缩小地描述。夸张与虚实也有达意上的联系。这种联系可以化实为虚，如李贺《雁门太守行》："黑云压城城欲摧，甲光向日金鳞开。角声满天秋色里，塞上燕脂凝夜紫。"第一句和第四句是比喻，前一句是明喻，后一句是暗喻。第一句的明喻也是夸张，大军压境，战事紧急，是实，黑云压城则是虚写，与后一句实写相应；第四句用"燕脂""夜紫"暗喻战士之血，然而"凝夜紫"又是夸张，是虚写，与前一句实写相应。这里的夸张都是化实为虚。这种联系也可以化虚为实，如李白《侠客行》："三杯吐然诺，五岳倒为轻。眼花耳热后，意气素霓生。"第二、四两句是夸张，侠客重然诺，是无形，是虚，第二句夸张"五岳倒为轻"，则将无形化为有形；侠客豪气干云，是无形，是虚，第四句夸张"意气素霓生"，也是将无形化为有形。这就是化虚为实的经典例证。从虚实的角度来看，化眼前之实景为想象之虚景，或化无形之景为有形之象，无论是比喻、夸张还是烘托，都有虚实相应相生的例证。至于虚实与烘托之间的关系，前文论述《孔雀东南飞》虚实结合的手法时已作阐述，在此不赘述。

四、对比映衬

所谓对比，是指把相反、相对的两种事物或一事物的相反或相对的两个方面并列地放在一起，对照比较，使双方更加鲜明突出的一种修辞手法。所谓映衬，是指把相似或相对的两个意思有主次地放在一起，用次要的意思来衬托主要的意思，使主要的意思更加鲜明突出的一种修辞手法。映衬又分为正衬和反衬，正衬就是采取与主体事物相类似的客体事物做陪衬，反衬就是采取与主体事物相反或相对的客体事物来做陪衬。

在中学文学的课堂上，许多学生分不清对比与反衬的区别，这里我们有必要厘清对比与反衬的不同点。对比与反衬的主要区别：①主次是否分明。对比中相反或相对的两种事物是并列的关系，不分主次，如高适《燕歌行》"战士军前半死生，美人帐下犹歌舞”一句，作者以战士战死沙场与将帅沉湎酒色作对比，这里战士与将帅是并列的关系，不分主次，所以是对比。而反衬中相反或相对的两种事物是有主次之分的，如杜牧《题桃花夫人庙》：“细腰宫里露桃新，脉脉无言几度春。至竟息亡缘底事？可怜金谷堕楼人。”作者以绿珠反抗孙秀的掠夺，跳楼自杀来反衬息夫人不能反抗楚文王的掠夺而苟且偷生。这里绿珠和息夫人有主次之分。绿珠是次要人物，息夫人才是主要人物。②主体是否出现。在对比中相反或相对的两个事物必须都要出现，这样才能鲜明地突出对比的双方，而在反衬中，衬体必须出现，而主体则允许隐藏，特别是在以动衬静和以虚衬实中，主体常常隐含不露。如王维《鸟鸣涧》“月出惊山鸟，时鸣春涧中”一句，并未出现主体“静”，只出现动景，以动衬静，来突出表现春涧的静谧和诗人心中的宁静。③作用不同。对比是把两种根本对立的事物放在一起进行对照，突出双方，使好的显得更好，坏的显得更坏，大的显得更大，小的显得更小，以增加语言的鲜明性。而反衬则是以次要的意思来衬托与之相对的主要意思，使主要意思更加鲜明突出。

把握了对比与反衬的区别之后，如何给反衬分类，反衬与动静结合、虚实结合、借古讽今有什么区别，反衬与正衬的文学表现力谁更大一些？这是困扰广大师生的难题，因而也是我们不能不探讨的。

我们来看看反衬的分类。在中国古典诗歌中，运用反衬的形式多种多样，现运用实例分类赏析如下：

1.以动衬静

诗家常用的手法，以动衬静，愈显其静。所谓“蝉噪林愈静，鸟鸣山更幽”，动的景物可以衬托出和谐的“静”的艺术效果，营造出更加静谧、高远的意境。王维《山居秋暝》：“明月松间照，清泉石上流。竹喧归浣女，莲动下渔舟。”作者以“泉流”“竹喧”“浣女归”“莲动”“下渔舟”等声音，衬托秋夜山间的柔美宁静，以动写静，以声衬静，描绘出一幅清幽明净的自然图画和纯洁美好的生活愿景，也蕴含着诗人对在静谧环境中诗意生活的一种热切的呼唤。

以动衬静与动静结合，在近年来的高考题中频繁出现，所以有必要厘清二者的不同点。①所属概念不同。以动衬静是一种修辞手法，动静结合则是一种表现手法，它们分属于不同的概念。②主次不同。以动衬静是以次要的动景来衬托主要的静景，而动静结合则是动景、静景相互映衬，无主次之分。③主体出现不同。以动衬静是可以只出现动景也即衬体，而静景也即主体是可以隐匿的。动静结合则必须描写景物的静态和动态，二者缺一不可，它们相互映衬，营造出一种更为丰富的意境。④作用不同。以动衬静是以次要的动景来衬托主要的静景，使静景更为鲜明突出。而动静结合则是相互映衬，突出双方，以增加意境的丰富性。

2.以古衬今

所谓以古衬今，就是以古代的繁华或凋敝来反衬作家所处时代的凋敝或繁华，这种反衬的手法远比陪衬手法（以古代的繁华或凋敝来衬托作家所处时代的繁华或凋敝）的力量更大。如姜夔《扬州慢》："淮左名都，竹西佳处，解鞍少驻初程。过春风十里，尽荠麦青青。自胡马窥江去后，废池乔木，犹厌言兵。渐黄昏，清角吹寒，都在空城。杜郎俊赏，算而今重到须惊。纵豆蔻词工，青楼梦好，难赋深情。二十四桥仍在，波心荡，冷月无声。念桥边红药，年年知为谁生？"词人就用了今昔对比的反衬手法来写景抒情，上片用昔日的"名都"来反衬今日的"空城"，以昔日的"春风十里扬州路"来反衬今日的一片荒芜景象——"尽荠麦青青"。下片以昔日的"杜郎俊赏""豆蔻词工""青楼梦好"等风月繁华，来反衬今日的风流云散，总之，此词写昔日的繁华，正是为了反衬今日之萧条。

以古衬今和借古讽今也是近年来高考考查的重点。两者之间最主要的区别：①所属概念不同。以古衬今是一种修辞手法，而借古讽今则是一种表现手法。②作用不同。虽然两种手法作者都瞩目于他所处的当下，都为他所处的当下混乱无序的时代生活裹上了一层古代的外衣，但是它们的侧重点不同。以古衬今强调的是反面衬托，以古代的繁华来衬托作者所处当下的凋敝，或者相反；而借古讽今则更倾向于讽刺，古今之间未必有对比。以古衬今的例子上文已列举，这里不赘述，借古讽今在中国古典诗歌中比比皆是，举例来说，辛弃疾的《永遇乐·京口北固亭怀古》中"元嘉草草，封狼居胥，赢得仓皇北顾"一句，作者就借宋文帝草率出师讨伐北魏，结果仓皇逃遁的故事来讽刺南宋王朝符离兵败一事，历史与作者所处的当下并没有强烈的对比，作者只是用历史上同样兵败的故事来讽刺当下的南宋朝廷，古今之间在内质上是一致的。

3.以虚衬实

以虚衬实，是古典诗歌重要的修辞手法。所谓“实”是可以通过视觉、听觉等感官感受到的部分；所谓“虚”是只存在于人思想意识中的部分，以虚衬实是为了突出强调“实”的部分。例如李白的《蜀道难》，以虚写实，从蚕丛开国说到五丁开山，由六龙回日写到黄鹂猿猱，作者用天马行空般的想象，来衬托奇险的蜀道形象。

4.以乐衬哀

为了突出忧思愁苦之“情”，诗人有时以鸟语花香等宜人之“景”来反衬哀情，借助乐景与哀情之间的矛盾，达到“一倍增其哀乐”（王夫之语）的效果。杜甫《春望》中的“感时花溅泪，恨别鸟惊心”一句，花儿含露开放，鸟儿林间鸣叫，本来是多么宜人的景色啊，可这样的美景在忧国思亲的作者眼里却被附注了忧伤，有情眼看无情景，情景交融，即便是乐景也被染上了哀情，而这种乐与哀的反跌也起到了“一倍增其哀乐”的效果。

第五节　文学语言的韵律

好的文学语言往往具有类似音乐的节奏和旋律，能够唤起人们听觉上的美感。文学语言尤其是中国的古典诗词对语音的高低、强弱、长短等方面的强调，可使人"诵之如行云流水，听之如金声玉振"，从而表达出起伏跌宕的情感。

中国文学语言的音律美最集中地体现在中国古典诗词当中，而中国其后的其他范式的文学作品在语音上的节律也深受诗词的影响，因此中学语文教师唯有真正认知影响中国古典诗词音律的众多因素及其使用的规律，才能在课堂上给学生娓娓道出文学语言在听觉上的节律美。

一、语言韵律概说

文学语言，尤其韵文语言特别重视语言的韵律，即便是中国古典小说、戏曲、散文等，也离不开诗词韵文的点缀。因此，中国古代作家的作品尤重音韵，这也算是中国文学的特色吧。

（一）押韵

韵是中国古典诗词格律的基本要素之一。所谓韵，大致等同于汉语拼音中的韵母，诗人把同韵同声调的两个或更多的字放在同一位置（一般总放在句尾）叫作押韵。在拼音中，ɑ、e、o 的前面可能还有 i、u、ü，如 iɑ、uɑ 等，这种 i、u、ü 叫作韵头，不同韵头的字也算是同韵字，也可以押韵。

古人作诗押韵依照韵书。古人所谓"官韵"，就是朝廷所颁布的诸如《诗韵集成》《诗韵合璧》等韵书，一般人所谓"诗韵"就是以此为准。诗韵共有 106 个韵：平声 30 韵，上声 29 韵，去声 30 韵，入声 17 韵。旧诗讲格律的称近体诗，分五言律诗、七言律诗、五言绝句、七言绝句，这种格律诗在唐朝形成。近体诗中的律诗和绝句一般押平声韵，每两句押一韵，即第二、第四、第六、第八句押最后一个词的韵，且多数是一韵到底，律诗和绝句的第一句可押可不押韵，五律和五绝的第一句多数不押韵，而七律和七绝的第一句多数是押韵的。依照古代的诗体来写的古体诗在押韵方面不受近体诗格律的束缚，一韵通用固然可以，两个以上的韵通用也行。但是所谓通用也不是随便乱来的，必须是邻韵才能通用。

词曲与诗不同。作诗曾经是读书人做官的敲门砖，并被列为科举的科目，有官定的韵书限制，大家都要恪守，而填词作曲始终是文人业余的“雅事”。因此，后人填词作曲，一般沿用诗韵，且比诗韵略宽。五代以后语音的实际面貌有了很大的变化，如果再按“诗韵”填词作曲，就无法适应词与曲这些比较接近口语的文学体裁的创作要求，于是人们便参照诗韵，根据实际语音和乐曲的要求加以变通，力求使之易懂易唱。

从韵脚在句中的位置看，词曲跟诗一样，以句末用韵为常例。从韵脚和韵部的关系看，词曲的情况比较复杂，有一韵到底，也有中间换韵。一首词或一首曲用平韵还是用仄韵，是根据乐曲特点而定，开始时一般都有定格，但在特定情况下也可以变更。

现代诗押韵要求则更为宽泛，可押韵也可不押韵。那些押韵的诗歌，从韵脚在句中的位置看，不一定如近体诗般在第二、第四、第六、第八句最后一字押韵，但以句末用韵为常例，从韵脚和韵部的关系看，可一韵到底，也可中间换韵。如戴望舒的《雨巷》就在每一节的第三句和第六句句末押ang韵，一韵到底。徐志摩的《再别康桥》则在第一节的第二句和第四句句末押ai韵，在第二节同样的位置押ang韵，在第三节的同样位置又押ao韵，每节换韵。

押韵的目的是为了声韵的谐和。同类的乐音在同一位置上重复，这就构成了声音上回环往复的美。

（二）平仄

近体诗是要讲平仄的，平仄就是平声和仄声。平声指的是今天北方话里的阴平和阳平，仄声指的是上声、去声和入声，上声和去声与北方话一样，只有入声字在今天的北方话中转化为了阴平、阳平、上声和去声，对于那些转化为上声和去声的入声字，它还是仄声，不影响近体诗的平仄，而对于那些已经转化为阴平、阳平的仄声字，由于它已经变成了平声字，但在近体诗中它还属仄声，因而不说入声字的北方人就需要借助字典和韵书才能将其分清。

近体诗的格律就平仄来说，看起来很复杂，其实最基本的平仄格式只有两句，其他的平仄格式都由这两句演化而来。这两句是：仄仄—平平—仄，平平—平仄—仄，把这两句的平仄相应地变化一下，仄仄—平平—仄，平平—仄仄—平；平平—平仄—仄，仄仄—仄平—平。这就成了一首五言绝句的平仄格式。在每句的开头加上相反的平仄：平平—仄仄—平平—仄，仄仄—平平—仄仄—平；仄仄—平平—平仄—仄，平平—仄仄—仄平—平。这就成了七言绝句的平仄格式。重复五言绝句的平仄格式：仄仄—平平—仄，平平—仄仄—平；平平—平仄—仄，仄仄—仄平—平；仄仄—平平—仄，平平—仄仄—平，平平—平仄—仄，仄仄—仄平—平。这就成了一首五言律诗的平仄格式。同理，如果重复一次七言绝句的平仄格式，那么它就会变成一首七言律诗的平仄格式。

在律诗中还有一种说法，叫“一三五不论，二四六分明”，要说清这个问题，我们首先要明白音部这个概念。所谓“音部”就是诗歌中的节拍，近体诗中一般是两个字一拍，到了剩下的最后一个尾字就是一个字一拍了，一个字一拍的平仄是很清楚的，至于两个字一拍的就要看第二个字的平仄，第二个字为仄声，则此音部为仄，第二个字为平声，则此音部为平。从音部来看，律诗的基本格式也可作：(仄)仄—(平)平—仄，(平)平—平仄—仄。括号里的字可平可仄，为什么呢？因为平仄是按照音部中的第二个字算的，仄仄和平仄都是仄音部，平平和仄平都是平音部，所以第一个字可平可仄，而为什么(平)平—平仄—仄中的第三个字不能平仄兼用呢？因为第三个字一做仄声，整个句子的平仄就变成了(平)平—仄仄—仄了，连用三个仄声字在近体诗中一般是要避免的。

词曲与近体诗是不同的，它们是有词谱和曲谱的，在词谱和曲谱中明确规定了每一种词牌或曲牌在字数、句数、平仄、押韵上的要求，至于古体诗和现当代诗歌的平仄的要求是较宽泛的，这里就不一一赘述了。平仄间隔使用，避免了音韵的单调划一，给人以抑扬顿挫之美。

（三）对仗

对仗是古典诗词最重要的艺术手段之一。近体诗的对仗，要求相当严格。概括起来有以下几点：第一，在律诗中，对仗一般用在颔联和颈联，即律诗中的第三、四句和第五、六句，律诗的首联可用也可不用对仗。长律只有尾联不用对仗，首联可用可不用，其余各联一律用对仗。绝句原则上可以不用对仗，如果用对仗，往往用在首联。词、曲和现当代诗在对仗上则没有特别的规定，一般来说，凡相连的两句字数相同时，才使用对仗。第二，使用对仗时，上下句的字数要相等，上下句在相同的位置要使用同类的词。古代诗人在运用对仗时所分的词类和现代汉语是有区别的，依照律诗的对仗概括起来，词可以分为以下八类：名词、形容词、数词、颜色词、方位词、动词、副词、代词，同类的词才能相为对仗。第三，近体诗中上下句使用对仗，应尽量避免重复，同义词也要尽量少用，同义词相对，似工而实拙。对仗使得句子整饬匀称，具有和谐、易记易诵的特点。

诗词声音的悦耳性除了表现在押韵、平仄和对仗上之外，它节奏上的和谐还表现于某些特别的词和某些特别的手法的使用。就词的使用来说，诗词中常用的双声词（相邻两字声母相同）、叠韵词（相邻两字韵母相同）和叠声词（相邻两字相同）就增加了它声音的和谐，就特别手法的使用来看，诗词中常用的顶针、反复，就是利用词句的复叠，形成回环往复、旋宕而进的语音节调，增加了诗词的音韵美。

二、语言韵律的审美意义

《毛诗序》在谈到诗歌创作的过程时说：“诗者，志之所之也。在心为志，发言为诗。情动于中，而形于言；言之不足，故嗟叹之；嗟叹之不足，故永歌之；永歌之不足，不知手之舞之、足之蹈之也。”实际上指出了诗是一种“多相一体”的构成。诗的文本就其形式而言有三个层面的内涵：一是由“情志”发展而来的“言辞”；二是由“嗟叹”“永歌”发展而来的“音韵”；三是由“舞蹈”发展而来的“形象”。

中学诗歌教学，往往更多地着眼于分析诗的“情志”以及诗歌如何“以象表意”，也即更关注于“形文”“情文”，而忽略了“声文”。其实，诗歌的声音也承担着传达情志的任务。《礼记•乐记》说：“其哀心感者，其声噍以杀；其乐心感者，其声以缓；其喜心感者，其声发以散；其怒心感者，其声粗以厉；其敬心感者，其声直以廉；其爱心感者，其声和以柔。六者非性也，感于物而后动。”也就是说，“声”乃是人们“感于物而动”所呈现出来的一种外在形式，声音和意义融通谐调。文学作品中的音意谐和归纳起来，有以下两种表现形式：

（一）音意的联系

汉字以表意为主要属性。然而，部分汉字声音也与意义构成内在联系。这表现在两个方面：一是拟声词本身就是一种意义的表达；二是随着汉语音节研究的深入，人们发现部分汉字的发音也有模拟物态的意义。我们把前者称之为拟声词，后者称之为拟态词。

1. 对物体声音的模拟形式——拟声表意

所谓拟声表意，是指语言符号通过模拟事物的声音来表达指称事物的意义。在汉语中主要表现为拟声字的运用。章太炎曾说：“语言者不凭虚起，呼马而马，呼牛而牛，此必非恣意妄称也。……何以言雀？谓其音即足也；何以言鹊？谓其音错错也；何以言鸦？谓其音亚亚也；何以言雁？谓其音岸岸也……此皆以音为表者也。”（《语言缘起说》）“以音为表”，即以声音作为事物取名的标志。中国字里的拟声字在世界上是最为丰富的，猫、钉、萧萧、破、裂、拍、砍、炸……随手一写，就可以写出一大串，拟声字一多，音义谐调就比较容易，这对作诗写文有极大的好处。

2. 对物体状态的想象形式——拟态表意

拟态和拟音不同，它所建立起来的语音形式不是取自对事物的声音特征的模拟，而是出于对所指事物状态特征的抽象性想象。这些状态特征通过想象最终与一定的发音方式、语音特点联系起来，便造就了摹态词。比如“杀”字，发音时上下牙齿由合而分开，口形由小变大，表杀的动作结果尸首分离；“聚”字，用嘬口的发音方式象征聚的运动结果是由散而合;“好”发音时伴随欣喜之表情,且声音洪亮,因此表欣赏赞许意;“恶”发音时一脸苦相,且音调呜咽,因此表厌弃否定意。

在具体的文学创作中,作者在描摹某些特定的情态时,往往使用一些摹态词,通过声音来描摹情态,让读者在对声音的想象中去捕获一个或一组鲜明的意象,从而增加作品的现场感。朱光潜在《诗论》中谈到拟态词的使用时说:“形容马跑时宜多用铿锵急促的字音,形容水流,宜多用圆滑轻快的字音。”①

拟态词通过特定的发声方式模拟事物的运动特征或表情神态,以达到能指(声音)、事物(实体)和所指(意义)的三位一体,而读者则需要思考外在的声音如何通过诉诸人们的听觉经验而模拟出事物的状态特征,也即要注重思考文字符号表音和表意之间内在转换的深层统一性。白居易《琵琶行》中的“大弦嘈嘈如急雨,小弦切切如私语”两句就使用了拟态词。第一句中大弦所弹奏的声音浊杂、粗重,作者为描摹出声音的这一特点选用了“嘈嘈”这一拟态词,该词的韵母是响亮的开口呼“ao”,声调是高昂的阳平声,再加上具有延长声音作用的叠音,三者共同诉诸读者的听觉,让读者通过想象,耳畔似乎能响起浑厚连绵的大弦乐声。第二句中小弦所弹奏的声音轻细、急促,作者为描摹出声音的这一特点选用了“切切”这一拟态词,该词的韵母是短促微弱的齐齿呼“ie”,声调是急促的入声,再加上具有延长声音的叠音,三者共同模拟出小弦乐声的轻促连绵。再如陶渊明《归园田居》中的“依依墟里烟”一句中,“依依”便是拟态词。为了模拟出炊烟轻柔飘荡和袅袅不绝的特点,作者在该句字音的选择上有三个特别值得注意的地方:一是该句各字音都很圆滑轻柔,没有夹杂一个硬音、摩擦音或爆破音。二是除“烟”字外,该句没有一个字是响亮的开口呼;三是该句所选用的拟态词“依依”的声调是悠长的阴平声,其韵母“i”是低缓绵长的闭口齐齿呼,并且它还是具有延长声音作用的叠音词。三者叠加,声音成为对炊烟形态抽象模拟而呈现出来的外在听觉形式。

其实,除了词语的声音可以描摹出事物的情态之外,句子的长短节奏有时也可以起到类似的作用。比如《史记·荆轲刺秦王》中的“秦王惊,自引而起,绝

① 朱光潜. 诗论[M]. 北京:生活·读书·新知三联书店,1984:172.

袖。拔剑，剑长，操其室，时恐急，剑竖，故不可立拔”，就用短促的句式模拟出秦王惊恐、荆轲慌乱的情态。

（二）声情的联系

声音既可以拟意，必然又可以拟情。如果说拟态表意是通过联想才能实现，那么拟声传情则是通过象征才能实现。因为语言的这种特殊功能，作家在文学创作中往往根据文章内在情感的需要来选择相应的声音符号，依情用声，声情并茂。朱光潜在《诗论》中就说“表示哀感时宜多用阴暗低沉的字音，表示乐感时宜用响亮清脆的字音”①。

1. 依情用韵——情韵相生

文学作品中的情感有时会委婉地栖身于韵脚之中，而这种情感并不能像语言文字或文学形象一样被读者所直接感知，因而读者要通过涵泳默会穿越的形式洞察到其内在的幽微的情韵。其实，依情用韵的例子在我们中学语文教材中比比皆是。毛泽东在《沁园春·长沙》中选用了油求辙侯韵“ou”，此韵口腔开度大，发音清晰响亮、短促爽利，充分地表达了作者改天换地的勃勃雄心和激越情怀。李清照在《声声慢》中选用了一七辙齐韵“i”，此韵低沉、缓慢，而这种低沉疲弱的音调又是和人心灵上的消沉无力相应和的。杜牧在《阿房宫赋》“使天下之人，不敢言而敢怒。独夫之心，日益骄固。戍卒叫，函谷举，楚人一炬，可怜焦土”一段中，选用了姑苏辙模韵“u”，此韵发音时双唇拢圆，留一小孔，发音迅疾浑厚，再加上韵脚“怒”“固”“举”“炬”“土”选择了短促的仄音，在安排韵脚时，作者又先隔句押韵，后句句押韵，由疏而密，三者叠加，委婉自如地表达了作者渐趋强烈的忧虑悲愤的心绪。由上，我们可知文章的韵脚不仅仅是组织叙述、增加读者听觉快感的一种语言手段，它更是赋予文章以某种窈深幽约的情蕴。

2. 依情选句——参差有情

长短参差的句式，叠合交错，充满速率的节奏表达式，折射出作者隐秘但又浓郁的情感。如鲁迅在《记念刘和珍君》中这样写道：“倘使我能够相信真有所

---

① 朱光潜．诗论[M]．北京：生活·读书·新知三联书店，1984：172．

谓‘在天之灵’，那自然可以得到更大的安慰，——但是，现在，却只能如此而已。”这里，短句“但是”“现在”“却只能如此而已”是完全可以合而为一的，也即可以合并为“但是现在却只能如此而已”，但作者却有意将其拆散，用短促的句式，用稍纵即逝的仄音，用抗坠有节的声调，用不断重复的转折，不露痕迹地传达出其内心的悲愤，隐秘但又非常强烈。

再看诗人在诗词创作中对句式的选择。屈原选择六言或十三言，他用徐长的句式，造成汩汩流动的气韵，宣泄自己在现实人生挫败后内心绵绵不绝的焦虑和压抑。曹操和毛泽东多选择四言，每句四字，两字一顿，节奏整齐划一，此种句式虽构不成跌宕起伏，但读之铿锵有力，绝不缠绵悱恻、萎靡不振，诗人借这样的句式表达他们作为一个独立不倚的有力量的领袖人物吞吐宇宙的坚定信念，这一句式所传达出的情感宏健有力，不狭隘逼仄，喷薄的气势让人读后荡气回肠、慷慨激昂。

其实，如果我们仔细地研究会发现，诗人往往依据自己的性格、经历、创作风格和所要表达的情感来选择相应的句式，他们注重让外在的长短参差的句式言说自己内在深窈幽约的意绪。

综上所述，声音不仅传达出了文字的音调，而且还是文章情意的间接在场，发其声是为了表其意，因此我们在阅读文学作品时，要穿越声音的表象，去捕捉其背后含寓着的情意的“回音”。

第七章　“内燃的火光”：文本的意蕴美

文本意蕴，是指作者借其创作的文学作品所要传达的某种情感和思想。黑格尔曾经指出：“艺术作品应该具有意蕴。它不只是用了某些线条、曲线、面、齿纹、石头浮雕、颜色、音调、文字乃至于其他媒介，就算尽了它的能事，而是要显现出一种内在的生气、情感、灵魂、风骨和精神，这就是我们所说的意蕴。”归纳起来，文本意蕴包含着“情”与“思”，即情感与哲思。如果说文本语言是物质的载体，那么文本的意蕴则是“内燃的火光”。也正是这“火光”照亮了我们的心灵世界，让我们获得了精神的满足。

第一节　文本意蕴的特点

一、兴感：文本意蕴的展开方式

文学作品的情感或哲思极少是直接表露出来的，作者内在的意蕴往往栖身于他外感到的客观事物之中，而这客观事物所涵盖的范围又是很宽泛的，它可以是一事、一人，亦可以是一物、一景。因物兴感，借象传情，是文本意蕴的展开方式，也是文本意蕴的直观呈现。

（一）内情与外感的交融

作者的内在情感有时会寄托在所兴感到的景物之中，这便是情景相生。中国古代诗人在创作诗歌时对于情景相生是异常垂青的，在他们的笔下景物往往是他们宣泄情感的容器。王夫之《姜斋诗话》卷上曰："情景虽有在心在物之分，而景生情，情生景，哀乐之触，荣悴之迎，互藏其宅。"写景是为了抒情，情景的成功交融催生了一批非常优秀的诗歌。

情景相生在使用时要特别注意所描写的景物能否"中的"，也即所写的景物是否能够恰好表达作者所要抒发的情感。杜甫《登岳阳楼》的颔联"吴楚东南坼，乾坤日夜浮"就完全能够"中的"，表面看它是写景，其实是景中含情：洞庭湖的浩渺无边让作者产生一种理想寂灭、前路茫茫的孤苦意绪；天地在湖中飘浮又似乎使远离亲朋、疲弱衰老的诗人喷涌出漂泊无依的穷途之哭。值得注意的是，这首诗所抒写的情虽孤苦，但所写的景物却是雄豪的，从壮阔的景物中可以见得杜甫此时的处境虽飘零落拓，但意气并不消沉，这也昭示了作者潜在的一种品格：孤独而执着，前路艰逆而不悔其度。总之，对一个诗人来说，要想很好地运用情景相生，其笔下的景就应该不仅是他外感到的一个物象，同时也是他抒发情感的凭借，最重要的是他所外感到的物象必须能以一种象征的方式暗喻其内情，外感与内情必须相为融洽。

内在情感有时也会寄托在某一特定物体之上，"感物起情"，"物"的触引在先，"心"的情意感发在后，像纳兰性德的《木兰词·拟古决绝词柬友》中的那句"人生若只如初见，何事秋风悲画扇"，作者由秋风中被闲置的画扇触动，引发感慨：人类的情感飘忽不定，难以把捉，尤其是男女之情，随着女性色相的凋零，情亦凋零，被遗弃的女子如同这被弃置的秋扇，当年的欢爱不再，花落水流红，情愁万种，无语怨东风。

内在情感有时还会容涵在某一具体的事件当中，"感事起情"。白居易在《与元九书》中说："事物牵于外，情感动于内，随感遇而形于咏叹。""文章合为时而著，歌诗合为事而作。"确实，诗人在其《琵琶行》中也实践了自己的创作思想。文中琵琶女昔荣今衰的苦难身世触发了作者郁结于胸的无限感慨，由它事及吾情，诗人联想到自己在官场上屡遭朋党摧抑、一贬再贬的经历，于是自然地发出感慨："同是天涯沦落人，相逢何必曾相识。"昔日的荣华不再，今日只能如这女子般羁泊天涯，在低湿苦寒之所独自舔舐着一腔的幽绪、满怀的深情。这里，诗人心头缠结多年的满腔忧愤由这琵琶女的身世触发，由它事及我情，事情相通，事情相感。

（二）内思与外感的交融

内在哲思有时会寄托在作者所外感到的物或景之中，寄托在景上，便是景理交融，寄托在物中，便是托物言志。好的说理不能过于急切地灌注概念，而要浸淫着诗意，即要借助于圆满自足的形象体系，构建一个诗意的生命哲理内核。例如，杜甫《后游》："江山如有待，花柳自无私。"写江山花柳像在等待人们去欣赏，以此来说明大自然是没有私心的道理；苏轼的《题西林壁》："横看成岭侧成峰，远近高低各不同。不识庐山真面目，只缘身在此山中。"写庐山的景色，其实是为了说明陷在里面不能跳出来的人，往往被各种现象所迷惑，看不到事件的真相这一道理。在上面景理交融的例子中，景只是作品哲理意蕴的引线，作品中还藏着一个很深长的"背影"，那就是作者对生命哲理的指涉。有时文本中的形象体系还浸淫着含蓄深刻的象征意义，这便是我们常说的托物言志。钱锺书的《围城》便是构建了一个厚实的象征天地，其标题"围城"是一个象征性的题目，是导向文本深层哲理意蕴的航标。小说借助"围城"这一形象，诉说着具有普适性的现代人的生存困惑：对欲望的不懈追寻和欲望实现之后的深深失落。也许"围城"是人类的天性，每一个人都想"围"成一个和乐的家，想"围"成一份成功的事业，想"围"成一个圆满的人生结局，可是当"城墙"砌起之时，便是他失望困惑之际，原来理想是天边的残月，仰视才能领略它的美好，一旦它跌入水中便显得平常而又乏味。人生便是这样，当心中所想真的被"围"成功时，又会产生厌倦和不满足，于是又想冲出这"围城"，人总是这样进进出出，总是在"围"与"破围"之中徘徊。

内在哲思有时还会含蕴于某一具体的事件当中，事是理的触媒，理是事的感悟，因事说理，寓理于事。例如，王安石《游褒禅山记》就不同于一般的游记，它不重山川风景的描绘，而重因事悟理。文章前半部分是记游，记述了自己游华山洞的经过，后半部分则借此生发议论，说明要实现远大理想，除了要有一定的物质条件外，还要有坚定的志向和顽强的毅力，并提出治学必须“深思而慎取”。在此文中，说理是目的，叙事是说理的依据和基础。

由事及理、由现象到智慧，这一条逻辑运动的轨迹不仅吻合了人们由易及难、由表及里的思维惯性，同时它也是文学作品价值指向之一。

综上所述，通过外感到的事、物、景来对生命文化哲理或人类情感意绪进行指涉，可感的形象体系必须服务于一个文化哲理或情感的内核，事、物、景无论怎样的丰富或迷幻，读者都需拨开表层的外相，去捕捉作者所要表达的生命情感或人生哲理内核。

二、情理：文本意蕴的内在构成

文学作品中的理并非是赤裸裸的哲理，也不是用逻辑形式推理出来的概念和判断，它是作者在经历了坎坷曲折的人生历程后而产生的带有情的性质、情的特点的“情理”，这种“理”具有审美特征，是一种审美化的存在。因此，抒写情理是文本意蕴的内在构成方式，也是文本意蕴的主要内涵。

文学作品中的理是作者长期人生体验的结晶，多舛的人生历程让他们较容易产生丰富的人生感慨，刘学锴先生曾就义山诗中的人生感慨这样总结道：“在通常情况下，人生感慨多为人们经历了相当长时间，特别是坎坷曲折的人生历程后才产生的。因为它不同于生活中偶尔触发的感受，而是一种在深刻体验基础上形成的强烈持久、带有整体性的人生感受。生活道路一帆风顺、平淡无奇者，长期沉溺于个人琐屑欲望者，乃至人生态度积极进取却生活得过于紧张匆忙者，都不易产生人生感慨。它往往是人生多艰而又富于锐敏情感、思索咀味习惯与时间者的产物。从这些主客观条件看，李商隐无疑是一个最易产生人生感慨的诗人。”[①]先生的这段话非常精彩，的确，诗中之理是不能靠简单的逻辑推理而得出的，它往往是一个敏感的作家在经历了飘零落魄的人生孤旅之后，内

① 刘学锴．李商隐诗歌研究[M]．合肥：安徽大学出版社，1998：55.

心积淀下万种情愁，夜阑青灯之下，他细细咀嚼反思这万重感慨，从而咂摸出深郁的理思。这里，情是理的引线，理是情的升华，优秀的文学作品绝不会简单地贴上“理”的标签，它一定是情感与理思的圆融，是人生的悲苦在自我心灵中反思的结晶。譬如，杜甫在《自京赴奉先县咏怀五百字》中，叙述了他凌晨经过骊山的见闻和感受，触发了诗人长期郁积在内心的深广的忧愤之情。一面是王公贵族的骄奢淫逸，一面是黎民百姓的饥寒交迫：“彤庭所分帛，本自寒女出。鞭挞其夫家，聚敛贡城阙。”在这种十分悲愤情感的激荡下，诗人呼喊出了“朱门酒肉臭，路有冻死骨。荣枯咫尺异，惆怅难再述”这样高度概括封建社会本质特征的理思强音。这是典型的诗中之“理”，而它是在情的激荡中非常自然地涌突出来的。古人所谓的“情见于外，志充于内”“理融而情畅”（刘勰《文心雕龙·养气》）大概说的就是这个道理吧！

再进一层来看，文中之理不但融合着生命感慨的“情理”，而且这种情理还常常被包蕴在特定的审美意象当中，只有形象而无理语，此种情理幽眇地使人无法言说。有关这一点，上文已有阐述，这里就不再一一赘述了。

综上所述，文中之理涵盖的乃是整个人生、整个世界，它是作者将殊相的个人之“情”熔铸在具象的“事”中，又通过这“事”来显现宇宙人生之“理”，理、事、情是互相渗透、互为因果的。

三、多义：文本意蕴的存在属性

文学是一面多棱镜，从不同的角度可以折射出不同色调的光线。文学的意蕴多义性表现在两个方面：从审美客体上说，第一文本的意蕴具有多义性；从审美主体上说，第二文本的意蕴具有多义性。多义性是文本意蕴的基本属性，也是最具生命力的审美属性。

（一）第一文本意蕴的多重性

就文本而言，文学意蕴往往不是单一的，而是复杂的。就作者来说，大多创作并不是“主题先行”，而是有感而发。作者的“有感”是在外物触动或阅读联想下而产生的情感冲动——也就是经常所说的“灵感”。灵感是一种直觉，直觉既包含意识，又包含潜意识。如果将灵感直接抒写出来，就形成了文学文本，这种文本尚未进入读者的阅读、批评过程，通常称之为第一文本。从文本的逻辑来说，作者的灵感一旦形诸文本，必须遵循文本既定的逻辑结构，比如文体结构、情节发展、人物形象、意象选择、书写角度等，都有内在的逻辑关系，叙事性作品尤其如此。文本是一种限定性的表达，在文本的限定性表达中，作者因为必须遵循文本逻辑结构，所以常常不得不偏离自我的偏爱，不自由地按照文本逻辑的发展安排情节发展、人物命运等，著名的例子就是福楼拜创作《包法利夫人》。一次，一位朋友去看望福楼拜，看到福楼拜正在伤心大哭，朋友问他：“什么事让你哭得这样伤心？”福楼拜悲痛地说：“包法利夫人死了。”于是朋友就建议：“你既然不愿意让她死去，就写她活过来呀。”福楼拜无可奈何地说：“写到这里，生活的逻辑让她非死不可，没有办法呀。”文本逻辑所表现出的客观意向与作者所需要表达的主观意向，无形之中又使得文本的意蕴具有双重性。著名文艺批评理论家巴赫金，发现在陀思妥耶夫斯基的小说中，主人公之间、主人公与作者之间是一种平等的对话关系，于是形成了小说的“复调”。也就是说，陀思妥耶夫斯基小说的意蕴具有复杂性。

另外，从作家的意识来说，第一文本所抒写的内容，既有作者自己明确意识到的意蕴，又有作者自己也没有意识到的意蕴。也就是说，作者的潜意识也可能渗透到文本之中。比如白居易的《长恨歌》，之所以产生争论，所谓“爱情说”“讽喻说”“双重主体说”等，就是因意蕴的复杂性引起的。按照白居易“文章合为时而著，歌诗合为事而作”的理论，那么此诗应该是一种“讽喻诗”。但是文人骚客潜意识中对红颜知己的渴望，对美好爱情的向往，又不自觉地渗透于诗歌中，所以此诗既有批判——李杨爱情带来的社会灾难，又有赞美——李杨生死不渝的爱情。前者是理性意识，后者则是作者的潜意识。正因为如此，造成了中国文学史上表现李杨爱情的作品主题的“断裂”现象，其实，这不是“断裂”，恰恰是第一文本意蕴的多重性带来的困惑。

（二）第二文本意蕴的多义性

第一文本一旦进入读者的阅读鉴赏或批评的视野，便形成了第二文本。由于读者在鉴赏或批评的过程中，参与文本的还原和重构，不同读者所还原和重构的文本常常千差万别，这就是所谓“有一千个读者，就有一千个哈姆雷特”。其实，作者往往对于自己文本蕴含的意义他人是否能够明确读解，也充满担忧。所以曹雪芹才感慨：“满纸荒唐言，一把辛酸泪。都云作者痴，谁解其中味！”在“贾雨村言”“甄士隐去”的看似荒唐的叙述中，谁能真正理解其中所蕴含的作者的心酸泪水？后来《红楼梦》在流传过程中，果然应验了作者的感慨并非多余。鲁迅《〈绛洞花主〉小引》曾说：“一部《红楼梦》，单是命意，就因读者的眼光而有种种：经学家看见《易》，道学家看见淫，才子看见缠绵，革命家看见排满，流言家看见宫闱秘事。”今天对《红楼梦》主题的解读依然有“爱情说”“爱情婚姻悲剧说”“四大家族兴衰说”“政治历史说”等不同观点。虽是众说纷纭，究竟有没有真正“解其中味”，恐怕还是一个问号。

20世纪60年代，接受美学的兴起，揭开了文本的一个现实：第一文本一旦进入第二文本，便形成了一个开放系统，阅读主体的介入，使本来就意蕴丰富的第一文本更加丰富化。“作者之用心未必然，而读者之用心何必不然”（谭献《复堂词录序》），是谭献年逾四十之后了悟出的一条阅读规律。这大约是在接受美学诞生之前，中国学者关于阅读主体性的重要论述。

其实，即使是同一读者，在不同的时间、不同的空间中，阅读同一部作品，也可能因为关注点不同，截取作品描述的内容不同，得出作品的意蕴也不同。青年阅读《红楼梦》，由于处于青春萌动期，潜意识中对爱情和异性的渴望，必然关注宝黛的爱情，于是一部《红楼梦》就成为爱情悲剧的缩影，越剧《红楼梦》截取以宝黛爱情为主线的意义表达，正是为了迎合这一阅读群体的需求。试想，老年以后，消退了青年的激情，品尝了人生的艰辛，看惯了白云苍狗的变幻，或许对《好了歌》及《好了歌解》体味更深吧。于是透过《红楼梦》由繁华走向衰落的描写，真正体味到“好一似食尽鸟投林，落了片白茫茫大地真干净”的梦幻空花的禅意。

简单地说，文学构成具有多种元素，从不同的元素出发就可能会得到不同的结论，从而显示出文学意蕴的多样性。同时，不同的读者或者从文本意蕴的不同元素切入，或者由于个体的经历、审美情趣、审美能力等不同，对文本意蕴做出不同的诠释，也将导致文学意蕴的多义性。

但是，有一点我们仍然必须强调，从一般意义上说，第一文本和第二文本仍然具有统一性，所以白居易《与元九书》说："凡闻仆《贺雨》诗，众口籍籍，已谓非宜矣；闻仆《哭孔戡》诗，众面脉脉，尽不悦矣；闻《秦中吟》，则权豪贵近者相目而变色矣；闻《乐游园》寄足下诗，则执政柄者扼腕矣；闻《宿紫阁村》诗，则握军要者切齿矣。""非宜""不悦""变色""扼腕""切齿"的阅读评价或心理反应，都是由第一文本的意蕴而产生。也就是说，在鉴赏或批评的过程中，追寻第一文本的本来意蕴，谨防"误读"和过度解读，仍然是教学过程必须遵循的原则。

第二节　文本意蕴的三个层次

在文体鉴赏的实践过程中，我们发现：但凡具有较高审美价值的艺术意蕴，往往是个体意识、时代意识和具有共性的人文意识的艺术复合。也就是说，真正的艺术意蕴，不仅有个体一己的悲欢，还有时代影子的折射，更具有普世意义的对人生世相的深刻观照。所以，从这个意义上来说，文本意蕴可以分为以下三个层次：

一、主体意识：作家思想的直接呈现

毫无疑问，无论是抒情还是叙事，一部优秀的文学作品都蕴含鲜明的作家主体意识。文学的第一功能，在抒情性作品中是抒发个人情志，在叙事性作品中是揭示事件意义。作家借文学文本宣泄情感，解愁忘忧，是文学本原性存在的依据。所以，西晋文学家陆云《与兄平原书》十八说："而作文解愁，聊复作数

篇，为复欲有所为以忘忧。”朱光潜也明确指出：“作者自己的‘表现’的需要有时比任何其他目的更重要。情感抑郁在心里不得发泄，近代心理学告诉过我们，最容易酿成性格的乖僻和精神的失常。文艺是解放情感的工具，是维持心理健康的一种良剂。”①从这个意义上说，任何一部文学作品都是作家心灵的袒露。文学作品的这种属性决定了文本中的主人公往往是作者或显或隐的“自画像”，读者可以从中听到作者灵魂的“喧嚣与骚动”，即使是纯粹叙事的作品也不例外，这也正是《史记》被誉为“史家之绝唱，无韵之《离骚》”的原因之所在。

所不同的是，在抒情性作品中，作家思想情感表现得相对直接。读者可以在其中触摸到作家的脉搏，并随作家的脉搏而心灵共振。我们阅读李白的《黄鹤楼送孟浩然之广陵》，可以直接从“孤帆远影碧空尽，唯见长江天际流”中，体味到年轻的李白送别孟浩然的依依惜别之情、孟浩然离开之后的怅然若失之情，以及对孟浩然所去之扬州的无限向往之情。在叙事性作品中，作家思想情感的表现相对隐蔽。读者必须透过人物、事件、情节、结构的整体考量，才能触摸到隐蔽在叙事背后的作家的脉搏，从而产生心灵共振。我们阅读《三国演义》，则必须透过三国争雄过程中的尔虞我诈、刀光剑影，仔细揣摩作者所塑造的人物性格，对历史事件的取舍和改造，情节安排的艺术匠心和逻辑联系，以及特殊的三国归晋的结构安排和结局，只有如此我们才能体味到小说整体上的“拥刘反曹”的正统观念，“天下合久必分，分久必合”的历史循环论，以及“世上多少事，都付笑谈中”的虚无空幻的心态。

概括地说，在文学作品所描述的独特生活体验中，作家主体意识是文学文本意蕴的基本内容，也是文学鉴赏和批评首先聚焦的对象。

二、时代精神：作家思想的文化生成

文学作品中所描述的作家生活体验，所积淀的作家主体意识。除了受传统文化的影响之外，还鲜明地打上了时代的烙印。从某种意义上说，一个时代的文化精神更为鲜活地保存在一代作家的思想意识之中。反之，一代作家的主体

① 朱光潜．朱光潜全集：第一卷[M]．合肥：安徽教育出版社，1987:323.

意识也必然折射出一个时代的文化精神。鲁迅先生《论"第三种人"》曾经说："生在有阶级的社会里而要做超阶级的作家，生在战斗的时代而要离开战斗而独立，生在现在而要做给予将来的作品，这样的人，实在也是一个心造的幻影，在现实世界上是没有的。要做这样的人，恰如用自己的手拔着头发，想离开地球一样。"(《南腔北调集》)

所谓一代有一代之文学，除了文体审美形态如汉赋、唐诗、宋词、元曲之外，另有三种情况决定文学的基本风貌和作家主体意识：第一，时代精神决定作家的思想倾向。一个时代的精神不知不觉地渗透于作家的主体意识之中，因而决定了一个时代的文学风貌。这就是所谓盛世之音、衰世之音的本质区别。李白"仰天大笑出门去，我辈岂是蓬蒿人"(《南陵别儿童入京》)，狂放、自负，是盛唐文化的精神代表；杜甫"彩笔昔曾干气象，白头吟望苦低垂"(《秋兴八首·之八》)，由青春而转向衰瑟，是安史之乱后盛唐由鼎盛而走向衰落的文化精神代表。第二，国家意识形态决定作家的政治取向。无论在任何时代，国家意识形态永远是社会文化的主流意识，汉代经学鼎盛，成为国家意识形态的主流，所以汉代文学始终依附经学而发展，作者的主体意识也始终摆脱不掉经学的束缚。著名文学家扬雄所谓"诗人之赋丽以则，辞人之赋丽以淫"(《汉书·艺文志》)的文学观念，正是文学宗经思想的直接反映。宋代王安石推行改革，科举由唐代的诗赋取士而转向经义取士，改变了宋代的文风，宋人以学问为诗、以议论为诗、以才学为诗，正是这一转变在文学上的反映，也直接导致后来理学诗派的兴盛。第三，时代文化决定作家的生活体验。一个时代的文化并不是一具空壳，它渗透于生活的方方面面。比如魏晋之际，王弼、何晏的玄学思想深刻影响了两晋文人的玄言清谈，而两晋文人的玄言清谈又直接影响了两晋的文学创作。从嵇康开始玄言诗创作，一直到东晋的兰亭诗，用诗歌表现玄理成为一种时尚。其实，两晋尤其东晋文人创作玄言诗，与他们的特殊生活体验是密不可分的。比如东晋文人有一种特殊的审美癖好，即所谓"以玄对山水"，也就是说，面对山水体悟道家的玄理，这样就出现了《兰亭集序》所说："此地有崇山峻岭，茂林修竹；又有清流激湍，映带左右，引以为流觞曲水，列坐其次。虽无丝竹管弦之盛，一觞一咏，亦足以畅叙幽情。"这种"幽情"，也就是造化自然之理，即平时所说的玄理。

从读者接受心理的历程来看，此岸世界里的读者往往会对历史时空中的那个彼岸世界感到陌生且充满好奇，文学作品中的时代意识便能打破这种时空界限，引导读者通过想象在历史的语境中体悟作者的一己之情。一句话，作品中的时代意识是作者借他们的眼睛带我们去看那个特定时代与社会的风景。

三、哲理沉思：作家思想的终极关怀

文学最深刻的地方是对人生、社会、自然的终极关怀。所谓“终极关怀”，就是超越生命的有限而追求无限的精神境界，超越现实束缚而追求逍遥的精神自由，超越纷纭现象而追求世界的本质规律等。从本质上说，“终极关怀”是一种哲学的诗性沉思。这种带有普遍、永恒意义的精神体验和哲理沉思，能引起读者更深层次的情感共鸣和心灵共振，它是主体意识和时代精神的哲理升华。

虽然作家所处的历史语境不同，主体的人生经历迥异，但是现实世界所激起的人类精神上的某些振荡，以及这种振荡所引发的哲理沉思却具有普遍意义，比如说人类可能面临着一些共同的情感母题：年华易逝、美人迟暮的生命意识，忧国忧民、壮志难酬的价值意识，白云苍狗、盛衰荣枯的社会意识，思乡怀远、生离死别的情感意识，等等。这些主题在文学作品中比比皆是，而正是这些具有普遍意义的人生、社会、自然的思考，将不同时代、不同群体的读者绾合在一起，使读者能够触摸作品中的情思脉搏并随之共同跳动，而这也是文本得以流传和价值得以彰显的根本原因。

其中，对宇宙自然的哲学沉思，不仅是哲学家也是文学家思考的母题。中国早期文学就特别专注于天道自然。屈原有一首《天问》，对自然宇宙的现象提出了一系列的疑问，比如“遂古之初，谁传道之？上下未形，何由考之？冥昭瞢暗，谁能极之？冯翼惟象，何以识之？明明暗暗，惟时何为？阴阳三合，何本何化？”意思是远古时期，谁能传说下来？天地还未成形，怎么考察它呢？昼夜不分，混沌晦暗，谁能看透它？唯有一片现象，谁能认识它？宇宙中或明或暗，为何会这样？天与阴阳一起变化，究竟谁是变化的根本，谁是随之变化呢？屈原一口气提出一百七十多个问题，我们只是选取开头的一节，这说明对宇宙自然的沉思，是文人思考的母题之一，也是文学的母题之一。除了将天作为上帝之类的人格神之外，天也是具有审美意义的自然存在。所以，中国神话关于宇宙自然的产生及其变化的种种奇异的想象，也成为最富有诗意的文学源头。而中国人关于宇宙自然的哲学沉思，通常与人类的生理现象和人生的某种际遇紧密联系在一起，最典型的莫过于对“天人关系”的思考了。不仅将天与人的命运联系在一起，如《诗经·小弁》：“天之生我，我辰安在？”就发出天真的疑问：上天生我，可我何时时来运转？而且将宇宙与人类孰先孰后的问题也摆在人们面前，如张若虚《春江花月夜》：“江畔何人初见月，江月何年初照人？人生代代无穷已，江月年年只相似。”这种看似痴痴的一问，包含着无穷的韵味和深邃的哲学沉思；对日月星辰的变化也苦苦追寻，除了神话、《天问》之外，特有韵味的大约是辛弃疾的《木兰花慢》：“可怜今夕月，向何处、去悠悠？是别有人间，那边才见，光影东头？是天外空汗漫，但长风浩浩送中秋？”王国维《人间词话》评价说：“稼轩中秋饮酒达旦，用天问体作《木兰花慢》以送月……词人想象，直悟月轮绕地之理，与科学家密合，可谓神悟。”[①]中秋望月，不禁联想，月去悠悠，将归何处？我们生活世界的那边是否别有人间？月亮西沉，那边的人间是否正是月照东头？这种联想和想象，不止是一种诗境问题，也是一种哲理沉思。中国的诗性智慧始终与哲学智慧密切相连。

除了宇宙自然的哲理沉思之外，主体生命意识、社会价值观念以及普遍人性追求，更是文学作品中的永恒主题。“人生非金石，岂能长寿考”（《古诗十九首》）的生命思考，“勠力上国，流惠下民，建永世之业，流金石之功”（曹植《与杨祖德书》）的价值追求，“但愿人长久，千里共婵娟”（苏轼《水调歌头》）的人生愿景，“念天地之悠悠”的宇宙意识，等等，这类作品比比皆是，限于篇幅，不再展开论述。

① 王国维．人间词话[M]．成都：四川人民出版社，1981：62．

四、三层意蕴的逻辑联系

所谓文学作品的三层意蕴，只是一种理论的切分，三者之间是一个不可分割的整体。这种内在的逻辑关系依托于三个联结点：

第一，以文本意象（形象）为联结点。文学作品所表现的主体意识、时代精神以及哲理沉思，都离不开形象或曰意象。无论文学如何发展，叙事性作品的形象塑造，抒情性作品的意象创构，都是无法回避的。经典尤其如此。比如上文所列举的作品，何曾离开形象（意象）！东晋玄言诗之所以遭到后人诟病，并不在于那些诗歌缺少审美价值，而是缺少意象营构。屈原《离骚》对楚国黑暗现实的批判，对理想政治的抒写，对高尚人格的持守，无不借助香草美人之类的意象呈现出来。《春江花月夜》之所以是"宫体诗的自赎"，成为盛唐诗歌的序幕，是因为其色泽清丽而不艳、情调妩媚而不软、境界阔大而不狭。特别开头的"春江潮水连海平，海上明月共潮生"，"连"之壮阔，"共"之飞动，这种意象才能呈现出盛唐气象。

第二，以主体意识（思想）为依托点。文学作品中作家的主体意识，一方面受到时代精神的感染，另一方面也是时代精神的呈现。所以，如果文学作品仅仅成为作家个体的情感宣泄，而不能反映特定时代的特点，那么读者就无法通过想象来撩开那个时代与社会的神秘面纱，失去想象和回望幽眇历史的快乐，作品的吸引力当然就会有所减少。同样，如果文学作品只有个体和时代意识，而缺乏人类基本的情感和深刻的生命哲思，那么作品就只能漂浮在个体生命与特定时代的表层，不能揭示人类对人生、社会、宇宙自然的深层追寻，也难以撞击人们心灵深处的灵魂。所以优秀的文学作品往往通过创作主体的哲学沉思，对一切现象进行形而上的探寻追问，从而形成厚重的哲学意蕴。张若虚的《春江花月夜》、辛弃疾的《木兰花慢》，不正是如此吗？但是，这种时代精神、哲理沉思，都毫无疑问地建立在主体审美性认知的基础之上。

第三，以生活体验（观察）为贯穿点。在深入观察生活的基础上，真切地体验生活是作家创作的基础，也是文学表现的主体内容。也就是说，文学所描写的生活是作家深切体验的生活，所反映的时代精神、哲理沉思，是建立在生活体验基础上的自然表达，而不是空洞的叙述。如果文学作品缺乏作家自己的生活体验，反映的只是一个国家或民族在某个特定历史时段的剪影，那么这样的作品会因为剥离了主体的经验和情感而显得干瘪空洞；同样，如果文学作品只是对哲理的探讨，缺乏对生活现象的深刻体验，那么文学作品就会成为承载观念的躯壳，一个冷冰冰的道理，试想有谁愿意抱着一块生硬的铁片干啃呢？即使如苏轼的《题西林壁》："横看成岭侧成峰，远近高低各不同。不识庐山真面目，只缘身在此山中。"这一类纯粹的哲理诗，也是建立在作者深切体验基础上的哲理抽象。

总之，从构成意蕴的这三个基本层次来看，前两者是意蕴的表层经纬，后者则是意蕴的深层支柱。文学作品的价值取决于作品的主体意识，同时主体意识也只有浸润了时代精神才具有认知意义，也只有透过现象的哲理沉思才具有普遍价值。主体审美——社会认知——形上哲理，是优秀文学作品不可或缺的三层意蕴。

第三节　文本意蕴的分析方法

文本意蕴的分析方法并非有固定框框，切入角度不同，分析方法不同，主体认知不同，都可以有限度地接近文本意蕴。这里介绍的仅仅是几种具有操作性也是最基本的分析方法。

一、知人论世：意蕴分析的立足点

相对于西方文学来说，中国文学的社会功能更为显著。因此，探究文本意蕴，首先必须注意"知人论世"，即要了解文本得以产生的文化、社会环境和背景。了解作家的生平和思想，及其社会理想与审美追求，即知人；了解和掌握作品所处的时代特征、文化与社会背景，即论世。任何作家的任何一部文学作品都是特定时期、特定思想的产物，必然反映一定时期的社会现实和时代精神，因此鉴赏或批评一部文学作品，知人论世有助于更好的把握其中的意蕴。清章学诚《文史通义·文德》说："不知古人之世，不可妄论古人之辞也。知其世矣，不知古人之身处，亦不可以遽论其文也。"

阅读苏轼的《赤壁赋》，世人往往据文中的"盖将自其变者而观之，则天地曾不能以一瞬。自其不变者而观之，则物与我皆无尽也，而又何羡乎?"而认定苏子放达无忧，豪迈豁达。其实，如果联系一下东坡的遭遇、学识和抱负，便会发现其愈作放达之语，愈显其深隐之悲。苏轼一生，以崇尚儒学、讲究实务为主，但他也"韶龀好道"，中年以后，又曾表示过"皈依佛僧"，是经常处在儒释道的纠葛当中的。每当挫折失意之际，则老庄思想上升，借以帮助自己解释穷通进退的困惑。《赤壁赋》作于宋神宗元丰五年（1082年），苏轼因"乌台诗案"而被贬谪黄州，在此之前他是众人追捧的一代名臣和才子，在此之后他却先沦落为囚犯，后不断被贬谪。巨大的生存落差，让"奋厉有当世志"（《东坡先生墓志铭》）的苏子陷入生存的焦虑之中。"大济苍生"曾经是苏子的理想图腾，只是当他"正心诚意修身齐家治国平天下"的人生理想被"乌台诗案"打破后，他必须为自己寻找一剂安顿身心的良药，而他自幼所习得的道家师法自然、清虚无为，佛家看破红尘、不为外物所累等经典教义，便不自觉地成为他安顿身心的不二法门。鉴于此，《赤壁赋》表面上是高唱融于自然，以宇宙之心看待人生，尽情享受当下的"江上之清风与山间之明月"，其实，这对于植根于儒学的苏轼来说，既不能"光宗耀祖"，又不能"精忠报国"，他除却在享受风月中完成"儒—释—道"的互补整合来支撑其生存价值之外，恐怕别无他策。所以，我们在了解了苏轼的知识结构以及他因"乌台诗案"被贬黄州的经历之后，再读《赤壁赋》，是不是会产生与周汝昌读苏轼相同的感受呢："东坡一生经历，人事种种，使之深悲；而其学识性质，又使之达观乐道。读东坡词，常使人觉其悲欢交织，喜而又叹者，殆因上述缘故而然欤?"[1]

① 周汝昌．千秋一寸心[M]．北京：华艺出版社，2000:243.

二、整体结构：意蕴分析的观照点

众所周知，文学作品的题材、语言、结构等构成因素只是它的血肉和骨架，而意蕴才是作品艺术机体的灵魂，它集中体现了作者的美学观点和作品的思想价值与审美意义。所以，对作品意蕴的解析有一个不可忽略的步骤，就是要透过血肉和骨架探究灵魂之所在。鉴赏性阅读的整体把握，是对文本意蕴的直觉式的审美观照；批评性阅读的整体把握，则是对鉴赏中所直觉到的文本意蕴加以条理化的分析。在这一过程中，我们应该重视从作品丰富复杂的结构体系中厘清其内在的有机联系，并从这些有机联系的总和中把握统制全篇的意蕴主旨。如果读者缺乏对作品结构的宏观审视和整体把握，只抓住一点，执其一端，片面摘取，只对某些细部枝节进行微观性分析，那么，就很难准确地理解和把握作品的意蕴主旨。例如，如果我们厘清文本的结构是一种主次关系，那么我们就要抓“大”放“小”，抓“主”放“次”。因为从文学创作的角度来说，只有那些能够突显主题的材料，作者才会把它作为文章的主角予以详写，至于某些只是作为详写素材必不可少的补充剂与润滑剂的素材，作者一般会予以略写。

就《孔雀东南飞》的意蕴分析来说，有人把着眼点放在婆婆将兰芝遣归，仲卿为兰芝辩白，兰芝被遣归家之后兄长逼嫁等这些略写的素材上，从而得出“封建家长制力量的强大和冷酷无情”“控诉了封建社会婚姻制度的罪恶”这一主题；而有人从夫妻二人被迫离散、依依惜别以及文末爱而不得、双双殉情这些略写的素材中，又提炼出“歌颂了‘刘兰芝、焦仲卿忠于爱情，勇敢捍卫纯洁爱情’的精神”；更有人据文本中毫无涉及的“无子嗣”而得出冲突的实质是“比较进步的婚姻观、性爱观”，与焦母的“传宗接代”的“种族婚姻观、性爱观”之间的冲突这一结论。

笔者认为，以上分析缺乏对作品结构的宏观审视和整体把握，所以对文本意蕴的分析有一定的局限。按照上文所说的“抓‘主’寻‘意’”的艺术分析规律和认识，再回过头来审视《孔雀东南飞》，作品主要叙述了兰芝决绝请归、晨起严妆、辞别姑婆，返回娘家被多名才貌家世俱佳的男子求婚，再婚时的盛大场景以及仲卿闻变、约见兰芝、相约殉情这些情节。仔细揣摩这些呈现于作品表层的结构秩序,会发现作者其实是在赞美女性个体“觉醒”后对自尊、自立、自强的追求。具体地说,当兰芝无法忍受婆婆的百般刁难时,她选择主动让婆家“及时相遣归”,主动请归是她为寻觅做人的“尊严”,而理性阻断自己沿着被欺凌的轨道惯性滑动的一种方式,是她作为一个被逼到悬崖边上的绝望者激越的抗争,她以毁灭自己的方式来拯救自己灵魂的堕落。在这种破釜沉舟的选择背后,我们看到了一位铿锵壮烈、坚毅果敢、自尊自强的女性;当兰芝面对丈夫抛出的精神诱饵“不久当还归,还必相迎取”时,她平静地予以拒绝“何言复来还”,冷峻地回复,不是无情无义,而是清醒地意识到了焦仲卿的懦弱和婚姻不可挽回的悲剧性结局。在兰芝冷峻甚至有些残酷的拒绝中,我们见识到了一位智慧果敢的女性。当兰芝与长期摧残自己的婆婆告别时,她没有歇斯底里的指责,没有滂沱的眼泪,有的是反讽式的“愧疚”:“本自无教训,兼愧贵家子。”有的是屈服于伦理道德的“体贴孝敬”:“今日还家去,念母劳家里。”在“愧疚”和“孝敬”的背后,我们读到了一位不卑不亢、谦虚礼貌、自尊自强的女性。在兰芝离开焦家的那个早晨,她选择了晨起严妆:“著我绣夹裙,事事四五通。”既展示其“精妙世无双”的美丽,又为后文极力铺陈兰芝被多名才貌家世俱佳的男子求婚埋下伏笔。在“严妆”和“求婚”的背后,隐藏着一位美丽自尊、不慕权贵的女性形象。综上,作者在看似客观的叙述中掩饰不了他对刘兰芝“一往情深”的赞美,在那样一个女性被封建伦理意识所挤压、排斥的社会里,她竟然以主动请归、自我放逐的方式捡回被历史所遗漏的女性尊严,虽然这种“捡回”无异于以卵击石,依旧不能让她从生存的困境中解脱出来,但她的毁灭最终冲破了封建伦理的框架,昭示了女性个性意识的充分觉醒。

当然,《孔雀东南飞》远不止于讲述一个由默默承受到决绝反抗的封建社会女性的故事,作者拓展了所要表现的社会空间和历史时间,通过兰芝的悲惨遭遇折射出一个群体在封建社会长达千年的历史隧道中的生存状态。“千红一哭,万艳同悲”,封建社会年轻女性“有命无运”的集体存在,不仅令作者也令后人读之潸然泪下。值得注意的是,在《孔雀东南飞》中,作者除了有对年轻女性深远忧愤的同情和对封建礼教的尖锐批判之外,还用更多的笔墨表现封建社会年轻女性的主体性反抗。纵然这种反抗以悲剧而告终，但通过兰芝、仲卿死后两家求合葬这一行为，依然让人看到了反抗胜利的一丝曙光。从这个意义上说，兰芝的悲剧隐含着启迪女权主义的价值。

综上，通过对文本外在的结构体系的探究，我们深入洞悉其内在的哲理意蕴：作者企图揭示的是，中国封建社会年轻女性任人欺压摆布的集体荒诞性的存在方式；企图赞美的是，这一群体在挣脱封建罗网时所呈现出来的自尊、自信和自强；企图唤醒的是，这个年轻的集体可以高蹈轻扬地进行主体性的抗争。

三、因象得意：意蕴分析的中介点

文学形象是以虚拟而又逼真的人生画面和意象世界高度概括地展现人性心理，揭示文本意蕴。也就是说，文本意蕴的表达总是要依赖文学形象（意象）这一中介，象为意存，意从象出，所以因象得意是分析文本意蕴的基本方法之一。

当然不同性质的文本所创造之"象"千差万别。就诗歌而言，"象"是附着了作者情感的意象，就小说、散文、戏剧而言，"象"则是虚构的人物形象。在解读文本时，必须通过想象揭示出此岸之象与彼岸之意的内在关系，尤其是对于一些具有象征或比喻意义之象，要特别注意透过其朦胧的外表，在象与意的关系中，捕捉象中之意。如杜甫《登岳阳楼》颔联"吴楚东南坼，乾坤日夜浮"，描绘洞庭湖的浩瀚无边，似乎将辽阔的吴楚大地的东南部撕开了一个口子，日月星辰、天地万物好像都漂浮在其中。颈联抒情，"亲朋无一字，老病有孤舟"，"亲朋"句承"吴楚"，"老病"句承"乾坤"。当时杜甫从四川东下，在岳阳楼上想念吴楚亲友，所以"亲朋"就和"吴楚"连接；坐船东下，在水上漂泊，所以看到"乾坤日夜浮"，就同自己的"老病""孤舟"联系。值得注意的是，"吴楚"辽远阔大，竟然"亲朋无一字"，何其孤独；"乾坤"高弘邈远，映衬"老病有孤舟"，何其凄苦。这种情感正是投映在叠加的意象之中。当然，情感虽是悲苦，境界却也壮阔，故使抒情悲苦而不颓靡。这就是杜诗！

再如岑参《白雪歌送武判官归京》虽写别情，但所选意象却传达出了作者万斛的英雄壮气。有折断万里白草的凛冽北风，有八月飞雪的茫茫胡天，有纵横交错的浩瀚沙海，有遍地的百丈冰雪，有虽惨淡但万里凝结的愁云，有轮台送君去空留马蹄印的无限延展的天山路，有三种胡地乐器合奏而产生的洪亮声音以及繁音促弦的盛大场面，这一系列的意象群构成了一幅壮浪、雄阔、悠长、热烈的长轴画卷，诗人浪漫的襟怀、昂扬的精神也在意象的描绘中呈现了出来。另外，诗所写虽是雪花满天的寒冷胡地，却没有袭人的奇寒，反而让人感受到犹如南方梨花盛开一般的春意，几乎使人忘记奇寒而内心感到喜悦与温暖；所写送别，特别选取“纷纷暮雪下辕门，风掣红旗冻不翻”，在银装素裹的世界中，抹上一点旗帜的鲜红，反衬得红色更加鲜亮，给人以色调的温暖。杜甫说“岑参兄弟皆好奇”（《渼陂行》），好奇之中，化胡地苦寒为温暖美丽，传达自己“驱驰何足言苦”“功名是我所期”的远大志向，同时我们从作者所选择的意象中也能窥探到整个盛唐诗歌浑厚雄壮、虽有悲情但并不悲观的全貌。

艾略特所说的“客观对应物”，不仅仅是诗歌表现情感和意蕴的最佳方法，小说亦然。鲁迅在《祝福》中这样描写临死前的祥林嫂：脸上瘦削不堪，黄中带黑，而且消尽了先前悲哀的神色，仿佛是木刻似的；只有那眼珠间或一轮，还可以表示她是一个活物。她一手提着竹篮，内中一个破碗，空的；一手拄着一支比她更长的竹竿，下端开了裂。此时的祥林嫂在经历了夫亡子毙之后，再次流落到鲁镇，她成为众人同情、蔑视、取乐的对象。她本以为捐门槛之后，就可以洗刷掉所有的罪孽，然而四婶在祝福当天的一句“祥林嫂，你放着吧”，却彻底粉碎了她的梦想。一朝梦醒，满目悲怆，何处话凄凉，“无泪的木乃伊”似乎是她必然的结局。然而作者写祥林嫂绝不仅仅是要停留在同情祥林嫂悲剧的层面上，鲁迅是要由个体的悲剧生发开去，抨击整个中国民间底层市民文化的劣根性，请关注这样的细节：祥林嫂拄着比她更长的下端已经开了裂的竹竿，说明此时的祥林嫂已虚弱不堪，需要一根长长的竹竿来支撑她的身体，但即便是这样一个濒临死亡的乞讨者，也唤不起下层百姓对她的丝毫怜悯，她身边竹篮里的破碗是空的，足见当时被封建思想层层包裹着的底层百姓的冷漠。短短几句对人物形象的刻画，集聚了全篇的神韵，作者的深情远致，于此具备。

四、置换比较:意蕴分析的深入点

所谓置换比较就是将原作中的语言、情节、结构等元素进行改换,比较作品改换前后的区别,思索原作的妙处。置换是主动的设疑,比较思索是主动解疑,这一过程不仅有助于读者捕捉文本潜藏的审美元素(当然也包括意蕴美),而且也能让他们在“猝然发现”中体会到一种独特的审美愉悦。

《装在套子里的人》是俄国作家契诃夫的代表作,作者通过塑造一个反动、保守、扼杀一切新思想的“套中人”的形象,辛辣地讽刺了19世纪末俄国沙皇统治阶级对人民自由思想的残酷镇压。为了更好地揭示本文的意蕴,我们大胆地尝试做两次置换:一是将别里科夫的职业变成商人或农民;二是将柯瓦连科姐弟的身份换成当地人。通过置换,比较原文,可以得出以下结论:

作者将别里科夫的职业设定为古代语言教师,原因如下:①从职业功能来看,作为一名教师,传道也即传递思想是他的首要职责,因而对于别里科夫来说,不仅是课堂,课下的生活场景也是他代言沙皇专制制度的“秀场”。②从职业特点来看,古代的语言教学不同于灵动的文学教育,语法教育更刻板、更单调、更寡淡,这与他乏味、呆板的生活习惯和封闭的性格相符;他所教授的语言是古代的,这与他害怕接受一切新生事物、恐惧变革、守旧的性格相契。③从就业者的生存状态来看,教师往往是衣食无忧地驻扎在象牙塔里的一个群体,因为没有生存的困扰,所以这个群体养尊处优,缺乏反抗性,因为没有机会与外界接触,所以他们没有对底层百姓苦难压抑的生活的同情,没有将盘踞在大地上的魑魅魍魉击个粉碎的信念和决心。作为一名教师,尤其是一名普通教师,别里科夫的身份是卑微的,他的作用是有限的,但小人物却有大能量,别里科夫能成为全城话语场域的中心,连受过屠格涅夫、谢德林影响的“我们”也能够被他所钳制。究其原因,沙皇专制统治的淫威是他具备强大能量的依靠,作者用小人物别里科夫来钳制全城人的思想远比使用权贵更能展现主题,小人物的强大更有力地抨击了沙皇的专制统治。

作者将柯瓦连科姐弟的身份设定为外地人,原因如下:第一,柯瓦连科姐弟来自乌克兰，而此时的乌克兰虽隶属于沙皇俄国，但自1654年与俄罗斯签订《三月条约》之后，它是拥有高度自治权的俄罗斯结盟国，所以在柯瓦连科姐弟身上并没有浸染上多少沙皇专制统治的痕迹，作者正是要用姐弟二人身上明净、开朗的温情来冲击小城人守旧、麻木的奴性。第二，在这个被别里科夫辖制了足足有十五年之久的小城中，人们的守旧和麻木是共同的，他们生存在“搬动一只桌子也要流血”的社会现实中。对于小城中的人来说，主体性的改造是艰难和无望的，只有富于生命激情的外地人才具备抗争这种奴性的勇气和力量，只是来自乌克兰的柯瓦连科姐弟的抗争虽埋葬了别里科夫，却颠覆不了人们对这种虽百无聊赖却能苟延残喘的生存状态的留念，“我是奴隶”的主体认知在这特定的社会空间和历史时间中被无限地延续下来。抗争越是无力，说明沙皇的淫威就越具有催眠的能力。在权力面前，说出真话有说出“皇帝没有穿衣服”的危险，人们为了生存，不得已将自己重新装入“套中”，这正如小说结尾处兽医伊万·伊万内奇所说：“自己受到委屈和侮辱而隐忍不发，不敢公开声明站在正直自由的人一边，反而自己也弄虚作假，面带微笑，而这样做无非是为了混一口饭吃，为了有一个温暖的小窝，为了做个不值钱的小官罢了。”

综上所述，笔者通过两次置换比较，最大限度地避免了程式化的概括主题的语言，让学生在细细玩味、静静寻思之处，击节叫好，拍案称奇，顺畅圆融地把握住了文本的神韵主旨。

五、还原“变形”：意蕴分析的注意点

有人说，文学是现实生活真实的反映，用车尔尼雪夫斯基的说法就是“美是生活”，此观点将艺术的美等同于现实的真，它忽略了艺术的特征，艺术的美不仅是真的，而且是假定的，是真实性与假定性的结合，用歌德的话来说，艺术是“通过假定达到更高程度的真实”。

艺术作品中虚构的形象，有的逼真，有的变形。逼真是艺术形象迫近现实的真实，会让读者产生“身在其中”的真实感和亲切感，而变形则是创作主体为实现自己的创作意图和心理意向对对象进行加工和改造的结果。变形了的艺

术形象往往与现实差距较大，但其也一定会是某种社会生活的投影，附着着作者独特的思想和强烈的主观情感。

从文学创作的角度来说，作者下大力气有意变形的艺术形象往往是他表达文本意蕴的物质载体，附着着他强烈的主观色彩。从文本鉴赏的角度来说，读者往往可以通过还原这变形的艺术形象，瞬间捕捉到作者的创作意图。由于这种表面上看来严重扭曲了现实的艺术形象往往能成为文本意蕴的可靠索引，因而我们有必要归纳其正确的操作方法，具体地说，就是“悬置”——“还原”——“发现矛盾”——“分析原因”——“揭示主题”。

“悬置”“还原”作为一种哲学方法在西方现象学中早已有之。这里所说的“悬置”和“还原”，取自胡塞尔的现象学观念。所谓“悬置”就是中止的意思，即中止有序阅读，将文本中的事和象悬搁起来，对它进行重点审查；所谓“还原”就是“回归”的意思，回归文本中事或象的本源，回归到事物的原生状态。当然，这里只是借用了现象学的部分理论。和现象学有所不同的是，这里的“悬置”和“还原”只是为了把原生状态和艺术形象之间的差异揭示出来，然后加以分析，揭示主题。王勃《杜少府之任蜀州》开头一联“城阙辅三秦，风烟望五津”，就叫人捉摸不透。上句写长安的宫阙被辽阔的三秦之地所拱卫，气势雄伟，是送别之地。下句里的“五津”指岷江的五大渡口：白华津、万里津、江首津、涉头津、江南津，泛指“蜀川”，点明杜少府即将宦游之地。作者从长安城登高望远，目力所及，如何能到达千里之外的蜀川？这种对科学常识有意的扭曲与违反，不仅是诗歌创作对陌生化追求的一种常态，更是解读文本意蕴的一把钥匙。从长安城向远处眺望，虽有风烟阻隔，但依稀可看到蜀州，着一“望”字，不仅拓展了诗歌的意境，而且缩短了两地的距离，既然蜀州可望，那么就没必要为离别而忧伤了，这也为后文“海内存知己，天涯若比邻”所要表达的离别之苦做铺垫。所以，这首诗中的“望”字虽不合真理，却暗合人情，这种颠覆了科学真理的词语，往往能成为作品深层情感乃至情结的可靠索引。

再如稍有科学常识的读者在读到李白《闻王昌龄左迁龙标遥有此寄》中的末尾两句“我寄愁心与明月，随风直到夜郎西”时，便会产生这样的疑问：愁心如何寄给明月，又如何随风飘至夜郎西？是的，如果把这些带着玫瑰色的美好梦幻放在科学理性的现实面前，一定会被后者撞得粉碎，但艺术可以在情感表达“合目的性”的基础上进行高度的提炼和有效的变形，因而读者读来并不觉得突兀荒诞，细细思量，我们便会发现作者这样变形的奥秘：一是物我同一。作者内心的愁怨无人理解，无人倾诉，亦无人安慰，只有寄托在眼前这一轮和自己同样孤寂的明月之上。二是动静结合。心随风动，飘至王昌龄所在的夜郎西，这是动景；人隔两地，难以相从，而月照中天，千里可共，作者用这一打破了空间距离的明月，缩短了两人情感交流的距离，而这朗照的明月自是静景。动静结合，同时赋予明月以人的情感，本来无知无情的明月，竟变成了一个了解自己的知心人，她能够而且愿意接受自己的要求，将自己对朋友的怀念和同情带到辽远的夜郎之西，交给那不幸的迁谪者。这种将自己的感情赋予并寄托于客观事物，使之具有人的感情和超人的力量，乃是形象思维所形成的特点和优点之一，从创作的角度看虽虚幻但读者读来却并不荒诞。

综上，我们在阅读文本时要善于通过逻辑思维的方式将艺术的感觉还原成科学的理性，并发现两者的矛盾，分析出情感的审美价值。逻辑的还原最后必须走向艺术价值的还原，而从艺术价值的还原中，就不难分析出真正的艺术奥秘了。

第八章 “如影之随形”：文本的结构美

第一节 文本结构的几种形式

传统的文学理论通常把文学作品分为内容和形式两部分。所谓内容，是指作品所反映的、渗透着作者的思想情感和审美评价的社会生活，它包括体裁、主题、情节等。所谓形式，则是表现作品内容的内部组织构造和外部表现形态的总和，包括体裁、结构、语言、表现手法等①。这里，我们剔除文学作品的内容和形式中的体裁、语言与表现手法等，专谈文学作品的结构。所谓结构，是指文学作品按照一定的组合关系连接文章内容的外观形态。这种外观形态能够引起人们感官上的愉悦和心理情感上的美感，这便是结构美。

“言有物”和“言有序”，既是我国古代创作的标准，又是鉴赏的标准。从鉴赏上说，前者强调考查作品内容的充实，而后者则强调考查文体营构的艺术秩序。无物，为空洞，无序，则杂乱。一篇优秀的文学作品一定是“物”与“序”的圆融统一。

文学作品内容与结构之间是对立统一的关系，两者相互依存、相互制约。没有内容，结构就失去了依存；没有结构，内容就无法表达。从一般意义上说，

① 陈文忠. 文学理论[M]. 合肥：安徽大学出版社，2002:67.

第一，内容决定结构。作家之所以创作文学作品，是因为他在现实生活中的某种心绪难以找到宣泄的端口，于是他便躲进了文学的象牙之塔，希冀在那里可以找到抚平内心波澜的安慰剂。从这点来看，作家创作时，必然以情感、主题为主线，然后考虑到支撑和连接这些素材的结构。如果说内容是“肉”，那么结构就是“骨”。第二，结构对内容有反作用。文学作品无论是叙事还是抒情，只有依据一定的文序结构，文字才能表达出特定的情感，描述出生动的形象。也就是说，一切文学作品内在的意蕴只有通过外在精致的文序结构才能得到完美的呈现。第三，内容与结构必须圆融统一。完美而又深刻的内容需要借助文序结构这件“外衣”来呈现，反过来，精巧的结构又有助于更好的表达作品的内容，内容与结构的圆融统一是文学创作追求的至高境界。

文学作品的结构就是作家把一堆“语言建筑材料”按照一定的规律连接起来，使之有序且有效地地表达作者的意蕴。下面我们就几种常见结构的基本构筑形式做简要分析。

一、纵贯型结构形式

纵贯型结构形式，就是作者以作品事件的发展进程、作品时空的线性转换，或者是作品人物的心理推进进程，组织材料，营构文章。这种结构形式常见于叙事文体，尤其是小说之中。它是一种线状的承接式的文章营构方式，它将千变万化的现实社会的生活凝练为一条线性的收尾完整的“主动脉”。在这条“主动脉”中，“血液”沿着一定的方向向前流淌，中间即便是有些旁支微脉，但它们最终都将会融入主动脉中，丝毫不会影响这条主动脉的运行方向。

这种纵贯型的结构形式叙述井然，完全吻合了读者阅读时思维的方向维度，这样的文学作品就像一条匆忙前行的急流，读者会被这条急流裹挟着前进，急于想知道故事的结局。因此，也可以这样说，使用了纵贯型结构形式的文学作品会大大地提升读者阅读的兴趣。当然，使用这种结构形式会要求作品中所有的因素都必须维系在中心线索旁边而不允许有任何的游离，这就使得作者在创作时无法叠合展现不同时空的图景，无法充分地营造出富有时空张力的多重的艺术世界，因而有时这种结构形式也会束缚作品内容的边界。

在文体欣赏中，我们对于这种纵贯型结构形式的分析，最关键的是要抓住这类作品的线索。作品的营构线索是纷繁复杂、多种多样的，归纳起来有以下三种：其一，以“情”为线，也就是说以作者思想情感的变化过程为线索。如杨朔的《荔枝蜜》，就是以作者对蜜蜂的感情变化为经线来串联作品的。文章开篇以厌蜂起笔，因为他曾经被蜜蜂蜇过，所以“感情上疙疙瘩瘩的，总不那么舒服”。可是后来他吃了蜜，蜜的甜美渐渐地剥落了他对蜜蜂憎恶的情感，再后来当他参观养蜂场，看到蜜蜂辛勤劳动创造新生活的情景后，作者又浓墨重彩地赞颂起蜜蜂来了：“多可爱的小生灵啊，对人无所求，给人的却是极好的东西。蜜蜂是在酿蜜，又是在酿造生活；不是为自己，而是在为人类酿造最甜的生活。”最后文章由赞美蜜蜂引申为赞美人类，卒章显志，赞美那些像蜜蜂一样的人。《荔枝蜜》全篇以情感为线，由开始的厌蜂，转至结尾的赞峰，这种情感上的对比不仅避免了文章叙述的单调，而且还通过使用反跌的手法来使感情更进一层，更加深郁地表达出了作者对蜜蜂的热爱与赞美。其二，以“物”为线，也就是以某种具有特殊意义的事物来作为营构文章的线索。例如莫泊桑的小说《项链》，就是以项链为线索营构文章：借项链——戴项链——丢项链——还项链。在小说的开端部分作者写了玛蒂尔德在自己的美貌和穷酸的夹缠下内心的失衡，女主人公为了在上等人的社会中以美妙富有的形象赢得他人的赞誉，迫不得已向自己的好友借了一条项链，结果是舞会上的玛蒂尔德出尽了风头，她以自己的美貌及令人炫目的衣帽首饰赢得了上流社会对她的追捧，此时的女主人公自然飘飘欲仙地沉浸在喜悦与自豪之中。在小说的发展部分，作者没有做任何过渡，直接而又稍显突兀地叙写了其丢项链的过程以及丢项链给她带来的惶恐。为了挣回还项链的钱，玛蒂尔德颠覆了从前的生活方式，勇敢地过起了节衣缩食的日子，为了瞬间的虚荣，玛蒂尔德过了长达十年的“辛酸”“穷酸”的生活。就在主人公用长达十年的时间还完了买项链的钱之后，作者又再次拿起了他那支“玩弄读者于股掌之间”的生花妙笔猛地抖出了故事的结局：那条项链居然是假的。纵观全篇，作者以项链为线索，沿着“喜——悲——喜”的情感结构组接了小说的素材，由喜突然翻出悲，又由悲而突然翻出喜，两层反跌，不仅在抒情上构成了严密的逻辑联系：喜之深而悲之切！悲之切而喜之深，而且在这种突兀的人生大起大落的情节安排的背后，还隐藏着作品的主题：人生是那样的虚幻而又无常啊！其三，以时空为线，也就是以时间的流程、空间的转换或者是事件发展的顺序作为营构文章的线索。有时，这三种结构线索会在一篇文章中叠合起来使用。例如汉乐府《陌上桑》，按照“罗敷采桑——行者惊艳——使君掠艳——罗敷拒绝”的线索来组接文章，这样的一条线索既有时间的纵向流动，又有空间的横向转换，还有按照罗敷之美，因美而使人倾倒，因美而使人企图掠艳的事件因果顺序。所以可以这样说，在《陌上桑》中，三种线索是叠合在一起使用的。当然，这种结构形式又可以叫作交叉型结构形式，有关内容会在后文做进一步的交代。

以上归纳总结的只是纵贯型结构形式的一种表现形态，即单线型纵贯结构，然而有单线型，就有复线型。所谓复线型纵贯结构，是指两条或两条以上的线索同构于一篇作品中，建造一个立体有机的艺术整体。在具体创作过程中，有时候作家在铺写外在事件的发展历程时，在他的心灵深处还会对这些事件产生一些微妙的情感波澜。此时，作家为了寻求外在事件的动态性发展和内在情感同时诉说的欲求，随物赋形，选择了这种复线型的纵贯结构，双线一主一次、一明一暗，阴阳相济。这样的结构形式，不仅有以外在事件发展为线索的结构的明朗美，还有以作家内在情感发展为线索的结构的含蓄美，这就不只是叙写了一件事，而且还扩展了文章深刻的内涵，深化了主题，进而使整个文章立体、多面、深邃而又富有张力。

例如，鲁迅的《藤野先生》就采用了这种复线型的纵贯结构。作品明线是作者与藤野先生的相识——相交——相别的过程，暗线是作者弃医从文的理想与情感急遽变化的过程。而且作者在明暗两条线中间架起了两座桥：一座是“看电影事件”，一方面“看电影事件”是作者在仙台医科学校求学也就是在他与藤野先生相处时发生，时空的一致性使得“看电影事件”和这篇文章的明线“作者与藤野先生的相识——相交——相别的过程”勾连在了一起；另一方面在“看电影事件”中，作者看到了中国看客的精神灾荒，由此凝定在他潜意识中的民族的尊严感和危机感引发了作者拯救中国的方法的转型：与其拯救中国人的肉体，不如挽救中国人的灵魂,“以文化来镇住愚昧,以渊博来镇住固陋”。这样作者在看幻灯片时所受到的强烈的震撼与刺激,又把“看电影事件”和这篇文章的暗线“作者弃医从文的理想与情感的急遽变化”紧密地连接到了一起。

“抄袭事件”是文章连接明暗两条线的另一座“桥”。与“看电影事件”一样,一方面,该事件也是作者在仙台医科学校求学即在作者与藤野先生相处时发生,时空的一致性为“抄袭事件”和这篇文章明线的连接提供了一个切入口;另一方面,“抄袭事件”中日本学生对作者所取得成绩的不信任严重地灼伤了他的尊严,就在愤怒的洪涛即将淹没作者心潭的时候,作者奋力挺起自己不屈服的脊梁,平息自己心中怨恨的波澜,含着泪沉重地深思:中国人何以被外国人视为愚拙的“东亚病夫”?有五千年文化积淀的泱泱大国何以会屡次饱受外邻的侵略与凌侮?沉思的结果是,中国的落后主要是源于国人愚昧、麻木、得过且过的精神特质,国人精神世界的底色是那样的苍白,于是作者决定弃医从文,希望通过自己的一支生花妙笔在国人的精神领地里播撒自强、自立、自尊的种子。这里,“抄袭事件”给作者带来的民族屈辱感是作者决定弃医从文的触发点,而正是这个触发点完美地连接了这篇文章的暗线。正是这两座桥才使得文章圆融统一,浑然一体。

总而言之,《藤野先生》一文中的双线一明一暗,主次分明,不仅表达了作者对藤野先生无私豁达的国际主义情怀的敬意、对藤野先生关爱中国学生的感激、对藤野先生深深的怀念之情,而且还含蓄地传达出了作者对“怒其不争”、精神溃滑迷茫的中国看客们的指斥和隐忧。《藤野先生》由于使用了这样一种主次、明暗分明的二元线索并行的结构形式,其结果不只是塑造了一个闪烁着高尚精神光芒的老师的形象,而且还隐隐地渗透出了自己对无聊看客的憎恶与爱国主义情怀,双线并行无疑是既保持了断面之间的多向多维的松动和舒放,又具有一种内在的有机性和立体感,使作品成为多意蕴的复合整体。

二、横断型结构形式

所谓横断型结构形式,就是以内在的线索组合贯穿各种材料和本来不相关联的生活场景或生活片段，是一种并列式的横向布局。这种“一时并写多面”的结构形式，由于打破了时空的束缚和事件发展的先后顺序，所以作家可以在不同时间、不同空间里自由地穿插神游，可以多角度、多层次、多侧面地进行艺术描绘，从而创造出富有立体感的多层性的艺术作品。

例如，在《红楼梦》第七十五回和第七十六回中，曹雪芹就“一时并写了两面”。一方面，我们在这两回里听到了黛玉发出的令人“悚然疑畏”的“异兆发悲音”，看见了中秋之夜林黛玉和史湘云在“凹晶馆”下“联诗悲寂寞”；另一方面，同样的中秋之夜，我们又看到了在“明月清风，天空地净”的凸碧山庄中贾母率众上山赏月、团圆取乐的情景。《红楼梦》在状写黛玉、湘云“悚然疑畏”的同时，又写出了人们中秋赏月的欢乐。乍看起来这两幅画面好像互不承接，但是，如果我们加以细致地透视与分析便可发现，作者写中秋之夜贾府上下“烦心顿解，万虑齐除”的快乐，其实是为了反衬黛玉内心凄婉的悲怆，两幅似乎毫不相干的画面是以黛玉凄婉的情感为内在线索而组接到一起的。

分析横断型的结构形式，要特别注意理清文章横断面之间的“焊接点”，即作品中连接几幅画面的内在线索，思考文章素材与这条内在线索之间的关系。如郁达夫《故都的秋》总共描绘了“庭院秋景”“秋槐落蕊”“秋蝉残鸣”“闲人话凉”“北国秋果”五幅画面。而这五幅画面却紧紧地集合在“北国的秋，却特别来得清，来得静，来得悲凉”这条文章线索的周围。在这篇文章中，作者主要是写观秋之色和听秋之声。写观秋之色，是为了突出故都秋天环境的冷清；写听秋之声，是为了强调故都秋天的寂静。作者用冷清的景物、寂静的声音为抒写自己内心的悲凉蓄势，同时在这些景物和声音上也附着着作者悲戚哀怨的心绪。

其中，“观秋之色”包含“碧绿的天色”“日光”“蓝朵”“秋草”“落蕊”“扫帚的丝纹”“穿着青布单衣或夹袄的都市闲人”“淡绿微黄的枣”；“听秋之声”则包含“驯鸽的飞声”“秋蝉残鸣”“闲人话凉”。那么，这些景物和声音是如何连缀组合在“北国的秋，却特别来得清，来得静，来得悲凉”这条文章的“主动脉”的周围的？作者写“蓝朵”是要用自然界中某种植物色彩的清冷折射出环境的清冷，再用环境的清冷折射出作者内心的清冷；作者写“秋草”是要用其“疏疏落落”“尖细且长”的枯涩的形状衬托环境的凄清，再用环境的凄清映衬作者内心的凄清；

写“落蕊”是要用凋敝的零落于地上的槐树落蕊来渲染北国秋天的清冷，来勾起作者生命零落与短暂的悲凉慨叹；写他能看见“灰土上留下来的一条条扫帚的丝纹”，说明这条小路在清洁工人清晨清扫结束之后便再无人踩踏过，这一细节的刻画使得读者在自己想象中凝定了一个独自徘徊、枉自嗟叹的作者形象；写“驯鸽的飞声”，是运用了以声写静的手法，试想，作者如果不是处在孤独寂寥的环境中，又如何能够听得到遥远的鸽声呢？鸽声在这里与其说是人的听觉表现，不如说是人的一种情绪状态的外化形式，它反映了人物内心的孤独和一种不知若何的落寞感；作者写“秋蝉残鸣”，是要用秋蝉声音的衰残来映射自己内心的衰残，蝉声即心声，同时作者写“秋蝉残鸣”也是运用了以声写静的手法。我们由作者能够听到秋蝉衰弱微细的残声，也能够联想到作者此时处在一个寂静孤独的境地，完全疏离了“乱哄哄你方唱罢我登场”的热闹而又浅薄的世俗世界，在作者孤独的内心里其实笼罩着一片悲凉的雾气。

必须插入交代的是：一是作者为何要写碧绿的天色、温暖的日光？这种色调与悲凉的心绪有无内在关联？二是作者为何要写都市闲人，这种情调与主题有无内在关联？三是作者为何要写秋天的枣子？是否游离了主题？

作者写“碧绿的天色”，诚然，碧绿不是冷色调，但是作者在“碧绿的天色”的前面使用了“很高很高”的反复修辞手法来修饰它，作者在这里是要用天空的高远来隐晦地表达他内心深沉渺远的沧桑。同时，作者写碧绿的天色也是为了引出下文对“驯鸽的飞声”的描写，至于作者为何写“驯鸽的飞声”，前文已有交代，这里不赘述。作者写日光，并没有纠缠于对日光这一名词的描画，而是突出人物的外部动作，“从槐树叶底，朝东细数着一丝一丝漏下来的日光”，细数日光，是一种动作，但这种动作不带有任何急遽性、紧迫性和目的性，作者在这种似做非做、似动非动、似闲非闲的动作之间表现的是自己的一种似活非活的无聊孤独的精神状态。

至于作者为何写都市闲人，教参认为是要“表现作者的平民意识，同时也表达了作者对都市闲人无忧无虑的生活的向往”，果真如此，就彻底游离在文章的主线索之外了。笔者认为，对于抒写作者内心感受的抒情散文来说，“知人论文”无疑是解读文章的最好办法，要分析作者为何写都市闲人，首先要了解作者创作这篇文章的背景：从1921年9月到1933年3月，作者曾用相当大的精力参加左翼文艺活动和进行革命创作。由于国民党白色恐怖的威胁，作者从1933年4月由上海迁居到杭州，在杭州一住就是三年，这一段时间里，他过着清闲的隐居生活，而作为一个心高气傲、富有才智、抱有革命理想、充满生命活力的爱国者，在他清闲安逸的生活表象的背后，当他面对“国破山河在，城春草木深”的惨象时，他的内心一定还饱蕴着难以吞咽的枯涩的泪，作者的心境是灰色的，但他反抗灰色。所以，文章中的“都市闲人”其实就是作者自己。如果再次细心地纵观全文就会发现，文章不只是在此处写到了闲人，对于闲人的刻画还散落在文章的各个角落。作者这样做，无非是要用他眼中所见到的单调、凄冷的景物，用他耳中听到的疲弱衰残的声音，用闲人无聊散漫的交谈内容来状写他内心的空虚和落寞。在作者的笔下，一切的外部景物都没有了新鲜感，一切都是唤不起他精神感兴的陈旧物事，这寂寞无味的外部生活与作者寂寞无聊的内心感受互相印证。写“都市闲人”的本质，实在又是在写他自己太没意思的颓废无聊的生活以及不甘于这种颓废生活的挣扎。由上，我们可以说作者写“都市闲人”是紧扣“悲凉”这一文章主线索的。

至于作者为何要写秋天的枣子，我们必须于文章细微之处仔细地玩味和分辨。不错，作者是写到了枣子，但枣子呈现在我们眼前的颜色是淡黄微绿的，作者用枣子未成熟时生涩的视觉形象，来状写自己内心寂然郁闷的感受。“等枣树叶落，枣子红完，西北风就要起来了，北方便是尘沙灰土的世界。”这里，作者既未写到枣子红得喜人，又未写到人们采摘枣子时丰收的喜悦，作者在短促地交代“枣子红完”之后，就直接跳入描写强劲、峻急的西北风和北方的尘沙灰土了，峻急的西北风和浑浊的北方天空无疑是与作者此时愁绪堆积的内心感受互相印证的。由上，我们可以得出这样一个结论：作者所描写的秋日果实一改过去文人墨客笔下繁盛、热闹的象征意义，正是通过枣子枯涩的颜色、峻急的西北风和浑浊的北方天空这些外感的形象来传达出自己清冷、悲凉的内心感受，因而作者写北方的枣子并没有脱离文章的主线，完全紧扣“北国的秋，却特别来得清，来得静，来得悲凉”这条主线选择素材。

综合上文，我们就会发现作品所描绘的五幅画面，虽然是保持了相对的独立性，但它们之间却“明断而实续”，作品的主线索把这五幅画面连缀组合了起来，使它们共同组成了一个经纬交织、紧凑完整的立体的艺术作品。

三、交叉型结构形式

所谓交叉型结构形式，是指作品的结构线横竖交错，一方面依循线性的纵向的时间顺序来连接内容，另一方面又采取插叙、倒叙的艺术手段，有意使这种表意的纵向连接发生暂时性的断裂，形成一种横向型结构，而这种以断裂为其特点的横向结构又会使得作品内容穿透历史与现实的隧道，游走在回忆和当下之间，扩充了作品的容量。

鲁迅的《祝福》就采用了这种交叉型的结构形式。作品主体采用顺叙的手法，却将人物的结局出人意料地安放在小说开头。顺叙和倒叙的绾合，就形成了一种交叉式的结构形式。作者之所以打破故事发生发展的线性顺序，开篇就抖出了祥林嫂死亡的结局，从而将时间过程整个逆转过来，其艺术意义有四点：

(1)这种结构形式是用热闹的“祝福”场面、鲁镇人在“祝福”这一天忙碌而又兴奋的等待与祥林嫂凄凉孤独地死去形成强烈的对比。鲁镇上空爆竹燃放时发出的巨响和呛人的烟雾，鲁镇家家户户为了迎接“祝福”而紧张忙碌的场景，共同渲染出一幅毫无意义的空洞的热闹画面。作者以这幅画面为背景，叙写了祥林嫂凄然孤寂地死去。作者以鲁镇为一面镜子，映照出深刻而又广泛的社会意义：在当时的中国，人与人之间是如此的冷漠，一个故人的逝去，丝毫都不能激起人们心中同情与怜悯的涟漪，作者把鲁镇“祝福”的场面描写得愈充分、愈热闹，就越能反衬出祥林嫂死去时的凄凉，同时也愈能突显出国人的冷漠和自私。

(2)这种结构形式是为了要“以惨烈来镇住愚昧，以震撼来镇住固陋”，即以强烈的“地震”来击碎国民心中麻木的“磐石”。在文章的开篇，作者突破了中国古典情节小说“大团圆”结局的常规，因为在作者看来这种结局“不但是不真实的，更重要的是它大大削弱了揭露封建制度的艺术力量，不管作者的主观愿望如何善良，它客观上起到了掩盖封建社会各种矛盾的尖锐性与不可调和性的作用，起到了用虚幻的梦想麻醉人们思想的效果”[1]。所以在《祝福》中，鲁迅不仅选择了让主人公凄然死去作为小说的结局，而且还大胆地把这一悲剧性的结局放在了文章开头这一显著位置上，从而产生震撼心灵、启蒙和改造国民思想的作用。

(3)这种结构形式使故事叙述得更加生动和紧凑。小说是从祥林嫂年轻守寡开始记述的，一直记叙到了祥林嫂中年死亡，时间跨度有几十年。试想，如果作者按照故事发生发展的线性顺序来营构文章的话，作者是要把祥林嫂几十年的生活一一展现，那么以短篇小说这种文体的容量是怎么也容纳不下的。所以，鲁迅先生就有意截断了这种线性的、连续的和不可逆的故事时间，而选择了倒叙、顺叙这种交叉性的构筑形式。同时，在选材方面，鲁迅先生还把祥林嫂几十年的生活压成碎块，并从这些碎块中捡起了几块和自己要表达的主题有关的碎片，用一条线把祥林嫂这几幅生活的画面连接了起来，这种被后来的鲁迅研究者称为鲁迅作品中常用的“戏剧式”的结构形式，就使得作品内容穿透了历史与现实的隧道，游走在回忆和当下之间，它不仅扩充了作品的容量，还简短、迅速和深刻地表达了作者对当时国民和社会的尖刻的嘲讽。

(4)作者采取这样的结构形式是为了设置悬念，犹如高山坠石，不知其来，使得故事的叙述更加扣人心弦。从读者接受的角度看，作者在文章的一开篇就亮出故事的底牌：祥林嫂凄然地死去。这张流动着死亡气息的底牌除了让读者心生恐惧、怜悯之外，还会在他们的心中注入一个大大的问号：祥林嫂为什么会在人们祈祷来年幸福的关键时刻悲惨地死去，她又有着怎样的一个悲剧人生，这些问号对于读者来说无疑会是引领他们在文章中寻求答案的“缰绳”，他们会急切地进入到文本的阅读当中。毋庸置疑，这样的结构形式增加了文章的可读性。

通过对《祝福》一文结构的分析，我们可以对交叉型结构形式的文本做一个简单总结：任何文学作品中的事件都是作者虚构的，事件本身并不重要，重要的是事件所证明的思想和主题，因此作家为了着力表现主题，是完全可以打破叙事时钟报时式的时间顺序，选择这种与所要表现的主题相契合的交叉型结构形

---

① 王富仁．先驱者的形象：论鲁迅及其他中国现代作家[M]．杭州：浙江文艺出版社，1987：103.

式的。但是，这里需要补充的一点是，不管作家是选择倒叙还是插叙，也不管作家对叙述故事的时间顺序怎样颠倒，故事的情节与情节之间一定要存在一个颠扑不破的逻辑线索，一个情节插入另一个情节之中也一定要有赖于它们之间的关系，每一个情节都必须要为主题服务，它们不能逾越和疏离主题，每一个故事也都必须要有完整的逻辑性。

四、辐射型结构形式

所谓辐射型结构形式是指作品以人物的心理活动或意识流动为内在的意脉，以某一个特定的点为中心向四周伸展、放射，用网络的方式来组接材料的一种文章的整体构筑形式。

王蒙小说《春之声》就是采用了这种"满天开花"式的结构形式。作品以主人公物理学家岳之峰坐在闷罐车中的意识流动为文章的内在的意脉来组接材料。在小说中，主人公岳之峰时而联想到童年的生活和青年时代的初恋，时而联想到眼前的生活现实，时而联想到北京和西北高原，时而联想到德国的慕尼黑和法兰克福，时而联想到美国的抽象派音乐，时而联想到杨子荣的咏叹调。总之，作者以岳之峰的内心为网点向四面放射伸展，营构了一个个如缤纷花雨般四处飘散的瞬间印象。而这些叠加在一起的印象让读者既看到了过去又看到了现在，既看到了中国又看到了外国，从而和岳之峰一样产生了与外国相比的落后感和差距感，以及要迎头赶超的时代感和历史感。

由于这种"满天开花"式的辐射型结构形式在中学语文课本中出现得较少，因而笔者在这里也就不做过多阐述了。

总而言之，一部经典的文学作品一定是与它独出心裁的总体构筑方式紧密相关，因此我们在分析文章的结构美时，一定要对作者所选用的整体结构形式作冷静的思考与回味，一定要追寻到这种营构文章的整体结构形式所存在的永恒的美的价值，从而在这种追寻的道途中，感受到疑惑瞬间得以化解的欣悦。

第二节　文本结构的营构技巧

一部经典的文学作品，固然要具备整体的不落俗套的构筑方式，同时它还需要作家在作品中使用大量局部的艺术组合技巧。之所以这样说，是因为整体的构架需要局部的衔接和弥合。因而，我们既需要分析作品整体的营构方式和作家选用这种营构方式的原因，又需要分析作品所使用的艺术组合技巧以及使用这些艺术组合技巧的妙处。下面联系中学语文教材分析几种常见的艺术组合技巧，并尝试探讨分析这些艺术组合技巧的作用。

一、语词的倒置与错位

所谓语词的倒置与错位是指打破一个句子内部正常的语词组合次序，将一个句子历时性的内容颠倒过来，先说后，再说前。刘勰将这种结构组合技巧的特点归纳为“上字而抑下，中辞而外出”“颠倒文句”“回互不常”(《文心雕龙·定势》)。这种特殊的结构组合技巧大都用在古典诗词中。如辛弃疾的《西江月(夜行黄沙道中)》就突出地使用了这种语词的结构组合技巧。

明月别枝惊鹊，清风半夜鸣蝉。稻花香里说丰年，听取蛙声一片。七八个星天外，两三点雨山前。旧时茅店社林边，路转溪桥忽见。

在这首词中，上片的第一、二两句的正常语序应该是“明月惊鹊(栖)别枝，清风(逗)蝉半夜鸣”，而三、四两句则应该是由“听取”引导的一个省略了主语的句子，即“听取稻花香里蛙声一片说丰年”，或“稻花香里听取蛙声一片说丰年”。词下片的第一、二两句正常的语序应该是“天外七八个星，山前两三点雨”，而下片三、四两句则应该是“路转旧时茅店社林边，忽见溪桥”。

语词的倒置与错位是诗歌语言运用的一个突出特点。那么，作家为何要打破正常的语词组合次序？细辨之下，缘由有三：

1. 语言的“陌生化”激起读者玩味语言妙谛的兴趣

按照正常的语序创造出来的日常的话语方式对于读者来说是十分熟悉的，所以读者在阅读这些语句时，往往并不需要掺入过多的思考，对于他们来说，阅读这些文字只是一种习惯、一种无意识的心理活动罢了。而语词的倒置与错位往往会打破读者已经形成的无意识的阅读经验而使他们的接受过程受阻，读者在这种阅读过程被阻滞的瞬间，会产生一种突兀奇僻的陌生感，而这种语言的“陌生化”进而又会迫使读者去仔细地玩味语言，领悟诗人借助特殊的语言运用方式传达出来的审美意趣。

2. 诗歌语言的特点是造成其语言错位的重要原因

诗歌语言的特点，和散文不同。通常认为，诗歌语言必须要精练，要讲究韵律，而这些特点无疑是造成诗歌语言倒置与错位的重要原因。周振甫的《诗词例话》曾对这个问题有一段精彩的论述：“盖韵文之制，局囿于字句，拘牵于声律，散文则无此等禁限。韵语既困羁绊而难纵放，苦绳检而乏回旋，命笔时每意溢于句，字出乎韵，类旅人收拾行縢，物多箧小，安纳孔艰。无已，‘上字而抑下，中词而外出’《文心雕龙·定势》，必于窘迫中矫揉料理，故歇后倒装，不通欠顺，而在诗词中熟见习闻，安焉若素。”①周先生的见解是独到而精确的。例如辛弃疾的《西江月（夜行黄沙道中）》中上片的三、四两句，如果按照正常语序来写，则应该是“听取稻花香里蛙声一片说丰年”，或“稻花香里听取蛙声一片说丰年”，这样显然不符合诗词韵律的要求，因而作者选择了跨句倒装，稍稍将词中的语句做了些微的错位，这可以看作是词人由于受诗词韵律的“羁绊”而做出的最佳选择。

3. 突显意义也是诗歌语词错位的重要原因

任何一首诗的创作都不可能是作家的一次没有确定目的地的心灵旅游，诗人们耗费心力创作诗歌一定是要宣泄他内心再也承载不下去的某种“情”或“思”，因而为了突显诗歌所指的意义，诗人们往往会改变语词的顺序，而让能够

① 周振甫. 诗词例话[M]. 北京：中国青年出版社，1962：284.

直接揭橥他“情”与“思”的词语占据诗句中重要的“关隘”，最常见的就是放在诗句的首位。

仔细考察辛弃疾的《西江月（夜行黄沙道中）》，我们会发现，这首词虽然写到了诗人夜行的所见、所闻，但诗歌着重表现的却是诗人夜行于黄沙道中的感受。换句话说，诗人并不是想要无限夸大自己的见闻，而是想要透过这些外在化的见闻，传达自己夏夜旅行时内心的美妙感受。“明月别枝惊鹊”，并不是要着重展现夜鹊如何在明月的拂照之下而在枝头栖止不定的外观形态，而是要通过明月竟然能够“别枝惊鹊”这一细微精妙的动态化的形象，突出夏夜明月给作者带来的晴朗娴静的内心感受；“清风半夜鸣蝉”，也不是仅仅要告诉我们清风是如何逗引夏蝉半夜鸣叫的，而是要透过清风逗引“半夜鸣蝉”这一细小而富有情趣的动态化形象，传达夏夜清风带给他的爽豁；同样，在“稻花香里说丰年”中，作者是要突出稻花的清香迷人以及自己从蛙声中预知丰年的喜悦感。在词的上片中，作者为了突出自己内心的感受，而把能够直接揭橥他“情”与“思”的词语诸如“明月”“清风”“稻花香”放在了诗句的首位。

作者在上片倒错语词的顺序是为了袒露夏夜旅行带给自己的美妙感受，那么词的下片呢？在“七八个星天外”中，作者把数量词“七八个”放在句首，是要用“七八个”这一极言数字之少的词语来构筑一幅疏朗的星空图，而外在星空疏朗的景物也蕴含着作者夏夜旅行时清朗闲适的内心体验。同时，从词的结构意脉看，星星少，极有可能说明这是个多云的天气，这也为下文的“两三点雨山前”埋下了伏线；在“两三点雨山前”这一句中，作者又故伎重演，有意把“两三点”倒置于句首，这样做除了要和上句构成对偶之外，作者也是要用“两三点”这一同样极言数字之少的词语来驱除夏夜的闷热，两三点小雨不仅沾湿了作者的衣襟，也在他烦躁闷热的内心淋下几滴凉爽的雨珠，他的心灵由此也溢出丝丝清凉。同时，下雨就需躲雨，两三点小雨是作者寻见旧时林边茅店的原因，这一句和下句“路转旧时茅店社林边，忽见溪桥”形成了意脉上的勾带关系。

总之，辛弃疾的这首小词在看似信手拈来、自然天成的诗句下面，暗藏了肌理，诗人运用颠倒错位的艺术手法，将“明月”“清风”“稻花香”“七八个”“两三点”“旧时茅店”这些词位移至句首，这样做的目的除了有格律的要求之外，更重要的是突出自己所想要表达的意义，也即诗人于明月清风中所感受到的怡然自悦和快然自适。

二、素材安排的详略与疏密

一篇文章如何安排素材是由文章的主题来决定的，凡是与主题密切相关的素材就应泼墨如雨，反之则应惜墨如金。具体地说，有些素材能够突显主题、点铁成金，这样的材料就宜用作文章的主角，予以详写；有些素材虽不能突显主题，但是它却是详写部分必不可少的补充剂与润滑剂，这样的素材就宜用作配角，予以略写；至于那些既不能彰显主题，又不能对详写的内容具有补充和衔接作用的素材则应忽略不计，不予出现在文学作品之中。

素材的安排讲究详略得当，其中的妙处，如果从文学创作的角度来说，它不仅可以有效地控制文章的篇幅，而且可以不枝不蔓地突显文章的主干——主题，使得文章疏密相间、错落有致；如果从文学欣赏的角度来说，它可以使得读者把主要的精力投注到这些详写的内容之上，从而便于读者须臾之间就能分辨出作者的创作意图。如莫泊桑的《项链》就是一篇典型的素材运用详略得当、错落有致的优秀作品。在这篇小说中，莫泊桑就详写了马蒂尔德借项链、戴项链、丢项链以及项链失而复得的过程，略写了女主人公如何经过十年的奋斗归还项链的艰辛苦难的人生旅程。作者这样安排素材的详略关系特别见其匠心独运，下面笔者就尝试分析这篇小说素材安排的微妙之处。

（一）结构的主题意义

作品内容的详略安排，虽然只是附着于文学作品表层的外观形态，但是它却是引领读者挖掘隐藏在结构形态背后的主题的不可或缺的“药引子”。在《项链》中，作者详写了马蒂尔德借项链、戴项链这两个情节，通过作者有意识地扩充这两段内容的创作手法，我们似乎能够体味到作家在作品外观形态之中，所包裹着的对于某种女性集体心理的睿智的捕捉。其实，作品通过马蒂尔德的人物塑造，揭示了女性的普遍心理：对于青春易逝的恐慌，对于自己的如花美眷得不到异性赏识乃至追捧的落寞，对于本可以利用自己的美貌过上富足生活而现实生活却是异常窘迫的不甘心，对于不甘心于现实窘迫的积极而又无力的反抗。甚至读者还可以透过作者这样有意的素材安排，领略到女主人公对于在宴会上遭遇某场艳遇的渴望，以及通过这场艳遇来改变自己窘迫生活的隐隐的期待。所有这些，如果我们不胶着于以某种主流意识形态的支配来评价作品的话（有人偏执地理解为作品只是在批判资本主义社会女性的虚荣），我们会发现作者正是要通过详写马蒂尔德借项链、戴项链这两个情节，即通过作品的外观形态来展现深刻的主题——女性群体的集体心理意识。

（二）结构的位置安排

根据作品详写的内容是为了突出主题解读的原则，我们再来分析小说中另外一部分详写的素材，也即女主人公丢项链以及项链失而复得的情节的作用。这两个情节在小说中虽然出现的位置不同，但是它们却有一个共同特点，那就是情节的出现具有突兀性和偶然性，它们与前后情节之间是断裂的，没有必然的因果关系，而也正是这极具戏剧性的情节改变了女主人公正常的人生轨迹。所以，作者在作品中对女主人公的遭遇也发出了慨叹："人生是多么奇怪，多么变幻无常啊，极细小的一件事可以败坏你，也可以成全你。"极简单的一句话却深刻揭示了文章的主题，直抵人性的根本——人类是那样的渺小，在命运的摆弄之下，人类只能无奈地选择，人生必须接受偶然与命运的捉弄。由此，我们可以明确作家详写女主人公丢项链以及项链失而复得的情节，其目的是要表达一种偶然性、他控性的不自由的人生情境，以及这种普泛的人生情境给当时人们所带来的对于某种"前世注定"的神秘力量的恐慌和敬畏。可惜，今天有许多人不仅忽略了紧扣文本来阐释文章的主题，更重要的是忽略了透过文本的外在形态来挖掘其中所包裹着的深刻的主题。

（三）结构的衔接技巧

作者略写女主人公如何经过十年的奋斗归还项链的人生旅程，其中的原因是这个情节只是起到衔接上下文的作用。从上文看，女主人公举债归还了女友

"昂贵"的项链,结果必然是日子更加窘迫艰辛;从下文看,当马蒂尔德与女友在公园重逢时,马蒂尔德的青春容颜已经逝去,十年的苦难生活直接在马蒂尔德的脸上烙下了深深的皱纹,乃至她的朋友再见到她时会发出这样的惊叹:"噢!……可怜的玛蒂尔德,你真变了样子!"由此,我们可以明确,女主人公十年窘迫的归还债务的生活,只是起到了推进小说情节发展的"润滑剂"的作用,它并不具备揭示文章主题的作用,不能由此归纳出本文是要赞美女主人公勤劳、诚信这样一个主题。

总之,纵观《项链》一文,作者正是透过详写的内容来完成自己超越了时空限制的经典化的"所指",也即某种女性的集体心理意识和当时人们面对无常而又神秘的历史宇宙无法掌控自己人生轨迹的无力感和无奈感。施莱格尔说:"诗的应有任务,似乎是再现永恒的、永远重大的、普遍美的事物。"[①]王阳明也说:"经,常道也。……通人物,达四海,塞天地,亘古今,无有乎弗具,无有乎弗同,无有乎或变者也。是常道也。"[②]如果借用"经""道"作为贯穿小说情节的意蕴,那么这就是文章中所揭示的具有普泛性的某种人性根底。《项链》之所以能够成为经典,就是因为作者在疏密有间的素材安排这一文本的外观形态之下包裹进了自己对于永恒的生命人生的智慧的洞察。

三、语词的省略与跳跃

所谓语词的省略与跳跃,是指诗歌文本在组接诗句时往往省略掉其中过渡性的语句(这些陈述在其他类型的文本中往往是不可或缺的),或者直接把那些错综跳跃、难求明确的线索和时空因果联系的意象组合在一起,从而造成文本连接空缺的一种语言组合方式。

(一)省略与跳跃的审美意义

作为一种诗歌文本的抒写技巧,语词的省略与跳跃具有特别的审美意义,

① 施莱格尔.文学史讲演[M]//伍蠡甫.西方文论选:下卷.上海:上海译文出版社,1979:327.

② 王阳明.稽山书院尊经阁记[M]//王阳明全集:上册.上海:上海古籍出版社,1992:254.

大致说来,至少有以下两点:

1. 语言的高度凝练性

诗歌从外观上来看,一般不宜过长,尤其是在中国古典诗歌像绝句和律诗中就特别强调篇幅的短小和精悍。周汝昌先生在谈到中国古典诗词的特点时曾这样总结:中国的古典诗词是"一幅小小的感情的图画"。"小小的"说明诗歌的展现方式是"收敛和浓缩"的,一个小小的"匣子"如何能够拥有过多过大的"容量"呢?诗歌的这种短小精悍的外观形式决定了诗人在传达诗情时必须摒弃日常语言运用的逻辑和规范,而选择与诗歌短小的"外套"相契合的"身段",所以,诗歌语词省略和跳跃就形成了诗歌语言的高度凝练的审美特点。

2. 抒情的聚焦包蕴性

黑格尔说:"最完美的抒情诗所表现的就是凝聚于一个具体的心情。"作为一位优秀的美学家,黑格尔的这句话无疑是揭示了诗歌与其他类型的文学文本在情感传达方式上的不同。其他文学文本诸如小说、散文等,须描述和铺陈一个情感的演变过程,而诗歌则往往是要通过某些错综跳跃、难求明确的线索和时空因果联系的意象的组合,来展示诗人在某一个时空点上的瞬间的心境意绪。

叶嘉莹在评价温庭筠词作的特点时说:"不必深求其用心及文理上之连贯。塞雁之惊,城乌之起,是耳之所闻,画屏上之金鹧鸪,则目之所见,机缘凑泊,遂尔并现纷呈,直截了当,如是而已。"[①]王蒙在谈到李商隐的《锦瑟》《无题》时也说"结构的无端……不是我们习惯的线性结构",具有"可简约性,跳跃性,可重组性"。[②]上述评价,概括了诗歌语词省略与跳跃这种艺术结构技巧的特点。这一类诗歌的层次结构之所以有异于一般的逻辑顺序,与它们侧重于表现作家的某种情感意绪密切关联。人的心理世界是一个瞬息万变、丰富而又隐秘的宇宙,它微妙且无质无形,恍兮惚兮,变化无端,没有某种固定的线性的演变过程,这

① 叶嘉莹. 迦陵论词丛稿[M]. 上海:上海古籍出版社,1980:31.

⑤ 王蒙. 双飞翼·混沌的心灵场:谈李商隐无题诗的结构[M]. 北京:生活·读书·新知三联书店,1996:104.

种作家内在的点状的情感意绪诉诸外在的文字表达，则往往要借助于似断似连、错综跳跃的意象组来加以呈现。语词省略、跳跃的这种艺术结构技巧，恰恰满足了传达出作家点状的情感聚焦点的需求。

令人特别感兴趣的是，如果从读者鉴赏的角度来看的话，当初作家在创作诗歌时所必然要选择使用的这种艺术结构技巧在不经意间却构成了如伊瑟尔所说的“文本召唤结构”，也即“由文本句子结构和意向性关联物的非连续性”所构成的“文本空缺”[①]。这种“文本空缺”不仅给读者提供了一个更加广阔的想象空间，而且这也正是显示诗歌文本的丰富内涵的所在，解读者用自己的想象对文本缺省之处补充的过程，也正是确定诗歌文本的意义的过程。同时这种艺术的想象是“不受现实的检验，只从属于快乐的原则”的[②]，因而对这种文本空缺处的想象也给读者带来了感性得以解放的审美愉悦。

（二）省略与跳跃的两种类型

使用语词省略与跳跃这种艺术结构技巧的诗歌文本，大致可以分为两类：一类是使用了大量错综跳跃的意象来组接文本的诗歌，这种诗歌的结构形式往往是非线性的跳跃性的开放式结构；另一类则采取了线性连贯的封闭式结构形式，这样的诗歌只是省略了起交代作用的过渡性和转折性的陈述语句。在中学语文课本中，马致远的《天净沙·秋思》属于前一类，李清照的《如梦令》则属于后一类。关于《天净沙·秋思》，在前文论述意象时已有专门的解说，这里不再赘述。这里我们着重分析《如梦令》在结构技巧的使用上所隐含的妙处。

> 昨夜雨疏风骤，浓睡不消残酒。试问卷帘人，却道海棠依旧。知否，知否？应是绿肥红瘦！

一首小令，总共只有六句话，但是其中却有三处时空的转换，还有女主人公和卷帘侍女之间的对白。笔者掩卷思来，不禁感叹，似乎只有现代的电影艺术才能胜任这种“镜头”的迅速拆换，而九百年前的女词人又是如何摇曳她手中的

① 朱立元．当代西方文艺理论[M]．上海：华东师范大学出版社，2005：295.

② 朱立元．当代西方文艺理论[M]．上海：华东师范大学出版社，2005：218.

妙笔创造出这千古的神话的呢？仔细分析，我们还会发现，这首词中前后时空的转换和人物之间的对白存在着大量的缺省之处，而这种缺省也即语词的省略与跳跃又造成了文本的空白，鉴赏者凭借小令中有限的语句和自己的生活经历，通过联想与想象在自己的心灵屏幕上完成对小令中的生活图景、人生情境的复归，并借助这种复归准确地把握作品所折射出的深刻意蕴。

“昨夜雨疏风骤”是说昨宵风猛雨狂。在这春天静寂的深夜里，词人注视着倒映在窗户上的即将被风雨摧折了的春花的黑影，心中默默地叹息：风雨葬花，如葬美人，如葬芳春，如葬自己易逝的青春容颜啊！红消香断，情何以堪？愁绪满怀无释处，冷雨敲窗酒解愁，对于词人来说，用酒来麻醉自己或许是消解她内心尖锐哀恸和无奈的唯一办法。醉酒浓睡，一觉醒来，时间的脚步虽然划过了漫长的黑夜，迎来了晨曦，但是词人内心依旧弥漫着昨夜的愁绪，这时，她听到外间侍女卷帘之声，连忙关切地询问：海棠怎么样了？侍女随口回道：“海棠还是像昨天那样呀。”女主人听了，长叹说：“你不知道啊，经过了一夜风雨，海棠的绿叶更是葱郁，花儿却残损凋落了呀！”

这首小令，其间缺省了在风雨飘摇中的海棠意象、词人惜春叹春的心理活动，以及“浓睡不消残酒”的原因揭示。唯有通过“补白”式的分析，才能揭示这首小令深厚的情感意蕴。

那么，我们“补白”式地分析文本依据在哪儿？我们的依据就在诗人弥合诗歌缺省处的“粘合剂”。这首小令的空白缺省之处固然是使得诗歌语言在前后衔接组合上不甚连贯，但细思之，我们就会发现这首小令前后诗句间存在着具备“粘合剂”作用的词语，而这些具有“粘合剂”作用的词语又使得整首小令的结构呈现若离实合、似断实连的特点。词人写自夜至晓，没有按照明确的线索和时空因果联系来叙写自己由景生情、因情醉酒、因酒浓睡的情感经历，只是用“浓睡”和“残酒”作为上下句之间的“粘合剂”，巧妙地在上下句之间搭起了一座桥梁，这两个词不仅完成了上下句结构上内在意脉之间的勾带关系，而且还给读者留下了宽广的想象空间。在接下来的词句中，作者不明说天亮酒醒，而要用“卷帘”侍女来点破日曙天明，同时也引出下文词人对侍女的询问，真可谓是“一石二鸟”啊！最妙的是词人问卷帘之人，所问何事？一字不言，却于答话中透露出上句所询问的海棠花的“问题”，其绝妙工巧之处就在于词人在后文弥补上了前文省略的内容，如絮浮水，似沾非着，不着痕迹，自然浑成，读者完全找不见作者人工缝补的“针脚”。

总而言之，在诗歌文本中，作家经常使用省略语词这种艺术结构的技巧，我们解读此类诗歌时，除了要充分地调动想象力来填补文本的缺省之处，并进而探究诗歌的内在意蕴之外，还要在看似浑然天成的结构中，善于捕捉弥合诗句缺省之处的“粘合剂”，体味诗人隐藏在文本背后的巧夺天工的结构技巧。

四、前后的呼应与衔接

文学作品的各组成部分并不是一种简单的叠加，而是一种有机的组合。因而我们在评论一篇文学作品的结构时，除了要关注作品的每一个部分与作品整体之间的关系外，还要对构成作品每一个部分之间的联系做出准确而又客观的判断。要探究作品各个部分之间所存在的有机的联系，除了要厘清隐蔽在文章中的线索之外，还要关注文章中的呼应与衔接。

（一）结构的呼应

所谓前后呼应，是指一篇文章前有伏笔后有照应的一种艺术结构技巧。脂砚斋在评述《红楼梦》前后呼应的结构技巧时曾这样说：“草蛇灰线，伏脉千里。”“常山之蛇，击首则尾应，击尾则首应，击腹则首尾俱应。”他用蛇的生理特点来比喻文章首尾呼应这一结构技巧，可谓是生动形象之极。凡是优秀的文学作品，为使全篇前后统一，血脉贯通，无人不重视呼应这种艺术组合技巧的运用。

如《林黛玉进贾府》，节选自《红楼梦》第三回，是全书序幕的一个组成部分。在这一部分中，宝黛初次见面，然而在二人心中却似早已相识。黛玉初见宝玉时感觉“好生奇怪，倒像在哪里见过一般”；无独有偶，宝玉也觉得“这个妹妹我曾见过的”，“看着面善，心里就算是旧相识，今日只作远别重逢”。对于这一情节的安排，如果我们没有阅读过小说第一回有关“木石前盟”的神话传说，不能明了曹雪芹“草蛇灰线，伏脉千里”的结构方法，我们大概只会猜测小说是在写二人前世有缘，所以今生才会有如此的“眼缘”！其实，宝黛初见，双方心生恍兮惚兮的幻象，是与全书第一回“木石前盟”中的“还泪”之说相照应。在小说第一回中，女娲补天所剩下的一块顽石在投胎入世之前，曾变为神瑛侍者以甘露灌溉了一棵“绛珠仙草”，使其得以久延岁月，后来“绛珠仙草”遂脱去草木之态，幻化人形，修成女体。在这顽石下世之时，她为酬报灌溉之德，也要同去走一遭，把一生所有的眼泪还他。这块顽石便是贾宝玉的前生，而林黛玉就是绛珠仙草的今世。所以，宝黛初次相逢所产生的似曾相识的幻象，正是对前世的木石盟约的遥遥呼应。实际上，如果我们细读文章，还会发现全书第一回“木石前盟”中的“还泪”情节，除了是与宝黛初见、心生幻想相照应之外，还与节选部分黛玉回答贾母询问自己病情时所说的“只怕他的病一生也不能好的了。若要好时，除非从此以后总不许见哭声”互相照应。

这样的呼应简直是妙到极处了，它真当得起是“千里”之外早“伏”下了遥遥的“灰线”。它分散在表面不相连属的好几回书文当中，不察者漫不知味，而当你领悟之后，不由你不拍案叫绝。

（二）结构的衔接

衔接与呼应不同。衔接，是指作品各个部分之间的连接和弥合。如果把一篇作品比作一个有骨有肉的人体，那么作品衔接的部分就应该是衔接骨与骨、骨与肉之间的“软组织”。试想，如果一个鲜活的人只有骨与肉，而没有软组织来在其中弥合贯通的话，那么这个人就会瘫软成一团，无法直立行走。同理，如果一篇文章只有素材，而缺少衔接素材的“软组织”，那么文章就无法构成一个自然浑成的严密整体，读者在阅读时也会感到素材与素材之间是一种堆砌，前后之间往往显得生涩和突兀。因此，凡是好的作品，必然讲究衔接过渡，且这种衔接过渡虽落了笔痕，着了色相，但作者一定要在其中抹去人工的痕迹，使其自然流畅、天衣无缝。

文学作品的衔接大致可以分为三类：第一，某个场景或事件向另一个场景或事件的过渡与衔接。如契诃夫《装在套子里的人》，从对别里科夫的性格和日常生活习惯的交代转到叙写他的婚事时，就以“可是，这个装在套子里的人，差点结了婚”来过渡，使得文章成为一个有机整体，读者在阅读时也不会觉得这个“转弯处”生涩而又突兀。第二，文章表达方式或叙述方式变换时的衔接。首先我们来看表达方式的衔接，一篇文章在议论、描写、抒情、叙事、说明这些表达方式发生转变时，作者要用一句或一段话将使用了不同表达方式的段落光滑润泽地衔接在一起。如魏巍《谁是最可爱的人》，开头是几段议论，当转入叙事时，作者就用了“让我们还是说一段故事吧”来完成议论与叙事的转接。其次我们再看叙述方式变换时的衔接，一篇文章在顺序、倒叙、插叙这些叙述方式发生转化时，作者往往要用过渡句或过渡段将其缝合在一起。比如鲁迅的《祝福》，作者就使用了倒叙的方式，在文章开头便亮出了文章的“底牌”：祥林嫂在鲁镇“祝福”的欢快气氛中凄然地死去，接下来作者由倒叙转为顺序，追述了祥林嫂一生中的几次重大波折。在倒叙与顺序这两种叙述方式切换的时候，作者巧妙地用“然而先前所见所闻的她的半生事迹的断片，至此也连成一片了”这一“隐形的桥梁”，完成了这两种完全不同的叙述方式的衔接。第三，在上下文发生递进或转折时的衔接。一篇文章如果上下文之间是延展层进或者是反接转折的关系，那么在它们之间一般要有使用了递进或转折关系关联词的语句来衔接上下文。如在《祝福》一文中，上文说祥林嫂由于嫁了个好人家而好久未出现在鲁镇中了，“从此之后，四婶也就不再提起祥林嫂了”，当文章转折到下文祥林嫂又出现在鲁镇时，作者就使用了“但有一年的秋季……她竟又站在四叔家的堂前了”来隐妙地缝接上下文。

从文体结构上来说，正是因为呼应和衔接，使作品形成一个逻辑关系严密的“自足整体”；从表达技巧上来说，也正是因为呼应和衔接，使作品形成一种一往必达的内在气势。所以，鉴赏或批评文学作品时，必须要注意文本结构的细枝末节处。

五、独特的反转结构形式

凡是古今中外精巧的文学作品，往往会在其中使用反转的结构技巧。所谓反转，是指作者所描绘的场景、事件、情感在没有任何过渡的情况下突然发生逆转,或由某个场景突然反转出另一个场景,或某个事件正常的行进历程被突然打断而又翻转出另一个不可思议的情节,或作家的情感由喜突然翻出悲、由苦闷突然反转出欣悦。如果我们把一篇作品比作一条流淌的河流,那么反转就是这条河流陡地由高处坠落,浪花飞溅,而产生强烈的冲击力。对于叙述性文体诸如小说、戏剧来说,反转不仅会使得结构跌宕起伏,增加可读性,同时读者还会在这"意外事件"的冲击下,把自己的目光和注意力全部投注在这"意外事件"上,并透过这一事件去把捉文本包蕴的丰富主旨;对于抒情性文体诸如散文、诗歌来说,则是会倍增文本中的哀乐,这正如王夫之在《姜斋诗话》中所说:"以乐景写哀,以哀景写乐,一倍增其哀乐。"

如今,还是让我们从中学语文课本中各选取一篇叙述性文本和抒情性文本来浅略地谈谈反转这种结构技巧的作用吧!

首先,我们分析叙事性文本《林教头风雪山神庙》的反转结构技巧。《林教头风雪山神庙》节选自《水浒传》第七十一回。在这一回中,作者就不断地以出人意料的情节、突然变换的场景,来给人以较强的刺激,吸引人们的注意力,由此形成文章整体结构上的跌宕美。开头部分写到了小二夫妇无意间发现了陆谦等人正在密谋杀害林冲,他们很快把这个阴谋告知了林冲,林冲勃然大怒,买刀寻敌,小说到此营造出山雨欲来风满楼之势,各位看客似乎也急切等待着看一出仇人相遇、刀剑相向的好戏。但这样的场面并未出现,局势发生了逆转,由紧张而平缓了下来。林冲被派到草料场,得到一个"好差使",这不仅让林冲感到奇怪,读者的好奇心也被调动起来,孰料看管草料场原来只是为陆谦等人杀害林冲设下的一个陷阱:可以利用放火烧掉草料场这一契机来烧死林冲,或者"便逃得性命时,烧了大军草料场也得个死罪"。然而,小说情节又在没有任何过渡的情况下再一次发生了逆转,一场大雪不仅压倒了林冲所住的两间草厅,这个意外恰恰救了林冲的性命。林冲为寻安身之地,暂住于山神庙中,并于庙内不经意间听到了陆虞候等人沾沾自喜的阴谋,林冲按捺不住内心的悲愤,铤而走险,雪夜杀敌,这是情节发展的高潮。如果我们要用一张图示来演绎上述情节的话,可以这样来勾画:

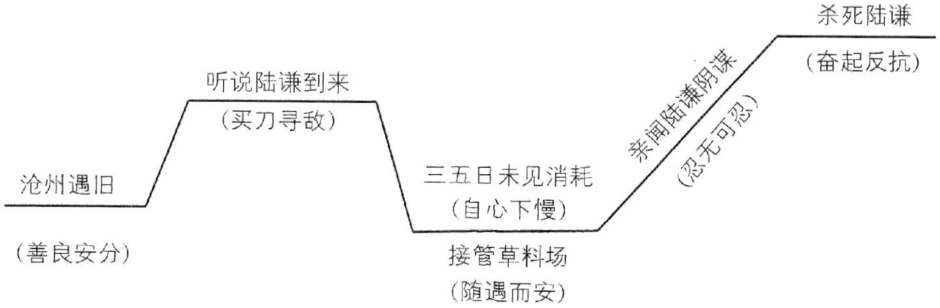

一条蜿蜒跌宕的曲线，说明情节行进的轨迹在不断地发生翻转，翻转之后又突兀地连接，这一个又一个叠加在一起的意外的翻转与连接不仅使小说的情节跌宕起伏，增加了小说的可读性，而且也会让读者在这些"意外事件"的冲击中发掘出林冲怯懦、屈从、苟且偷生的性格底色。

其次，我们再分析抒情性文本《小雅·采薇》的反转结构技巧。《采薇》最后一段"昔我往矣，杨柳依依。今我来思，雨雪霏霏"，就使用了反转的结构技巧。王夫之在评价此四句诗时曾说："以乐景写哀，以哀景写乐，一倍增其哀乐。"依依杨柳，是动人的春色，在这美丽的春色里，抒情主人公本应该享受家庭的温馨、爱情的甜蜜，可他却偏偏要踏上征途，从此劳燕分飞，男旷女怨，其情何以堪？故曰是以乐景写哀；霏霏雨雪，是凄冷的景色，久戍经年，归乡之时，无论心情如何复杂，总是带有聊慰乡关之思的潜在的喜悦，故曰是以哀景写乐。此种写景，在情感的抒发上，是更进一层，使情感表达更为浓烈。类似的写法在诗歌创作中是经常被使用的，诸如杜甫《述怀》篇中先云"自寄一封书，今已十月后"，如果接下来说"不见消息来"，这不过是平常的语言罢了，但作者在这里却反接了一句"反畏消息来，寸心亦何有"，这让人真切地感受到在兵荒马乱的战争年代，灾难可能不期而至而造成每个人心灵的震颤。因而，作者既迫切地渴盼家中的回信，又害怕家中会传来不幸的消息。反接手法的使用把乱世中人物内心的挣扎倏地脱出，千年后的我们在读它时含着泪，斗觉惊心动魄。

综上所述，笔者认为我们在分析反转结构的文学作品时，必须悉心地梳理反转前后的内在结构关系，仔细品味反转背后所隐蔽的特殊意蕴。

第九章　内隐而外秀：文本的意象美

意象是文学作品艺术构造的基本元件。一篇具有美学价值的文学艺术作品，特别是诗歌和抒情性的散文，无一不是由一组组美的意象按照美学规律组构而成的艺术整体。

对于意象的研究，古往今来大批的文学评论家都曾经有过精准的阐述，在这里笔者只是想对前人的研究做一个简单的梳理，最重要的是笔者希望在这一节中能够梳理出一套在新课标的语境中如何在课堂上挖掘文学作品中意象美的体系。

第一节　意象与物象的关系

为了能形象地而不是纯理念地论证"意象"的概念，让我们先从文学作品的分析说起吧。如马致远的《天净沙·秋思》：

枯藤老树昏鸦，小桥流水人家，古道西风瘦马。夕阳西下，断肠人在天涯。

这是一首颇负盛名的元曲小令。全曲之"意"，集中在最后一句"断肠人在天涯"。这首小令之所以动人，是因为它寓意于象，描绘了一幅游子远离亲人、漂泊他乡的图画，用九个意象谱写出一曲悲伤落寞的游子吟。前三句用九个实体性的名词共同组合成一个意象群，这个意象群省去了其间连接的词语，不仅意象鲜明突出，而且密度很大，这些色泽凄美的意象，共同传递出诗人悲郁孤独的情感。由此可见，意象乃有象有意。

一、意象的概念意义

中国文学理论的意象和西方英文所翻译的意象(image)在意义上并不相同。英美意象派所提倡的image是指运用想象、幻想、譬喻所构成的各种具体鲜明的、可以感知的诗歌形象[①]。西方所说的意象虽然也有“幻想”的主观意念，但是总的说来，仍然以外在物象和以外在物象为载体的思维表象为主体，构成的基本要件是“物象”。所以，朱光潜《诗论》说：“每个诗的境界都必有‘情趣’(feeling)和‘意象’(image)两个要素。‘情趣’简称‘情’，‘意象’即是‘景’。”[②]朱光潜先生基于西方理论和创作对“意象”的解释与中国文学理论所说的意象终隔一层。

袁行霈先生曾经对中国文学理论的意象理论进行过系统梳理，概括言之，大约有两层意义：一是指意中之象。《文心雕龙·神思》说：“使玄解之宰，寻声律而定墨；独照之匠，窥意象而运斤。此盖驭文之首术，谋篇之大端。”刘勰所说的意象实际上是意念之中的形象，用今天的话来说，就是文学构思中的思维表象，作家依据思维表象而运笔成文。二是指意和象。何景明《与李空同论诗书》说：“意象应曰合，意象乖曰离。”意思说，作者之意和客观之象互相对应，二者就融合统一；作者之意和客观之象互相对立，二者就分离。显然，他将意和象是作为两个审美元素的。综上，从意象概念的构成上说，意象包含着意和象两个理论元素；在意象概念的内涵上说，意象是作者之意和客观之象的有机融合。

意象作为一个不可分割的概念，实际上是源于《周易》“圣人立象以尽意”，后来王弼《周易略例》解释说，“象者，出意者也”“象者所以存意”。也就是说，从

① 袁行霈. 中国诗歌艺术研究[M]. 北京：北京大学出版社，1987：58.

② 朱光潜. 诗论[M]. 北京：生活·读书·新知三联书店，1984：50.

文学创作的角度来说，客观之象都是用来表意的，作者之意也必须借助象加以表达。刘运好先生在论意象时，先引用明代陆时雍《诗境总论》："实际内欲其意象玲珑，虚涵中欲其神色毕著。"然后阐释说："意象在虚境与实境（实际与虚涵）中，毕显客观物象之'色'、审美主体之'神'（神思）、审美客体之'义'。"[①]一言以蔽之，文学文本的意象是物象、意义、感情的有机统一。一般则简化为意与象的有机统一，就是主观的心意和客观的物象在语言文字中的融汇和具现[②]。

事实上，我们在平时的生活中，对于那些有内涵而无形状的情感是无法用有形的东西来做出正确的衡量的，这是语言表达的有限性所造成，也是文学家所面临的困局之一。所以要诗意地表达无形的情感，就必须在自然中寻找对应的有形之象来曲折地表达自己无形的情感。"以实写虚""以眼前之景来抒写内心之情"，对于那些有深刻而丰富的情感世界的诗人来说，几乎是不二的选择。因此，余光中先生说道，意象是构成诗的艺术之基本条件之一，我们似乎很难想象一首没有意象的诗，正如我们很难想象一首没有节奏的诗[③]。虽然余光中对意象的理解不够准确，但是他对意象、节奏与诗的关系的阐述，则是肯綮之论。

二、意象与物象的关系

既然物象是意象的主要构成元素，那么意象的存在形式就是物象。王国维《人间词话》将诗境分为"无我之境"和"有我之境"。在他看来，"采菊东篱下，悠然见南山"（陶渊明《饮酒》），"寒波澹澹起，白鸟悠悠下"（元好问《颖亭留别》），是无我之境；"泪眼问花花不语，乱红飞过秋千去"（欧阳修《蝶恋花》），"可堪孤馆闭春寒，杜鹃声里斜阳暮"（秦观《踏莎行》），是有我之境。所谓有我之境，是诗人之情直接浸染在诗歌物象之上，其情显，即所谓借景抒情；所谓无我之境，则是诗人对客观景物进行冷静描述，情感隐蔽在诗歌物象之外，其情隐，即所谓寓情于景。无我之境，重在景色物态的描述，这时物象的描述成为意象的主体，

① 刘运好．文学鉴赏与批评论[M]．合肥：安徽大学出版社，2002：203.

② 李元洛．诗美学[M]．南京：江苏文艺出版社，1987：146.

③ 余光中．掌上雨[M]．台北：台湾时报出版公司，1980：17.

所以用“澹澹”描述寒波，用“悠悠”状写白鸟；有我之境，重在自我情感的抒发，并不注意景色物态本身的描述，所以“泪眼问花花不语”并不见花本身的形态描述。在无我之境中，景，也就是意象。景物与意象之间并无截然的鸿沟。

但是，无论有我之境还是无我之境，都是以作家的情志为核心，因此意象的艺术生命是情感。袁行霈先生说：“物象是客观的，它不依赖人的存在而存在，也不因人的喜怒哀乐而发生变化。但是物象一旦进入诗人的构思，就带上了诗人主观的色彩。这时它要受两方面的加工：一方面，经过诗人审美经验的淘洗与筛选，以符合诗人的美学理想和美学趣味；另一方面，又经过诗人思想情感的化合与点染，渗入诗人的人格和情趣。”[①]即便是无我之境，仍然寄托着作者的情志。比如说，“采菊东篱下，悠然见南山”，采、见的动作仍然是由主体发出，“悠然”既是望南山的神情，又是望时的心态。与前联“问君何能尔，心远地自偏”的心境，结尾“此中有真意，欲辨已忘言”的玄心，是一个浑然整体。即便是“寒波澹澹起，白鸟悠悠下”，似乎纯客观的描述，然而联系下联“怀归人自急，物态本闲暇”即可看出：写寒波、白鸟的悠悠、澹澹，是为了反衬归人心情的急切。所以望波望鸟时的那一份神情和向往，也包含其中。

概括言之，意象生成于主体对客观物象的直观感受，而后产生“心象”（思维表象），形之于诗，则是浸染了诗人主观情感的物象，从而形成意象独特的审美特点。由于意象乃“驭文之首术，谋篇之大端”，是贯穿文本语言、意蕴、结构乃至于意境的核心，所以为古今批评家所注重。

① 袁行霈．中国诗歌艺术研究[M]．北京：北京大学出版社，1987：62-63.

第二节　意象的审美特点

一、隐秀性：意象的基本特点

凡是诗歌和抒情散文中美的意象，都是把作者的内在之意诉之于外在之象，具有“隐秀”的特点。《文心雕龙·隐秀》云：“隐也者，文外之重旨者也；秀也者，篇中之独拔者也。隐以复意为工，秀以卓绝为巧。”“情在词外曰隐，状溢目前曰秀。”由此可见，隐是指蕴含在象中之意，它是内在的、抽象的，是“重旨”“复意”，也即它可能含有双重或多重的旨义；而秀则是指蕴藉着意之象，它具体而外露，诗句中的象则是“独拔”而“卓绝”的。也就是说，“秀”（外在之象）具有客观性，是形象的，也是明确的、鲜明的；“隐”（主观之意）具有主体性，是独特的，也是含蓄的、多元的。所以，刘运好先生认为“隐为意蕴深厚，秀为意象生动”，并以“言外之意”“景外之情”“义生文外”概括“秀”外之隐的三层含义①。“秀”为解读提供了可能性，“隐”为解读提供了多元性。二者统一，酿就了文学生生不息的鲜活的生命力。

诗人进行诗歌创作时，由内在的“意”去觅得外在的“象”，而读者解读诗歌则必须按照由象到意的轨迹进行。正因为如此，鉴赏诗歌时，就应该透过作者创作的外在之象，去寻悟作品浓烈而隐晦的内在情韵，即于“秀”中索“隐”。

分析“秀”中之“隐”，关键是寻出意与象之间的同构对应点。比如李商隐《无题》中的“相见时难别亦难，东风无力百花残”，首句抒情，情人因为阻隔，相见之难，因为难舍，相别亦难，这是情语。次句写景，东风绵柔，百花凋零。乃承上句的相见相别之情，以景语染之。那么，景语与情语之间的同构对应点在哪里呢？暮春时节的东风一方面眷念春天美好的景色，倔强地不忍看见百花的凋

① 刘运好．魏晋经学与诗学：中[M]．北京：中华书局，2018：832．

谢;另一方面,软弱无力的东风又无回天之力,他无法凭借自己的强大来力挽百花凋谢的颓势。东风这种内在深刻的冲突暗示着人类注定无法摆脱命运的捉弄,人类在命运面前如东风般显得如此软弱,即便是给人类带来常驻的审美醉意的男女情爱也只能是如春之消逝,不可复返,如百花凋谢,不可复开。这里,东风在自然面前的无力感和人类在情爱与命运面前的无力感形成了同构对应点。

当然,意与象的同构对应并不具有唯一性,对诗歌中的意象尤其是具有“重旨”“复意”的意象均可作多元化的诠释。诗人生存在一个不自由的社会环境之中,道德的、伦理的、政治的……种种钳制,使诗人欲言又止,止而不能,所以在失意困顿、心怀愁苦之时,情郁于中,想淋漓抒写却又不得不有所克制,于是复杂的情感沉潜于心而回肠九转,这种情感诉诸笔墨,也就只能境界朦胧而含蓄蕴藉。这就使诗歌文本在客观层面上留下了多元化诠释的空间。从接受美学的角度来看,文本的解读过程实际上也是读者根据自己的审美经验对文本进行再创造的过程。叶嘉莹先生说:“如果按照西方接受美学中作者与读者之关系而言,则作者之功能乃在于赋予作品之文本以一种足资读者去发掘的潜能,而读者的功能则正在使这种潜能得到发挥的实践。”① 由此,从读者主观的层面上看,应该根据自己的思想情感、生活体验和艺术情趣,超越诗中之象,进行文外之旨、象外之象、韵外之韵、弦外之音的多元化的再创造。

如这首《无题》的颔联“春蚕到死丝方尽,蜡炬成灰泪始干”,既是写象,又是言情。春蚕吐丝,是一种自然的本能,直至死去,方得停止;蜡炬流泪,也是不得不然,直至成灰,泪水始干。然而,“丝”同“思”谐音,蜡泪与人泪同质,于是这两句就有了强烈的暗示性。可以说,这两句诗象征着人类在自己情感面前是被动的,是不由自主的。一个人一旦心中刻骨铭心地住着一个他所思念的人,那么这种思念就会如影随形地跟着他,个人是无法用理智来控制的,它将会渗透到个人生活中的点点滴滴,并给他平淡的生活注入一丝苦涩与叹惋,直至陪伴他走到生命的尽头。李商隐的这两句诗运用谐音双关、象征的手法把人类的那种不由个人意志为转移的思念之情在最大程度上演绎了出来。

① 叶嘉莹.叶嘉莹说词[M].上海:上海古籍出版社,1999:132.

当然，这首《无题》也如幻化的彩云，给读者带来无穷的想象空间。首句“相见时难别亦难”，这里的别，既可以理解为陆游沈园式的生离，又可以是作者与政治的分道，既可以是远谪的离别，又可以是诗人与过去的自己告别。而“春蚕到死丝方尽，蜡炬成灰泪始干”，又可以针对上文的每一种离别演绎出不同的蕴义：是爱情的持守，是仕途的执着，是友情的眷念，是自我的操守？无论哪一种解释，似乎都有文本依据，都没有偏离李商隐的人生轨迹和思想特点。

需补充说明的是，叙事性意象也有隐秀的特点，比如风靡一时的日本俳句：“跌倒又爬起，山岭静悄悄。”从表层看，“跌倒又爬起”，是一个不经意间发生的生活细节；“山岭静悄悄”，是这一生活细节发生时的环境。仔细追寻，“又”暗示了这一细节的重复发生：跌倒爬起，又跌倒又爬起——这就充分显示了动作发生主体百折不挠的坚韧性格；山岭静悄悄，既是描写“跌倒”时的环境，又是描写“爬起”时的环境，还是“又跌倒又爬起”时的环境。山岭是生活细节发生的见证者，也是一个旁观者。这又在不经意间揭示了一个冷酷的现实：在跌倒的过程、爬起的过程、跌倒又爬起的过程中，山岭依然还是那个山岭，不会因为你“跌倒——爬起——又跌倒又爬起”而发生任何改变。真正的改变，必须依靠自己，所以这两句俳句就成为励志的格言。而格言式的两句俳句又深刻揭示了主体（自我）与现实（环境）之间残酷的关系。《红楼梦》中写贾雨村游览智通寺看到一副对联：“身后有余忘缩手，眼前无路想回头。”引出他的深思：“这两句话，文虽浅近，其意则深。我也曾游过些名山大刹，到不曾见过这话头，其中想必有个翻过筋斗来的。”概括抽象式的叙事，恰恰叠加无数生活的现象，包含着令人回味无穷的人生哲理。所以，隐秀的意象并非仅仅存在于抒情性诗歌中，叙事性作品中也有这种意象的存在。

所以追寻“秀”中之“隐”，既要由象出发，不能偏离文本，作天马行空式的解读，又要发掘象中之意的多元可能性，不能执着一端，将文本的含蓄性、多义性、表层与深层意义的有意错位作简单化的解读。

二、整体性：意象的生成特点

中国文学的意象，并非仅仅存在于诗歌之中。诗性智慧是中国文学的基本特点，因此生成于抒情性诗歌的意象，往往也被挪移到其他叙事文学如小说、戏曲等中。无论是抒情性诗歌，还是叙事性小说、戏曲等，创造的意象往往纷纭复杂、自由叠加，然而在这纷纭复杂、自由叠加的一系列意象之中，它有一个基本的生成特点：整体性。所谓整体性，是说文学文本所创造的意象虽然纷纭复杂、自由叠加，却又是有次序、有层次且指向文本的整体意义。

在文学鉴赏或批评过程中，首先必须厘清纷纭、叠加的意象的层次与系统，揭示出这些纷纭、叠加的意象的整体意义指向。如李白《宣州谢朓楼饯别校书叔云》："弃我去者，昨日之日不可留；乱我心者，今日之日多烦忧。长风万里送秋雁，对此可以酣高楼。蓬莱文章建安骨，中间小谢又清发。俱怀逸兴壮思飞，欲上青天揽明月。抽刀断水水更流，举杯销愁愁更愁。人生在世不称意，明朝散发弄扁舟。"开头两句虽然是直接抒情，但在这诗境中却耸立着一个面对时光飞逝、心烦忧虑的诗人的形象，其中"不可"的无奈，"多"的纠结缠绕，立体呈现了诗人丰富的内心世界。三、四句酒酣之前登楼远眺的情景，晴空万里，长风一道，秋雁成行，着一"送"字，雁凭风力展翅远去，包含诗人多少诗意遐想。五、六句不仅有客套，还有自夸，意思是叔叔李云的文章有汉魏风骨，而"我"的文章也有谢朓的清新俊逸。七、八两句最是神来之笔，二人都有飞上蓝天、摘下明月的飘逸之兴、雄壮之思。从遣词上说，一个"俱"振动上文，在对李云文章的赞美中隐含对自己文章的自负，从而使上两句具有一笔两用的技巧；从意象上说，上青天，揽明月，是二人逸兴壮思的具象化呈现。九、十两句突作反转，举杯消愁，反而愁绪更浓，犹如抽刀断水，水流更急。所以诗人突发遐想"明朝散发弄扁舟"。诗歌结构大开大合，意象纷纭跳跃。

诗歌叙述了一件事"酣高楼"，但是他只说"可以酣"，并没有描写"酣"，把具体"酣"的细节和过程统统省略了，但是在飘逸豪装的兴致、奔涌倾泻的忧愁、狂放诗意的遐想中，已经蕴含了一个"酣"字。诗歌叠加了纷纭的意象：人物中有诗人自我、校书李云；神态中有逸兴壮思、欲揽明月、举杯、散发；景物中有长风、碧空、秋雁、青天、明月；文章中有蓬莱阁、建安骨，这些叠加纷纭的意象，意蕴指向十分显明：忧愁—解忧（酣高楼），自负—豪情。写自负，上承前四句，揭示烦忧的原因：文雄于天下，却壮志难酬，日月流逝，更加重了这种烦忧；写豪情，却由“长风万里”顺承而下，长风万里隐含青天，所以才引起“欲上青天揽明月”的狂放遐想。这种自负与豪情一旦跌落现实，又回到昨日、今日的烦忧之中，所以才有举杯消愁的现实举止，散发扁舟的明朝遐思。非常有趣的是：所以以水喻愁，因为水的流逝与“不可留”的时光具有审美的同构性，孔子曾经面对流水感叹“逝者如斯，不舍昼夜”，而且水的意象又与“弄扁舟”形成自然的衔接。由此可以看出，诗人之所以烦忧深重、举杯消愁甚至追求超越尘世，是因为身怀奇才、有壮士之志，却不遇于时，不得其志。诗歌结构的大开大合也贯穿着一条明确的情感线索。写文章之雄、壮士之志，以及酒酣高楼、散发扁舟，与“烦忧”“愁更愁”的意蕴指向是完全一致的。

现代意象派诗歌，意象叠加往往更为自由，如果在阅读时不细心揣摩，就会产生“不知所云”的困惑和疑虑。其实，任何纷纭的意象并不是简单随意地叠加，而是有层次、有规律的艺术整合，必须以整体的观照对这些诗歌进行系统的、多层次的解读。如庞德的一首著名小诗“In a station of the metro”：

The apparition of these faces in the crowd；

Petals on a wet，black bough.

这首小诗只有两句，可是翻译、评论者却不绝如缕。江枫的翻译为《在一个地铁车站》：

这些面孔似幻象在人群中显现；

一串花瓣在潮湿的黑色枝干上。

诗歌构筑了一个叠加并行的意象群：幽灵般的面孔、湿漉漉的黑色枝条、绽放于枝条上的艳丽的花瓣、地铁车站的昏暗的甬道。如果把意象群中单个的意象当作各自为政的散件来审视，就可能不知所云。但是，反过来如果能够以整体观照的形式对作品中的意象群进行系统的立体的艺术把握，就可以领会到作品意象群所营构出的“物虽胡越，合则肝胆”的整体艺术效果。该诗湿漉漉的黑色枝条的意象，无疑会使绽放于其上的缤纷花瓣在色彩的对比中显得更加明丽，也更加润泽可爱。这里，枝条与花瓣这两个叠加在一起的意象通过对比与烘托共同翻腾出一种“有神无迹”含蓄蕴藉的整体妙境。

这首诗的作者还把地铁站甬道中匆匆闪现的人的面孔比作幽灵一般的幻象和黑色枝条上的花瓣，幻象与花瓣都是转瞬即逝，而在原作中作者在写到脸庞的意象时，还有意地选用了apparition，而不是通常用来表示“出现”意义的appearance。在英语中，apparition作“出现”解的时候，尤指幽灵与鬼魂的出现。此时，读者通过理解作者所选用的词语，通过整体地解读这个意象群，不难体味到几分诗人对于现代都市生活中美的易逝性的感叹和不安。当然，这首诗的主题，通过意象群的整体把握，还可以作另外的解读。诠释的多义性是西方意象派诗歌的特点。可是，无论如何解读，我们在整体上都会感受到现代都市中那骚动的灵魂和亮色中的晦暗。

从创作来说，意象的生成具有整体性；从阅读来说，意象的组合具有整体性。分析文本时必须抓住意象纷纭、叠合中的次序和指向，才能有效地解读文本的意蕴。

三、独创性：意象的生命活力

意象的独创性是文学作品是否有生命活力的标志之一。意象的独创性有三点：单个意象的独创性、整体意象的独创性、意象衔接的独创性。在中国文学中，意象独创性不仅是指诗歌，也包括其他叙事文学，如小说、戏剧、散文。

单个意象的独创性，是整体意象独创性的基础。前文所列举的文本例证，有许多都具有单个意象的独创性。如《在一个地铁车站》中的“apparition”（幽灵一般的幻象）、“black bough”（黑色的枝干）。由于语言的隔膜，我们可能对这种意象的独创性比较难理解，但是阅读《长恨歌》你就会感觉到一个个新颖意象纷至沓来。如“回眸一笑百媚生”媚态动人的笑容，“温泉水滑洗凝脂”润泽细腻的肌肤，以及“芙蓉如面柳如眉”对美人美貌的追忆，“梨花一枝春带雨”对美人愁容的描述等。具有典型的独创性的意象，可举崔护《题都城南庄》：“去年今日此门中，人面桃花相映红。人面不知何处去，桃花依旧笑春风。”这首诗有两个意象很特别，一是“人面桃花相映红”。写美人，或曰“如花”，或曰“羞花”。然而，在这里诗人却脱去一般比喻，以同构对应的方式将桃花、人面叠映在一幅画面中，桃花有美人的鲜活灵动，人面有桃花的自然神采。二是“桃花依旧笑春风”，桃花的粲然一笑点缀了春风，春风的和煦滋润绽放了桃花。桃花和人面的淡淡红晕，桃花和春风的温暖笑容，相映成趣，相得益彰。

上面所分析的崔护《题都城南庄》，从前后联看，是单个意象的独创；从全诗看，是整体的意象独创。小说、戏曲对人物形象的描述，往往特别注意整体意象的独创性。前文所举《林黛玉进贾府》，不仅描绘黛玉的容貌具有独创性，而且描绘宝玉的容貌也具有独创性。前者上文已经分析，这里再看对宝玉容貌的描绘：“面若中秋之月，色如春晓之花，鬓若刀裁，眉如墨画，面如桃瓣，目若秋波。虽怒时而若笑，即嗔视而有情。”以中秋之月状其脸蛋，春晓之花写肤色，圆润、明丽、白里透红；以刀裁摹其鬓发，墨画写其双眉，整齐、黢亮、充满神韵；以两瓣桃花写其两颊，秋水之波状其双目，红润、澄澈、顾盼传情。后两句描写整体的风神意态，“虽怒时而若笑”，和蔼可亲，“即嗔视而有情”，转盼多情。所以第二次出场时，小说直接以抒情语言写宝玉之天然风韵，万种情思。无论是黛玉的形象还是宝玉的形象，曹雪芹的描绘都具有整体意象的独创性。

在现代诗歌中，整体意象特别具有独创性的诗歌，舒婷《祖国啊，我亲爱的祖国》是一篇代表作。舒婷以系列独特新颖的意象，抒写对祖国深挚的爱。如诗的开头：

> 我是你河边上破旧的老水车，
> 数百年来纺着疲惫的歌；
> 我是你额上熏黑的矿灯，
> 照你在历史的隧洞里蜗行摸索
> 我是干瘪的稻穗，是失修的路基；

是淤滩上的驳船
把纤绳深深
勒进你的肩膊，
——祖国啊！

作者用一系列诗歌意象，抒写祖国灾难深重的古老历史。“破旧的老水车”的落后衰败，“纺着疲惫的歌”的生机黯然，“熏黑的矿灯”“蜗行摸索”的黑暗苦难，“干瘪的稻穗”“失修的路基”的饥饿困顿，描绘了近代历史上祖国的积贫积弱、累累伤痕。然而，即便如此，祖国仍然肩膊上勒进深深的纤绳，拖着“淤滩上的驳船”沉重地前行。虽然这系列意象所构筑的画面十分凝重，语言节奏也舒缓深沉，但是却透出一种苦难中的坚韧，黑暗里的探索，所以在贫困悲哀中仍然满载“痛苦的希望”，“飞天”梦想的花朵也一直没有坠落，唯有如此，才能挣脱“神话的蛛网”，拥有“簇新的理想”；才能在雪被下绽放“古莲的胚芽”，眼泪里挂着“笑涡”；才能刷新“雪白的起跑线”，迎接正在喷薄欲出的“绯红的黎明”。如果说第一节低吟着苦难深重的歌，那么第三节则燃烧着浴火重生的希望。无论低吟还是高歌，诗人都没有使用任何概括化的语言，而是借助一系列新颖的意象，构成完整的画面。

相比较其他作家把祖国比作母亲，很显然舒婷没有将自己的诗歌创作滑入到这样的陈词滥调中，她的这首诗正是以独创性的意象群，展示了中华民族由苦难走向新生的历史过程，一篇短诗有如此巨大的意蕴容量，显然与意象群的创造和选择有密切关系，也为歌颂祖国在艺术上开辟了别一蹊径。

仔细考察，舒婷的《祖国啊，我亲爱的祖国》并不是由第一节低吟苦难直接进入第三节抒写燃烧希望，而是以“我是贫困，我是悲哀”，收束低吟苦难；以“是‘飞天’袖间，千百年未落到地面的花朵”，引出抒写燃烧希望。这不仅是结构技巧，也是意象群之间衔接的技巧。一般说来，长篇抒情诗或叙述描写都采用这种意象衔接的方式。

但是，意象衔接与诗文情感的腾挪或叙事节奏的结构方式密切相关。一种是并列式衔接。这种衔接方式，文本意义前后并列，节奏跳跃急速。《红楼梦》中的抒情叙事诗《好了歌》将“功名”“金银”“娇妻”“子孙”四组意象并列组合；《好了歌注》：“陋室空堂，当年笏满床。衰草枯杨，曾为歌舞场。”“因嫌纱帽小，致使锁枷杠。昨怜破袄寒，今嫌紫蟒长。”上下联之间意象的排列也是并列组合。这种衔接方式，不借助任何过渡、承接、转折等技巧，直接将同类意象拼接成一幅图画。另一种是反转式衔接，上文所列举《好了歌注》，上下联之间是并列组合，上下句之间却是反转组合，都是将人世间极荣极枯的两种不同境遇有机组织在一起，一联之中，两种意象形成鲜明对比，产生触目惊心的艺术力量。《天净沙·秋思》一句之内的意象是并列组合，而上下句之间则又是反转组合。“枯藤老树昏鸦”意象色调凄暗，“小桥流水人家”意象色调明丽温馨，显然前后句意象的色调、情感不同，包含着诗人心境由暗淡转向明快的变化。比较典型的反转组合是《诗经·采薇》的最后一章：“昔我往矣，杨柳依依。今我来思，雨雪霏霏。”“昔”“今”的对举，虽在句式上是并列组合，但是在意义上则是反转组合：昔日别离，本为凄苦，却以“杨柳依依”的明丽之景出之；今日归来，原是喜悦，却以“雨雪霏霏”的凄冷之景出之，“以乐景写哀，以哀景写乐”，是一种典型的意象反转。意象衔接的创新，往往能够形成一种特殊的审美韵味，表达情感意义的腾挪翻转。

第三节　意象的分类维度

意象是构成诗歌内容的一个重要方面，根据不同的分类维度，可以将意象分为不同类型。大致说来，依据意象的性质，可以分为再现性意象、表现性意象和象征性意象；依据意象的组合方式，可以分为并列式意象、交替式意象、语断而意接式意象。

一、从意象性质的维度分类

意象的产生，一是源于作家的心灵对现实反应的不同；二是源于文本对意象的选择不同。如果按照文学文本对意象性质的选择，那么意象有再现性意象、表现性意象和象征性意象三类。

（一）再现性意象

再现性意象，是指直接描述客观对象如景物、人物、事态的文本意象。这类意象大多忠实于自然事物的原生印象，而不作大强度的主观变异，作家只是遵循客观存在的节律，给予自然性的描绘和渲染。

西方文学重再现，模仿现实；中国文学重表现，抒写自我。但这不等于说中国没有再现性的文学。一般说来，追求现实主义的叙事性文体注重再现。恩格斯在《致玛·哈克奈斯》中说："据我看来，现实主义的意思是，除细节的真实外，还要真实地再现典型环境中的典型人物。"现实主义小说是典型的再现性，西方将小说中的人物称之为"形象"。但是中国小说、戏曲等叙事文学却离不开意象，比如《红楼梦》原名《石头记》，从小说开头看，"石头"的本身就是具有象征意义的意象。不仅小说中大量的诗词曲赋，由一组一组的意象组成，而且中国小说的形象描述往往也不同于西方，都倾向于选择具有诗性意义的意象描述人物形象，前文所论的对宝玉黛玉形象的描述就是典型例证。但是，在多数情况下，小说、戏曲更倾向于选择再现性的艺术表达方法，这是一种基本常识，所以不再具体论述。

中国诗歌以抒情为主，表现性意象是主体。但是再现性意象也有大量的存在，不仅长篇叙事诗如乐府诗《孔雀东南飞》以及白居易的《长恨歌》《琵琶行》、抒情叙事诗如杜甫的《北征》《赴奉先咏怀五百字》以及吴伟业的《圆圆曲》等，多描述再现性意象，而且绝句、小令也离不开再现性意象。

在诗歌中，再现性意象描写的特点是"如在目前"，审美特点是"无我之境"。再现性意象在中国诗歌中有三种存在方式：一是再现性写景，撷取自然物象，直接入诗。如杜甫的《绝句》："两个黄鹂鸣翠柳，一行白鹭上青天。窗含西岭千秋雪，门泊东吴万里船。"这首写景诗中的黄鹂、翠柳、白鹭、青天、雪、船，都是以再现自然物态、色彩、空间分布、线条特点为主。二是再现性写人，描绘现实人物，不加主观评价，如李清照的《点绛唇》："蹴罢秋千，起来慵整纤纤手。露浓花瘦，薄汗轻衣透。见客入来，袜刬金钗溜。和羞走，倚门回首，却把青梅嗅。”词细致描摹了少女的一系列动作：荡罢秋千，整理纤纤素手，薄薄的油汗浸透轻衣，看到有客人来，由于羞涩，来不及穿上鞋子，匆匆离去，头上金钗也滑落下来。将到室内之时，因为不知客人是谁的好奇，忍不住回首一望，然而，非礼勿视的礼数使她不能直视来客，不得又假作嗅青梅香味。在这里，诗人在撷取一个现实可能发生的“故事”的细节里，刻画了贵族少女的羞涩、腼腆、俏皮而又合乎礼仪的形象。三是再现性叙事，叙述现实发生的生活情节或细节，不加雕饰，李清照的《点绛唇》就有这一特点。这种手法在《诗境》中比比皆是。再现性意象也并非真正的“无我之境”，而是将“我”隐蔽在诗境背后，以近乎客观描述的方法，再现现实世界的景、人、事，表达诗人的审美情趣、审美理想。

（二）表现性意象

表现性意象，是指直接描述主观世界如情感、想象、幻想的文本意象。它不像再现性意象那样注重客观描述，再现客体形象，而是更注重表现主体的精神。

表现性意象可以分为两类：一是直接抒情，诗中的意象就是诗人自我，具有强烈的主体性。屈原、陶潜、李白、苏轼、辛弃疾、陆游等的诗文都鲜明地表现了这一特点，尤其是李白。如前文所举李白《宣州谢朓楼饯别校书叔云》的主体意象乃是诗人自我，其中“弃我去者，昨日之日不可留；乱我心者，今日之日多烦忧”“抽刀断水水更流，举杯销愁愁更愁。人生在世不称意，明朝散发弄扁舟”，更为显著。二是意象比譬，诗中所取意象原生于客观物事，但是意象主体仍然是诗人自我，唯在于将抽象的情志转化为可以具体可感的意象。如李后主《清平乐》“离恨恰如春草，更行更远还生”；秦少游《减字木兰花》“欲见回肠，断尽金炉小篆香”。“春草”是现实之景，其特点是葱葱郁郁，生长迅速；“金炉小篆香”是现实之物，其特点是回环悠长，缠绕绵延。然而，诗人无论取“春草”还是取“金炉小篆香”的意象，并不在于呈现客观物象，而在于抒写主体情感。李后主是抒写“离恨”犹如春草，随着“更行更远”，更是浓郁而深厚；少游词用“金炉”中的“小篆香”来暗喻人的“回肠”，小篆香回环的形态恰如女主人公的回肠百转，“断尽”了的小篆香又恰如女主人公柔肠寸断、一寸相思一寸灰的强烈情感。

如果再进一步分类，表现性意象又可以分为比喻性意象和比拟性意象，所谓比喻性意象就是用具体可感而又新颖独创的喻体来表现与之有相似特点的主体的抽象情感。上文所举都属于比喻性意象。比拟性意象就是把抽象的情意化为具体的物象，把情思虚拟为人或物，使抽象的情思有光、有色、有形、有神、能言、善思、会动，即使抽象得以具体。如晏殊的《蝶恋花》一词中的“槛菊愁烟兰泣露”一句，笼罩着轻烟薄雾的菊花本是无情之物，可这里作者却赋予了它人的愁怨，此时的菊花看起来像是女主人公在脉脉含愁。沾有露水的兰花只是自然界中的某一现象，但作者却赋予它人的沉哀，此时的兰花看起来像女主人公在默默饮泣。

必须说明的是，任何一种表现性意象都离不开再现性意象，直接抒情是对主体意象的直接呈现，本质上说也属于再现；比喻的喻体是一种再现，比拟的物象也是一种再现。当然这两种情况，必须是诗人截取的喻体或现实物象没有加以变形处理，一旦加以变形如夸张，则不再是再现，而是表现。如李白的《秋浦歌》：“白发三千丈，缘愁似个长。不知明镜里，何处得秋霜。”“秋霜”是比喻，属于再现性意象；而“白发三千丈”则是夸张，就不再是再现性意象，而是属于表现性意象了。

（三）象征性意象

象征性意象，是指借助客观物象暗示特定意义如理想、操守、情感的文本意象，它包含精神内涵与现象载体两个方面。通过联想的方式，将现象载体转换为约定俗成的精神内涵，这种意义表达必须借助特定的民族文化系统和语言符号系统。中国文学的艺术品类中，经过文学家或艺术家长期颂美式的表达，一些客观的物象或意象，积淀了深厚的文化内容。比如坚韧、孤傲的梅兰竹菊，已经成为君子人格的象征；扎根于现实，却又出淤泥而不染的莲花，成为高洁精神的象征。在写作方法上，使用这类意象也就是托物言志。

陆游的《卜算子·咏梅》，作者是以梅花自喻，梅花已经是人格化的自我。梅花清幽绝俗，却开在郊外驿站的“断桥”边，寂寥荒冷，无人问津。面对黄昏，满腹愁绪，孤独凄苦，偏又风雨摧折。本是无心争春，却为群花忌妒。虽然风雨打落了花朵，但是幽香依然。梅花"无主"的寂寞，风雨摧折、零落成泥的境遇，以及"一任"的持守，"香如故"的风骨，不正是诗人人生的写照吗？所以，表层写梅花，深层写自我。虽然境遇窘迫，仍然不改初心，不渝操守，梅花只是一种象征而已。

不仅"香花"如此，"美人"也是如此。如曹植《美女篇》"佳人慕高义，求贤良独难"一句，如果仅从语言的表层意义来看，是指佳人没有找到理想的王子而感到忧愁，但从语言的深层意义来看，这里的美人是个具有普遍象征意义的意象，它象征着君子，《乐府诗集》中就曾这样评价这句诗："美女者，以喻君子。言君子有美行，愿得明君而事之。若不遇时，虽见征求，终不屈也。"① "香草美人"的象征意义，是屈原《离骚》所开辟，王逸《楚辞章句》首次对《离骚》这一手法作出系统阐释，后来成为一种传统普遍表现在文学或其他艺术种类之中。

仔细研究，象征性意象又可以分为特殊性象征意象和普遍性象征意象两类。所谓特殊性象征意象，是指诗人为表达自己特定的情意而创造的独特的象征意象，如苏轼的《和子由渑池怀旧》。这一类象征意象的意蕴往往具有一种不确定性，因此需要借助诗人的经历、思想乃至诗人所处的独特的环境背景加以解读。普遍性象征意象，是指诗人所取意象具有普遍文化积淀意义的意象，这种意象具有文化符号性和意义确定性，如陆游的《卜算子·咏梅》、周敦颐的《爱莲说》。这一类象征意象的深层意义取决于它背后的那个意义系统的存在，必须放在大的民族文化背景下，追寻意象所蕴含的特定意义。

象征和隐喻不同，从表达上看，隐喻的本体和喻体往往都是具体的，可以通过本体和喻体之间的相似点理解诗意。象征则只有构成象征的意象本身，诗歌的意旨就是通过意象本身暗示出来的。从结构上看，隐喻一般都可以转换成明喻的标准形式，但象征往往是一个独立的意象，因而不能转换成明喻。比如李白的《登金陵凤凰台》"总为浮云能蔽日，长安不见使人愁"，是比喻而不是象征。"浮云"比喻围绕在皇帝身边的奸邪之臣，"日"比喻帝王。如果将喻体转换为本体，则"总因奸臣能蔽君"。这两句诗乃是通过比喻，暗示皇帝被奸邪之臣包围着，而自己却报国无门，太白无法超拔的悲愤溢于纸间。

① 郭茂倩．乐府诗集[M]．北京：中华书局，1979：912.

二、从意象的组合维度分类

依据诗歌意象不同的时空组合方式，我们又可以把诗歌中的意象分为并列式意象、交替式意象、语断而意接式意象三类。

（一）并列式意象

并列式意象，是指两种或两种以上的性质基本相同的意象，按照一定的构思意图，无主次地组合在一起。

并列式意象有两种不同情况：一是可能产生于同一时空；二是可能产生于不同时空。如我们反复列举的《天净沙·秋思》，连续运用了九个意象："枯藤老树昏鸦""小桥流水人家""古道西风瘦马"。每一句三个意象，三句共九个意象。每句内部的三个意象隶属于同一时空；三句之间的意象则属于不同的时空。而且意象与意象、意象群与意象群之间，又各自独立，没有主次之分，组成并列式的艺术构图。

并列式意象只是一种形式上的并列，在情感抒发或意蕴表达上，它仍然有内在的逻辑联系。《天净沙·秋思》每句内的三个意象是并列关系，但又具有审美属性的统一性、所寓情感的一致性。试想，如改"枯藤"为青藤，改"流水"为长河，改"瘦马"为骏马，就破坏了这种审美属性的统一性，所寓情感的一致性。再如《牡丹亭·游园惊梦》一节："原来姹紫嫣红开遍，似这般都付与断井颓垣。良辰美景奈何天，赏心乐事谁家院？朝飞暮卷，云霞翠轩。雨丝风片，烟波画船。锦屏人忒看得这韶光贱！"曲中的主要意象分为两组："良辰美景奈何天，赏心乐事谁家院""朝飞暮卷，云霞翠轩。雨丝风片，烟波画船"。每一组意象之间，都是并列关系。第一组上下句对举，第二组上下联对举，也属于并列式意象，而在情感抒发或意蕴表达上，它仍然有内在的逻辑联系。如第一组因为杜丽娘感觉空负了自然的"良辰美景"，所以才有"赏心乐事谁家院"的叹息，意义上这两句是递进关系；第二组"朝飞暮卷"和"雨丝风片"有事理上的逻辑联系，前句是因，后句是果。翠轩之"云霞"因"朝飞"而起，画船之"烟波"由"雨丝"而生，一联之中也同样存在因果上的逻辑联系。

并列式意象，也是意象多义的生成源头，往往增殖了意象的审美意义。如杜牧《过华清宫》："一骑红尘妃子笑，无人知是荔枝来。"就前句而言，"一骑红尘"和"妃子笑"中间没有任何关联词，是一种直接的意象叠合，因此就形式来说，是并列关系。也因为这种意象的直接叠合，增殖了文本的审美意义。袁行霈先生分析说："它们是什么关系呢？诗人并没有交代。可以说是'一骑红尘'逗得'妃子笑'了；也可以说是妃子在'一骑红尘'之中露出了笑脸，好像两个电影镜头的叠印。这两种理解似乎都可以，但又都不太恰切。诗人只说'一骑红尘妃子笑'，把两个具有对比性的意象摆在读者面前，意象之间的联系既要你去想象、补充，又不允许你把它凝固起来。一凝固起来就失去了诗味。"[①]不必凝固，就说明这两个意象的意义具有多边性，增殖了诗歌的审美意义。

最后补充说明一点：《诗经》中的重章叠句，意象与意象、意象群与意象群之间，基本都构成并列式意象。而《楚辞》的意象群则以交替式意象为主体。

（二）交替式意象

交替式意象，是指两种或两种以上的性质不同的意象，按照一定的构图原则，交错地组合在一起。

交替式意象，也有两种不同情况：一是指虚拟（假设）的同一时间、不同空间的意象交替式地组接在一起。这类意象犹如电影中的"平行蒙太奇"，会给读者带来同时发生的感受。交替式的意象往往使用对比手法，通过意象之间的强烈对照，使读者产生一种心灵的震撼。如杜甫的《自京赴奉先县咏怀五百字》"朱门酒肉臭，路有冻死骨"，就是典型的交替式意象。一边是朱门酒肉香味飘溢、豪华奢靡，一边是百姓啼饥号寒、饿殍遍地。作者通过虚拟（假设）的同一时间、不同空间发生的两件事交替地组接在一起，而使得这首诗在强烈的对比中形成巨大的张力。再如高适的《燕歌行》"校尉羽书飞瀚海，单于猎火照狼山""战士军前半死生，美人帐下犹歌舞""少妇城南欲断肠，征人蓟北空回首"，作者也是将发生在同一时间、不同空间的镜头直接连接到了一起，如同电影中平行对比

① 袁行霈．袁行霈学术文化随笔[M]．北京：中国青年出版社，1998：160.

的“平行蒙太奇”，这种对照强烈的意象，加深了读者对浴血奋战的边疆战士、对牵挂远方征人的思妇的同情以及对沉溺于歌舞享乐中的统治者的憎恨。

二是指虚拟（假设）的不同时间、不同空间产生的意象交替式地组接在一起。这类意象犹如电影中的“交叉蒙太奇”，通过意象的迅速切换，使意象之间构成振荡关系，从而产生震撼人心的艺术效果。我们再回头来进一步研究《好了歌注》的意象组合方式。如果拆开来看，这首诗除了结尾“乱烘烘你方唱罢我登场，反认他乡是故乡。甚荒唐，到头来都是为他人作嫁衣裳”是直接抒情外，共有九组意象，按照原诗顺序排列如下：

陋室空堂，当年笏满床。衰草枯杨，曾为歌舞场。

蛛丝儿结满雕梁，绿纱今又糊在蓬窗上。

说甚么脂正浓、粉正香，如何两鬓又成霜？

昨日黄土陇头送白骨，今宵红灯帐底卧鸳鸯。

金满箱，银满箱，展眼乞丐人皆谤。

正叹他人命不长，那知自己归来丧！

训有方，保不定日后作强梁。择膏梁，谁承望流落在烟花巷！

因嫌纱帽小，致使锁枷杠。

昨怜破袄寒，今嫌紫蟒长。

从意蕴上说，第一、三、五、六、七五组，揭示由极荣颓为极枯的社会现象；第二、四、八三组又揭示由极枯转为极荣的社会现象。《好了歌注》是一种典型的交替式意象，每一组的内部都是并列意象。但是，从时空上说，有产生于不同时间、不同空间，如第一、四、六组；有产生于同一空间、不同时间，如第二、三、五、七、八组。从抒情上说，分别从功名易逝、年华难在、爱情空幻、儿孙不肖四个方面回应《好了歌》。最后两联揭示人生悲剧的原因——贪欲！这又将《好了歌》的意蕴翻进一层，更加深厚。如此时间和空间的不断转换，抒情视角的不断转换，使不同意象间腾挪反转，起到了触目惊心的艺术效果。

再次强调的是，这里所说的同一时间、不同空间，是虚拟的、假设的，它可能是同一时间发生的真实存在，也可能不是同一时间发生的真实存在，作者有意将它拼接到一起，构成虚拟的真实存在。

（三）语断而意接的意象

语断而意接的意象，是指省略了意象与意象、意象群与意象群之间的连接词，在语言表现形态上没有严密的逻辑关系，唯有作家的情感贯穿其中，形成文本的“内在结构”，对于中国古典诗歌中这种富有弹性的语不接而意接的意象艺术，英美意象派诗人称之为“意象脱节”。

意象与意象之间的语断而意接现象，在中国诗歌中表现得非常普遍。上文所举的《天净沙·秋思》、杜牧的《过华清宫》以及《红楼梦》中的《好了歌注》都具有这一特点。综合考察，这种意象又有三种类型：

第一，句中意象与意象之间语断而意接，除了所举的《天净沙·秋思》《过华清宫》之外，李商隐的诗歌尤其具有这样的特点。如《锦瑟》：“沧海月明珠有泪，蓝田日暖玉生烟”，共有六个意象：沧海、明月、珠泪，蓝田、日暖、玉烟。不仅上下句之间意象并列，而且每句三个意象间也没有直接联系。但是两句都是用典：前句用《搜神记》的典故：南海之外有鲛人，水居如鱼，眼泪哭泣则为玉珠。后句蓝田，山名，出美玉，又名玉山，而西王母所住的地方也叫玉山；生烟，也用《搜神记》的典故：韩重爱上吴王小女紫玉，求婚不成，紫玉气结而死。韩重游学归来，拜谒其墓，玉飘然而出，留韩重三日三夜，尽夫妇之力，并赠重明珠。后来，紫玉鬼魂归至家中，“夫人闻之，出而抱之。玉如烟然”。葛晓音先生认为，这是描写李商隐与女道士的爱情的故事，因为女道士落水而死，李诗此二句即寓含追悼之意。“‘日暖’是形容爱情最美好的时光，如同阳光那样温暖明媚。”①如此，则可以解释为：爱人溺于“南海”，明月之夜，也如鲛人珠泪满面；回忆当年美好爱情，如日温暖，如今则如紫玉，化作一缕青烟。而且，紫玉赠珠与鲛人泣珠也构成情节上的联系。由此，六个意象虽语断而意义衔接紧密。

第二，上下句之间、意象与意象之间语断而意接。在近代诗逐渐形成的过程中，诗歌意象的组合也发生了很大变化，为了避免“合掌”（对偶同义反复），往往上下联意象转换较快，而又意义贯通，这也形成语断而意接的现象。谢朓《晚

① 葛晓音．古诗艺术探微[M]．石家庄：河北教育出版社，1992：229．

登三山还望京邑》:“余霞散成绮，澄江静如练。”前句写余霞满天，散落下来如同锦缎一般;后句写江水清澄宁静，流向远方好像洁白的绢。乍看起来，这两句的意象并无关联，却从视角上的一远一近，将两组意象贯通了起来。同样，王维《观猎》:“草枯鹰眼疾，雪尽马蹄轻。”上下联之间也没有语言衔接，与后句“忽过新丰市，还归细柳营”的句式完全不同。但是因为“草枯”而无障碍，猎鹰的眼睛特别敏锐;因为“雪尽”而无阻滞，才感觉马蹄尤其轻快。也因为“雪尽”才见到“草枯”，猎鹰、骏马都是田猎的必须装备。无论从事理上还是从田猎装备上，上下联意义连接非常紧密。

第三，篇章之中意象与意象语断而意接(词的过片)、意象群与意象群之间语断而意接。从篇章的整体上考察，语断而意接的意象在词的过片之间采用得特别普遍。如柳永《雨霖铃》，上片结句是“念去去，千里烟波，暮霭沉沉楚天阔”，词人想象一旦兰舟起航，渐行渐远，途中只有浩渺的烟波、暗淡的暮霭，最后漂泊在辽阔的楚地云空之下。下片起句是“多情自古伤离别，更那堪，冷落清秋节！今宵酒醒何处？杨柳岸，晓风残月”，前三句过片承接，然后又转入写景。清刘熙载《艺概·词曲概》说:“词有点有染，柳耆卿《雨霖铃》云:‘多情自古伤离别，更那堪冷落清秋节。今宵酒醒何处？杨柳岸晓风残月。’上二句点出离别冷落，‘今宵’二句乃就上二句意染之。点染之间，不得有他语相隔，隔则警句亦成死灰矣。”[①]这段话的意思是先点明离别伤情，再以景物渲染之。其实，最重要的是，“今宵酒醒何处？杨柳岸，晓风残月”，只是“念去去，千里烟波，暮霭沉沉楚天阔”的一个伤情的开始。以后呢，他没有说。我们可以想象“千里烟波”“楚天阔”，该有多少幅同样的画面！所以，今宵酒醒所见，为渐行渐远的千里烟波提供了一幅活色生香的真实图景;千里烟波、楚天辽阔，又叠映了无数“杨柳岸晓风残月”的惨淡画面。过片之际的诗歌意象不仅语断而意接，而且互相呼应、补充、丰富，更增殖了两个意象群的审美意义。

这种意象与意象之间逻辑关系的断裂，从读者的阅读习惯上来说，反而能够激发起读者的好奇心，触发他们去探索断裂了的意象之间的意脉和结构上的

① 刘熙载. 艺概[M]. 上海:上海古籍出版社，1978:119.

勾连关系，而也正是在这种深度的思考中感受到鉴赏性阅读的趣味，体会到批评性阅读的审美愉悦。

需要补充说明的是，从不同角度分析，一个意象群也可以作不同的分类。比如《天净沙·秋思》的三组九个意象：在意象组合关系上分类，是并列；在意象性质上分类，是交错；在意象表达上分类，是语断而意连。文学文本既是自足的整体，又是开放的系统，文学意象也是如此。在具体的意象分类中，切不可胶柱鼓瑟。

第十章 “想象的森林”:文本的意境美

意境是中国古典诗论中的一个重要的美学范畴,也是中国美学对于世界的美学思想独特而卓越的贡献。中国台湾学者姚一苇《论境界》一文开始就说道,“境界”或“意境”一词是我国所独有的一个名词,是艺术批评或文学批评的一个重要术语。但是它的语意非常抽象而暧昧,因此在比较实际的西洋的美学或艺术学的体系中,几乎找不出一个同等的用语来传达,至少我在西文中找不出一个可以概括它的所有内涵的一个用语。[①]在中国的诗歌中,意境是文本意义的最高境界,其融会贯通的丰厚含蕴,借助一个歌曲名来比喻,简直是“想象的森林”。

第一节 意境(境界)说的产生历史

作为一个美学范畴或诗学范畴,无论是“意境”说还是“境界”说,都有一个历史发展过程,追寻这一历史发展过程,不仅可以合理地评价王国维的意境(境界)说,也可以更加清楚地理解阐释意境范畴的理论内涵,为文学阅读或批评提供一种方法上的参考。

如果说,意象说本源于《周易》、老庄,形成于魏晋六朝;那么意境说则产生

① 姚一苇.艺术的奥秘[M].台北:台湾开明书店,1968:314.

于唐宋，到明清逐渐形成了一个饱满美学的范畴。唐代以后，或论意境，或论境界，勃然兴起。到了明清时期，意境或曰境界逐渐成为独立的美学范畴，意蕴渐渐丰满。

从现有的文献看，王昌龄的《诗格》大约是最早完整论述意境者。他将诗"境"分为三种："诗有三境。一曰物境，二曰情境，三曰意境。物境一：欲为山水诗，则张泉石云峰之境，极丽绝秀者，神之于心，处身于境，视境于心，莹然掌中，然后用思，了然镜象，故得形似。情境二：娱乐愁怨，皆张于意而处于身，然后驰思，深得其情。意境三：亦张之于意而思之于心，则得其真矣。"[①]山水诗描写物境，必须展开描写泉石、云峰这类物境的绝美秀丽之处，虽然描摹山水追求"形似"，但是必须身临其境，山水的神采、镜像必须了然于心，然后进入构思。情境就是抒写情感，必须情生于身（情真），联想拓展，深化情感（情深）。意境就是表达自己对物境、情境的思考和认知，"真"是达意的基本要求。物境、情境、意境，是构成诗歌艺术世界的三层，即写景、抒情、言志。在作者看来，凡是写入诗中的内容都属于"境"。这里所说的"境"，与后来所说的"境界"比较接近，但是这里所说的"意境"，却与后来所说的"意境"差别很大。

旧题白居易的《文苑诗格》也论述了"意"与"境"的关系："或先境而后入意，或入意而后境。古诗'路远喜行尽，家贫愁到时。''家贫'是境，'愁到'是意。又诗：'残月生秋水，悲风惨古台。''月''台'是境，'生''惨'是意。若空言境，入浮艳；若空言意，又重滞。"[②]认为诗歌有两种方式：一是先写境后入意，二是先入意后写境。但是白居易所说的"境"，既指景物——自然之境，也指人事——人生之境；所说的"意"，既指情感，又指诗人对物境的感受。虽然这一理论并没有特别的创意，但是将"境"作为眼前之景，"意"作为内在之情，却影响了意境的诞生。皎然《诗式》"诗情缘境发"、司空图《与王驾评诗书》"思与境谐"，完整意境（境界）的审美范畴就呼之欲出了。

宋代以"境界"论诗，脱去了意与境二元的观点，开始注意强调一种超越意

① 陈应行．吟窗杂录：上[M]．北京：中华书局，1997:206-207．

② 郭绍虞．中国历代文论选：第二册[M]．上海：上海古籍出版社，2001:88-89．

(情)与境(景)的了然觉悟的审美诗境。如南宋蔡梦弼《草堂诗话》卷二:"横浦张子韶《心传录》曰:读子美'野色更无山(云)隔断,山光直与水相通',已而叹曰:'子美此诗,非特为山光野色,凡悟一道理透彻处,往往境界皆如此。'"[①]这一则诗话意义非常重要,因为他不再胶着于意(情)与境(景)的关系,而是从诗歌的整体情境中,领悟出"一道理透彻处",而且尤其重要的是,他还认为,这是诗歌"境界"的普遍性特征。这就深入到意境理论的本质之中。

明清两代,"境界"理论的内涵进一步扩大,而且在具体论述中,"境界"与"意境"并无区别,境界就是意境,意境也就是境界。具体变化有两点:第一,"境界"是指诗歌审美表达的拓展。明江盈科《雪涛小说》:"香山自有香山之工,前不照古人样,后不照来者议,意到笔随,景到意随,世间一切都着併包囊括入我诗内。诗之境界,到白公不知开扩多少。较诸秦皇、汉武开边启境,异事同功,名曰'广大教化主'所自来矣。"[②]白居易工于诗歌,"意到笔随,景到意随",特别具有创新意义,从而拓展诗歌的审美表达。无独有偶,沈德潜《说诗晬语》卷下说:"苏子瞻胸有洪炉,金银铅锡,皆归熔铸;其笔之超旷,等于天马脱羁,飞仙游戏,穷极变幻,而适如意中所欲出,韩文公后,又开辟一境界也。"[③]他也认为,苏轼文章用笔超旷,犹如天马行空,仙人遨游,变幻无穷,开拓了韩愈之后的奇崛之境。第二,"意境"是指"情景交融"的整体艺术之境。如况周颐《蕙风词话》评价金代景覃的词时说:"《凤栖梧》歇拍云:'别有溪山容杖屦。等闲不许人知处。'意境清绝、高绝。忆余少作《鹧鸪天》,歇拍云:'茜窗愁对清无语,除却秋镫不许知。'以视景词,意略同而境远逊,风骨亦未能骞举。"[④]认为《凤栖梧》词的结尾二句意境"清绝、高绝"。自己所创作的词虽同景覃的词意略同,但是境界却远远不如。可见,他所说的意境仍然是"意"与"境"融合所产生的审美境界。

由此可见,境界说或曰意境说的产生有一个历史发展的过程。总的说来,最有意义的有两点:一是说是意与境的有机融合而形成的艺术审美境界;二是

① 丁福保.历代诗话续编[M].北京:中华书局,1983:208.

② 周维德.全明诗话:4[M].济南:齐鲁书社,2005:2764.

③ 霍松林.说诗晬语[M].北京:人民文学出版社,1979:233.

④ 况周颐.惠风词话[M].上海:上海古籍出版社,2009:68.

说由超越文本的具体意象而领悟到的哲理。这些方面对晚清王国维产生了深刻的影响。

第二节　王国维境界说的基本内涵

意境或曰境界成为一个独立的美学范畴，应该得力于王国维。其《人间词》《人间词话》系统地阐释了“境界”和“意境”说。本节重点讨论王国维“境界”和“意境”说的理论内涵及其存在的内在矛盾。

一、王国维的境界说

王国维在《人间词话》中提出了著名的“境界”说，并做了非常详细的论述，也可以这样说，王国维的《人间词话》建立了一个相对完整的意境（境界）的理论体系。

以境界为文学的本质特征，是王国维文学思想的核心。《人间词话》中说：“严沧浪《诗话》谓‘盛唐诸公唯在兴趣，羚羊挂角，无迹可求。故其妙处，透澈玲珑，不可凑泊，如空中之音，相中之色，水中之影，镜中之象，言有尽而意无穷。’余谓北宋以前之词亦复如是。然沧浪所谓兴趣，阮亭所谓神韵，犹不过道其面目，不若鄙人拈出‘境界’二字为探其本也。”[①]严羽以“兴趣”论诗，认为诗歌之妙，在于空灵玄远。王士禛论“神韵”，强调诗歌冲淡超逸、含蓄蕴藉的艺术风格。二人都是以禅喻诗，王国维认为都没有触及文学的本质特征。而文学的本质特征是什么，是“境界”。所以他又说：“词以境界为最上。有境界，则自成高格，自有名句。五代、北宋之词所以独绝者在此。”[②]这里所说的境界，是一个整体概念（范畴）。这意义非常重要，也就是说，自此之后，境界说就成了一个完整

① 王国维．人间词话[M]．成都：四川人民出版社，1981：10.

② 王国维．人间词话[M]．成都：四川人民出版社，1981：1.

的诗学概念(范畴)。那么,王国维所说的境界,有哪几层理论内涵呢?

第一,从境界的生成上来说,"有造境,有写境,此'理想'与'写实'二派之所由分。然二者颇难分别,因大诗人所造之境必合乎自然,所写之境亦必邻于理想故也[①]"。所谓造境,是境由心生,偏于虚构,属于传统的浪漫一派;所谓写境、写实,是因境生情,重在写实,属于传统的现实一派。可见,所谓"境",既包含客观物象(自然),又包含诗人情怀。以"大诗人"为例,李白善于"造境",如《梦游天姥吟留别》《蜀道难》《将进酒》之类;杜甫善于写境,如《北征》《自京赴奉先县咏怀五百字》《奉赠韦左丞丈二十二韵》之类。以具体作品为例,"昔我往矣,杨柳依依。今我来思,雨雪霏霏"(《诗经·采薇》),是写境;"帝子降兮北渚,目眇眇兮愁予。嫋嫋兮秋风,洞庭波兮木叶下"(《楚辞·湘夫人》),是造境。从创作倾向上来看,造境是"主观",是"邻于理想",写境是"客观",是"合乎自然",所以说:"客观之诗人不可不多阅世,阅世愈深则材料愈丰富、愈变化,《水浒传》《红楼梦》之作者是也。主观之诗人不必多阅世,阅世愈浅则性情愈真,李后主是也。""客观"反映现实,故须阅世深;主观抒写情性,故须阅世浅。但是二者又没有截然的界限,因为心生之境,必须合乎自然物象,摹写现实也必须抒写自我。真正的美必然既和自然一致,又和理想一致。

第二,从境界的构成上来说,有有我之境,有无我之境。"泪眼问花花不语,乱红飞过秋千去。""可堪孤馆闭春寒,杜鹃声里斜阳暮。"有我之境也。"采菊东篱下,悠然见南山。""寒波澹澹起,白鸟悠悠下。"无我之境也。有我之境,以我观物,故物皆着我之色彩;无我之境,以物观物,故不知何者为我,何者为物。古人为词,写有我之境者多。然未始不能写无我之境,此在豪杰之士能自树立耳。以我观物,诗人主体明确,比如欧阳修《蝶恋花》下片:"泪眼问花花不语,乱红飞过秋千去。"是写一个女子独处深闺,伤春伤别,且又对爱人游治章台(歌妓聚居之地)经久不归充满无限忧虑,所以泪眼问花,春归何处,情归何方,然而花儿不语——无法语(难以回答)、不能语(不可回答),只见乱红一片飞过秋千。"乱红"也蕴含心绪纷乱,秋千也如心灵飘荡。所以典型的有我之境,是"物皆着我之色彩",是借景抒情。秦观《踏莎行》二句也是如此。"以物观物",诗人主体隐蔽在

① 王国维. 人间词话[M]. 成都:四川人民出版社,1981:3.

诗境之外，如元好问《颖亭留别》："寒波澹澹起，白鸟悠悠下。"是写一个归途的旅人在颖亭与朋友离别时所见的景物。但是诗人将自己隐蔽到诗境之外，只是以纯粹客观的眼光描写景物的特点：微风吹来，寒波荡漾而起，郁郁林中，白鸟悠闲飞下。所以典型的无我之境，是"不知何者为我，何者为物"，是融情入景。特别要说明的是，陶潜《饮酒》"采菊东篱下，悠然见南山"，在诗歌的情感色调上与元好问的诗大相径庭，无论是采菊东篱，还是悠然而见，都是诗人主体所发出的动作。苏轼《题渊明饮酒诗后》："'采菊东篱下，悠然见南山。'因采菊而见山，境与意会，此句最有妙处。近岁俗本皆作'望南山'，则此一篇神气都索然矣。"[①]"境与意会"，显然包含诗人的情感。推测王国维的本意大约是，诗虽写自我，却冷静客观，即王国维自己所说的"人惟于静中得之"，所表达的情感也隐蔽在诗人创造的自我意象的背后，所以也属于以物观物。但是，无论如何，列举这一例证是很不恰当的。

第三，从境界的表现上来说，境非独谓景物也，喜怒哀乐亦人心中之一境界。故能写真景物真感情者，谓之有境界。否则谓之无境界。"红杏枝头春意闹"，着一"闹"字境界全出；"云破月来花弄影"，着一"弄"字而境界全出矣。所谓"境"，既包含自然景物，又包含主体情感。所以"写真景物真感情"，就是有境界。但是这里有两点必须交代：一是"真景物"并不是强调诗中取景一定是现实的真实存在，也可以"造境"，但是虚构的景物必须"合乎自然"，李白一生并没有登过蜀道，却写出了千古绝唱《蜀道难》，因为所虚构的蜀道的奇险风光真实而如在目前。二是"真感情"也不一定是世俗中的喜怒哀乐，而是纯真纯粹的内心世界。所以王国维又强调："词人者，不失其赤子之心者也。"[②]之所以"词至李后主而眼界始大，感慨遂深，遂变伶工之词而为士大夫之词"，是因为李后主"生于深宫之中，长于妇人之手"，诗中保持一颗赤子之心，"是后主为人君所短处，亦即为词人所长处"。在交代了这两点后，我们再来看王国维赞美"境界全出"的两句词。宋祁《玉楼春》上片："东城渐觉风光好，縠皱波纹迎客棹。绿杨烟外晓寒轻，红杏枝头春意闹。"写词人在初春季节，驾一叶小舟游览东城。不仅东城

① 苏轼．苏轼文集：第五册[M]．北京：中华书局，1986：2092.

② 王国维．人间词话[M]．成都：四川人民出版社，1981：19.

风光美丽宜人，而且水上绉纱一般的波纹也充满柔情，可见词人心情何其愉悦！所以他看到阳光下浸润在烟霭中的杨柳在春寒渐去之后吐出嫩芽，红杏枝头也是春光无限。为什么着一“闹”字境界全出呢？因为“闹”字不仅写出杏花盛开，那些可爱的小蜜蜂在枝头飞来飞去，烘托了春光春色的活泼生命，更重要的是，一个“闹”字也折射出了词人天真而又快乐的心境。真正达到了“意与境浑”的审美境界。同样，张先《天仙子》“沙上并禽池上暝，云破月来花弄影”，也具有这一审美特点。

二、王国维的意境说

王国维在境界说的基础上，又明确提出意境说。他在《人间词乙稿序》中说：“文学之事，其内足以摅己而外足以感人者，意与境二者而已。上焉者意与境浑，其次或以境胜，或以意胜，苟缺其一，不足以言文学。原夫文学之所以有意境者，以其能观也。出于观我者，意余于境；而出于观物者，境多于意。非物然无以见我，而观我之时，又自有我在。故二者常互相错综，能有所偏重，而不能有所偏废也。文学之工不工，亦视其意境之有无与其深浅而已。”[①]他从抒情（创作）和感人（阅读）两个角度，论述文学的基本标准，而要达到这一标准，唯在意境而已。在文学文本中，上者意与境浑融一体，其次或以境胜，或以意胜。他将西方美学的审美观照理论和《朱子语类》“以己观物”“以物观物”的心境论糅合在一起，引入到文学研究之中，认为文学就是审美观照的产物，一种是“以己观物”，有强烈的抒情性，故“意余于境”；另一种是“以物观物”，是状物的写实性，故“境多于意”。但是，物与我又是一种主体和客体的关系，一切物都是我所见的，即使是“以物观物”，也仍然有我的存在，所以“以己观物”与“以物观物”错综一体，二者不能偏废。文学的工与不工，主要看有无意境和意境的深浅。可见，在王国维看来，意境是诗学的本质。然而，在这里，意境并非是一个整体概念（范畴），而是一个由意和境组成的复合概念（范畴）。

但是，如果将“境界”和“意境”两说加以对比，就有许多说不清楚的地方。

① 王国维．人间词话[M]．南宁：广西人民出版社，2017：69-70.

起码有以下三点需要讨论：

第一，在《人间词话》中，王国维不仅提出“境界”的概念，并且把“境界”作为文学的本质特征：“然沧浪所谓兴趣，阮亭所谓神韵，犹不过道其面目，不若鄙人拈出‘境界’二字为探其本也。”[1]然而，《人间词乙稿序》又明确说：“文学之工不工，亦视其意境之有无与其深浅而已。”如果说，“意境”只是涉及文学的“工与不工”，那么“意境”就成了文学技巧的问题；而“境界”是文学的本质特征，那么“境界”的意义就大于“意境”了。究竟是以“境界”为文学的本质，还是以“意境”为文学的本质呢？另外，“北宋以前词亦复如是”，就是说，北宋之前词确实是“唯在兴趣”。但是《人间词话》开篇就说，五代、北宋之词“独绝者”，就是在于“境界”。那么究竟以“境界”概括北宋词的审美特征，还是用“兴趣”概括北宋词的审美特征？这显然也是他的矛盾之处。

第二，《人间词乙稿序》的意境说，将“意”和“境”作为两种抒写形态，显然这里的“境”就是指物境，即文学对客观物象的描写，“意”就是指情境，即文学作品对主观情志的抒发，实际上这也混淆了物境、情境和意境之间的差异性和统一性。而王国维在《人间词话》中也没有将“境”和“境界”严格区分开来。除了上文所举的例证之外，他还指出：“境界有大小，不以是而分优劣。‘细雨鱼儿出，微风燕子斜’，何遽不若‘落日照大旗，马鸣风萧萧’？‘宝帘闲挂小银钩’，何遽不若‘雾失楼台，月迷津渡’也？”[2]这些例证全是“以物观物”的无我之境，全是物象描写。如此看来，王国维所说“境界”之“境”同“意境”之“境”的内涵也不一致，却又有交叉叠合；“意境”与“境界”的内涵也不一致，却也有交叉叠合。

第三，《人间词乙稿序》提出了“意境”说，《人间词话》也提出了“意境”说：“古今词人格调之高无如白石。惜不于意境上用力，故觉无言外之味，弦外之响，终不能与于第一流之作者也。”[3]二者的理论内涵似乎并不一致。《人间词话》所说的意境，是指“言外之味，弦外之响”，实际上是强调诗歌的味余言外、意余声外的特点。这与明朱承爵的观点十分相似。朱承爵《存余堂诗话》说：“作诗

① 王国维．人间词话[M]．成都：四川人民出版社，1981:10.

② 王国维．人间词话[M]．成都：四川人民出版社，1981:9.

③ 王国维．人间词话[M]．成都：四川人民出版社，1981:55.

之妙，全在意境融彻，出音声之外，乃得真味。”[①]意思是，作诗之妙全在意境，意境之妙必须意与境圆融透彻，超越语言文字，才能得到真正的意旨韵味。所以他接着批评道：“‘孙康映雪寒窗下，车胤收萤败帙边。’事非不核，对非不工，恶，是何言哉？”他为何如此尖锐地批评这两句诗呢？是因为这两句诗只是用典叙事而已，既缺少作者之意浸润其中，又不见文字之外的韵味。可见早期的意境一词，只是强调诗歌的意义和韵味而已。

总括来说，王国维“意境”说的理论意义不及“境界”说。境界是文学的本质特征，意境只是文学表达技巧。今人论述往往抓住意境说反复阐释，反而将境界说打入冷宫。就中国文学的特点来论，当然是正确的，但是就王国维的理论来说，却没有抓住本质。

第三节　王国维境界说的构成层次

实际上，王国维究竟以“意境”还是“境界”作为文学的本质，也是摇摆不定的。《人间词乙稿序》发表于1907年，主意境；《人间词话》发表于1908年，主境界，又提意境。而后1912年《宋元戏曲史》又放弃境界，重提意境。《宋元戏曲史》姑且不论，仅就《人间词乙稿序》与《人间词话》所论述的“意境”的内涵并不一致。从后者看，“境界”说的理论内涵比“意境”说更为丰富，意境只是境界的一种审美形态而已。所以本节以“境界”说为核心论述其境界说的理论构成层次。

一、性情：境界的主体生成

境界是一个人行为格调、精神风貌的综合体现。对一位文学家来说，自我的境界决定文学作品的境界，文本境界是作者境界的外在呈现，而决定文本境

① 朱承爵．存余堂诗话[M]//全明诗话．济南：齐鲁书社，2005：1217．

界的核心要素是主体的性情。

王国维推崇李煜，反复列举其作品，论述真性情与词品的关系。为什么词至李煜“变伶工之词而为士大夫之词”？伶工之词以消遣娱乐为基本目的，以倚红偎翠为主要内容，以绵软柔媚为风格特征。士大夫之词则以抒写情怀为基本目的，以忧时伤世为主体内容，风格虽有刚柔之别，境界则与伶工之词大不相同。王国维所列举例证皆是李后主成为亡国之君后的作品。亡国之前，所创作的词也属于伶工之词的类型，如《菩萨蛮》(花明月暗笼轻雾)，风格绮靡；《浣溪沙》(红日已高三丈透)，声色豪奢。但是，亡国之后，身世经历，一并入词，而且其“心”其“意”，上升到人类共同的生命意识、宇宙意识的高度，“通过‘感慨深’‘境界大’的诗境把人类的本相——人类共同的悲哀真切地表现出来，具体一点说，所谓‘人类之感情’，也就是那个罪恶的生活意志、欲望所必然引起的‘人生长恨’以及作为这种长恨之插曲的短暂的快乐。”[①]简单地说，李煜后期的词，既追忆曾经的生命快乐，抒写亡国之痛，又带有对一切美好逝去之后无奈的生命体验，这种生命体验具有普遍的人性意义。

王国维赞成“尼采谓：一切文学，余爱以血书者”的观点，并且认为“后主之词，真所谓以血书者也”。所谓“血书”就是以真性情写出来的书，这种性情源于生命的本真，而不是对生活的理性判断，所以他说：“客观之诗人不可不多阅世，阅世愈深则材料愈丰富、愈变化，《水浒传》《红楼梦》之作者是也。主观之诗人不必多阅世。阅世愈浅则性情愈真，李后主是也。”[②]主观诗人就抒写性情，这性情必须源于生命的原状态，所以王国维将老子的“婴儿”之心和李贽的“童心”糅合在一起，明确指出：“词人者，不失其赤子之心者也。故生于深宫之中，长于妇人之手，是后主为人君所短处，亦即为词人所长处。”[③]他即使做了亡国之君，并没有沉浸于亡国之痛中，他没有像刘禅那样“此处乐，不思蜀”，也没有像孙皓那样唱着《尔汝歌》的自我调侃，而是抒写一种欢乐不在、青春不在、爱情不在的无奈。“故国不堪月明中”的故国，只是这一切的承载对象罢了。

① 黄永健．凝神注思：批评与探索的轨迹[M]．深圳：海天出版社，2007：210.

② 王国维．人间词话[M]．成都：四川人民出版社，1981：20.

③ 王国维．人间词话[M]．成都：四川人民出版社，1981：19.

这种真性情，用道家哲学的观念来看，就是人的自然本性。纳兰性德以自然之眼观物，以自然之舌言情。此由初入中原，未染汉人风气，故能真切如此。北宋以来，一人而已。所谓“自然之眼”“自然之舌”，就是用自然的本性观照自然万物，然后再用“血书”的形式表达出来。王国维认为，因为纳兰性德初入中原，还没有受到汉族礼教的浸染，所以还保持着生命的本真。性情本真，一旦进入创作，以自然之眼观物，所以“其写景也，必豁人耳目”；以自然之舌言情，“其言情也，必沁人心脾”，语言脱口而出，丝毫也不矫揉造作，从而形成一种自然、显豁、真切、深挚的艺术特点。

一言以蔽之，作家性情的真伪是决定作品境界高下的生命之源。

二、不隔：境界的文气呈现

与意境说侧重于艺术技巧不同，王国维所论的境界还具有饱满的生命张力。这种艺术的生命张力，内来源于作家主体的性情，外表现为一往必达的文气，所以王国维又提出“隔”与“不隔”的问题。

所谓“隔”，就是抒情写景文气不畅，甚至滞涩断绝。所谓“不隔”，就是写景自然显豁，如在目前；抒情直写胸臆，真切深挚；且“意”与“境”融彻贯通，浑然一体。《人间词话》说：“问隔与不隔之别，曰，陶、谢之诗不隔，延年则稍隔矣；东坡之诗不隔，山谷则稍隔矣。‘池塘生春草’‘空梁落燕泥’等二句，妙处唯在不隔。词亦如是。即以一人一词论：如欧阳公《少年游》咏春草上半阕云，‘阑干十二独凭春，晴碧远连云，二月三月，千里万里，行色苦愁人’，语语都在目前，便是不隔。至云，‘谢家池上，江淹浦畔’，则隔矣。白石《翠楼吟》‘此地宜有词仙，拥素云黄鹤，与君游戏。玉梯凝望久，叹芳草萋萋千里’，便是不隔。至‘酒祓清愁，花消英气’，则隔矣。然南宋词虽不隔处，比之前人，自有浅深厚薄之别。”从作家诗境的整体上说，陶诗自然平淡，谢诗如出水芙蓉，情余言外，所以“不隔”；颜延年诗雕绘满眼，情隐辞中，所以“隔”。苏东坡诗“随意吐属，自然高妙”（方东树《昭昧詹言》），所以“不隔”；黄庭坚诗刻意雕琢，强调“化腐朽为神奇”，所以“隔”。从写景上来说，谢灵运《登池上楼》“池塘生春草，园柳变鸣禽”，薛道衡

《昔昔盐》“暗牖悬蛛网，空梁落燕泥”，状物写景如在目前，所以“不隔”。从抒情上来说，姜夔“酒祓清愁，花销英气”，岂如“对酒当歌，人生几何”（曹操《短歌行》），“想当年，金戈铁马，气吞万里如虎”（辛弃疾《永遇乐·京口北固亭怀古》）。王国维为了进一步说明，又举例说：“‘生年不满百，常怀千岁忧，昼短苦夜长，何不秉烛游’，‘服食求神仙，多为药所误，不如饮美酒，被服纨与素’，写情如此，方为不隔。‘采菊东篱下，悠然见南山，山气日夕佳，飞鸟相与还’，‘天似穹庐，笼盖四野，天苍苍，野茫茫，风吹草低见牛羊’，写景如此，方为不隔。”①状难写之景，如在目前，入口即化，如陶渊明《饮酒诗》；抒胸中之情，如与秀才对话，如《古诗十九首》。从意与境的关系上说，白石《翠楼吟》“玉梯凝望久，叹芳草萋萋千里”数句，登楼远望，连天芳草，蓊郁葱茏，当年与友人嬉游并且“度曲言志”的情境犹在眼前，然离别已是十年，离恨也如这千里芳草，渐远渐生。眼前景，心中情，交融合一，已不知何者为我，何者为物。所以王国维说它“不隔”。

在王国维看来，造成“隔”的原因：第一，是使用代指（代词），造成描述的物境不能直接地呈现在词境之中。《人间词话》又说：“词忌用替代字。美成解花语之‘桂华流瓦’，境界极妙，惜以‘桂华’二字代‘月’耳。”②周邦彦《解花语》“桂华流瓦，纤云散，耿耿素娥欲下”。“纤云散”写景不隔，而且仿佛嫦娥飘然而下，明亮的月光在屋瓦上流动，境界本是非常美妙，但是作者用“桂华”代指月光，造成阅读的思维停顿，所以是“隔”。但是周邦彦也有写景不隔之句，《人间词话》举例说：“美成《青玉案》词：‘叶上初阳乾宿雨，水面清圆，一一风荷举。’此真能得荷之神理者。”③第二，是过度修饰，造成情感表达的晦涩。“白石写景之作，如‘二十四桥仍在，波心荡，冷月无声’，‘数峰清苦，商略黄昏雨’，‘高树晚蝉，说西风消息’，虽格韵高绝，然如雾里看花，终隔一层。梅溪、梦窗诸家写景之病，皆在一隔字。”④所举例句分别出自姜夔的《扬州慢》《点绛唇》《惜红衣》，都是写景抒情的名句，从写景角度上说，都不算是“隔”。为什么王国维批评他“如雾里看

① 王国维. 人间词话[M]. 成都：四川人民出版社，1981:53.

② 王国维. 人间词话[M]. 成都：四川人民出版社，1981:39-40.

③ 王国维. 人间词话[M]. 成都：四川人民出版社，1981:44.

④ 王国维. 人间词话[M]. 成都：四川人民出版社，1981:50.

花，终隔一层”呢？“二十四桥”数句，作者感慨“自胡马窥江去后”扬州的萧条冷落，但是写二十四桥下的水波，用一动态的“荡”（荡漾）破坏了“冷月无声”的萧条冷落，淡化了作品的“黍离之悲”，试比《红楼梦》“寒塘渡鹤影，冷月葬诗魂”的融情入境，自然终隔一层；“数峰清苦”二句的前两句是“燕雁无心，太湖西畔随云去”，是说北方鸿雁在太湖西畔，随云翻飞。但接下来则说：黄昏中，萧瑟愁苦的几座孤峰，酝酿雨势。“无心”是指没有心机，自由自在；清苦，清峻寒苦，是心情沉重。融情入景，前后表达的情感并不一致，在语言的修饰中隔断了文气，所以是“隔”。同样，“高树晚蝉”二句，也用拟人手法，语言灵动，表达的情感却相当晦涩。这也是“隔”。这也是姜夔创作的一大弊端，王国维还批评说：“觉白石《念奴娇》《惜红衣》二词犹有隔雾看花之恨。”①

早在西晋时期，陆云《与兄平原书》就强调文学需要“管管流泽”“清绝滔滔”，也就是文气流畅，一往必达。一旦文气阻隔，就破坏了诗词境界的生命活力。王国维“隔”与“不隔”论，就是从诗词内在的生命力角度论述了境界问题。要做到“不隔”，“诗人必有轻视外物之意，故能以奴仆命风月。又必有重视外物之意，故能与花鸟共忧乐”②。也就是说，必须景情统一，以情为主，切莫在雕章琢句上迷失了文学的精神。

三、高致：境界的审美情调

“重视外物之意”和“轻视外物之意”，实际上也就是创作主体如何处理情景的审美关系。“重视”是“入乎其内”，是审美观照中的主体移情；“轻视”是“出乎其外”，是创作过程中的情景构思。如果将这种处理情景审美关系的方法移植到观照宇宙人生中，就涉及作品的“生气”和“高致”问题。

无论是文学还是哲学，它的根本价值都在于表达对宇宙人生的终极关怀。但是哲学的形式是抽象思辨，文学的形式是审美观照；哲学是理性判断，文学是形象呈现。因此，文学有自己特殊的审美属性。要准确呈现文学这一审美属

① 王国维．人间词话[M]．成都：四川人民出版社，1981：44.

② 王国维．人间词话[M]．成都：四川人民出版社，1981：75.

性，就必须处理好“入”和“出”的关系。《人间词话》说：“诗人对宇宙人生，须入乎其内，又须出乎其外。入乎其内，故能写之；出乎其外，故能观之。入乎其内，故有生气；出乎其外，故有高致。美成能入而不能出，白石以降，于此二事皆未梦见。”①

从一般意义上说，“宇宙人生”包含宇宙奥义和人生真谛两个方面。虽然《人间词话》也偶然涉及宇宙奥义，如对辛弃疾《木兰花慢》(可怜今夕月)的评价，但是他更多强调的是宇宙人生的生命意义。若此，所谓“入乎其内”，就是回归生命本体，以直觉观照生命本然状态的“赤子之心”；所谓“出乎其外”，就是跳出直觉观照，以理性抒写生命应然状态的“青云之慨”。所以王国维认为，入乎其内，能够写出生命本来具有的状态，所以有饱满的生命活力；出乎其外，能够观照生命应该呈现的状态，所以有高远的审美情致。周邦彦的词，人称“词中老杜”，对生命状态的体悟深刻，抒情也生气饱满，如《兰陵王·柳》下阕：“凄恻，恨堆积！渐别浦萦回，津堠岑寂，斜阳冉冉春无极。念月榭携手，露桥闻笛。沉思前事，似梦里，泪暗滴。”写伤别之凄恻遗恨，萦绕难以驱遣。离人远去，送别的江浦水波回旋，渡口一片冷清寂寞，唯有斜阳下，春色无限，回忆起月落亭榭携手漫步，露上桥头闻笛呢喃的温馨情境，回味往事，犹如梦中，不禁潸然泪下。平心而论，情浓景真，意象生动，然而情至浓处，过于黏滞，“入”之过深，难以自拔，缺少高远的情致。那么，词中的境界，如何才能产生高远的情致呢？

第一，情“入”而不滞，即抒情化浓腻为疏朗，化缠绵为豪放，“入”而超越，就有高致。“人间自是有情痴，此恨不关风与月。”“直须看尽洛城花，始与东风容易别。”此四句出自欧阳修的《玉楼春》，要深入理解其词，须读全词。其词说：“尊前拟把归期说，欲语春容先惨咽。人生自是有情痴，此恨不关风与月。离歌且莫翻新阕，一曲能教肠寸结。直须看尽洛城花，始共春风容易别。”同样是写情人离别，前二句别离席上，拟说归期，欲语未言，佳人已经是花容失色，忧伤哽咽。“尊(樽)前”，场景欢乐；“春容”，红颜怡心。美酒佳人，良辰美景，却因为欲说“归期”，翻成惨淡之境。与周邦彦不同的是，欧公并没有沉溺于忧伤之中，反而以人生有情、情深痴绝收束，用离别之恨、不关风月拓展出新的境界。与风月

① 王国维. 人间词话[M]. 成都：四川人民出版社，1981：75.

无关，何以产生“此恨”？心心相印，惺惺相惜。“乐莫乐兮新相知，悲莫悲兮生别离”，情痴于相知，既不是流连风月之景，又不是贪恋风月之情，是何等的人生境界！下片首句承接“归期”，第二句承接“情痴”，一曲离别之歌已经让人愁肠百结，何况又翻唱新词。“且莫”是一种祈求语气，暗指新词愁人更胜过旧曲，“愁肠”程度之深，简直难以言喻。但是，词人仿佛大手一挥，只要你我同游，看尽满城洛阳鲜花，就淡然地与归去的春风辞别吧。“直须”“始共”的斩截语气，何曾有半点留恋？这一份洒脱、豪放，顿时将伤别伤春的情绪一挥而散。然而毕竟是“别”，虽说“容易”，却也深深地隐含着悲慨。所以，王国维说“于豪放之中有沉著之致”。抒情“入”而不黏滞，在疏朗的诗境中，也透出了一份襟怀、一份情致。

第二，景“入”而不涩，即写景化质实为空灵，化局狭为高远，“入”而推宕，就有高致。“诗《蒹葭》一篇最得风人深致。晏同叔之‘昨夜西风凋碧树，独上高楼，望尽天涯路’，意颇近之。但一洒落，一悲壮耳。”[①]笔者认为，所举《诗经·蒹葭》或是一首爱情诗，或是一首招贤诗，或是一首讽喻诗，或隐喻某种人生哲理，一时难以定论。就写景来说，该诗鲜明而朦胧，动人又婉约，所以说深得风诗的情致。如首章：“蒹葭苍苍，白露为霜。所谓伊人，在水一方。溯洄从之，道阻且长。溯游从之，宛在水中央。”所写的内容是追求“伊人”而不得，但是诗以写景为主，作者之情一般会融入景中，首二句描绘芦苇葱郁，落满秋霜，点明季节，渲染凄冷的氛围。然后描绘追求伊人的情境：远望伊人，在水的那边，于是逆流而上，走过险阻的道路，追寻到河的那边，伊人却又犹如在水的中央，于是又顺流而下，继续追寻。诗用一“宛”字写出了伊人的缥缈不定，而伊人的缥缈不定，也使诗境隐约灵动，这就是化质实为空灵。不滞着摹写物态，而在于描绘诗境呈现出的审美特点，这就使写景中透出一份韵味和情致。而晏殊《蝶恋花》上片：“槛菊愁烟兰泣露，罗幕轻寒，燕子双飞去。明月不谙离恨苦，斜光到晓穿朱户。”这是婉约派伤春伤别的代表作品，开头借景抒情，槛外的菊、兰笼罩着难以驱遣的烟霭，室内的帷幕也带着寒意，梁上的燕子双双飞去，所有景物都浸透着独守空闺的忧伤、落寞；最为不堪的是，夜晚的月光偏偏不解人意，整夜地照着无眠人。无论白天还是晚上，忧伤都是那样沉重。写景虽也有室外之菊、兰，却

① 王国维. 人间词话[M]. 成都：四川人民出版社，1981：29.

都是女主人在狭隘的空间所望。但是，过片“昨夜西风凋碧树，独上高楼，望尽天涯路”，一下将笔触伸向辽阔的天宇。西风凄紧，绿树凋零，人登高楼，望断天涯，景虽萧瑟却空间辽阔，情虽悲怆却境界高远。景与情的互相震荡，使情低沉厚重却不滞涩堵心，这就是写景化局狭为高远所形成的审美情致。

第三，语“入”而不“游”，即化淫冶为真诚，化鄙词为情致。“‘昔为倡家女，今为荡子妇。荡子行不归，空床难独守。’‘何不策高足，先据要路津？无为久贫贱，轗轲常苦辛。’可谓淫鄙之尤。然无视为淫词鄙词者，以其真也。五代、北宋之大词人亦然，非无淫词，读之者但觉其亲切动人；非无鄙词，但觉其精力弥满。可知淫词与鄙词之病，非淫与鄙之病，而游词之病也。‘岂不尔思，室是远而。’而‘子曰，未之思也，夫何远之有？’恶其游也。”[①]所举两例，出自《古诗十九首》的结尾。前首抒写思妇怀人，前六句：“青青河畔草，郁郁园中柳。盈盈楼上女，皎皎当窗牖。娥娥红粉妆，纤纤出素手。”楼上，皎洁红润、顾盼多情的少妇用纤纤素手推开窗棂，凭窗远望，春色怡人，唤醒了心底的爱情遐想，想起游子远去，一别经年，回忆其欢乐的青春，顿时倍感空闺孤独和寂寞。后诗抒写壮志难酬，前十句：“今日良宴会，欢乐难具陈。弹筝奋逸响，新声妙入神。令德唱高言，识曲听其真。齐心同所愿，含意俱未申。人生寄一世，奄忽若飙尘。”在欢乐的宴会上，新曲微妙传神，筝声飘逸回荡，知音者的高论，乐曲中的真情，正是众人欲言而未言的心声啊。人生如寄世的匆匆过客，想扬起的尘埃仓促之中随风飘散。于是，刹那间，诗人雄心顿起，为何不扬鞭策马，捷足先登，再也不能沉沦下僚，坚守这贫贱、坎坷、辛苦的人生！前诗诗境艳冶，但语不浮荡，情出心底；后诗诗境浅陋，但语不卑俗，志由境生。二诗的共同特点是，不作游荡漂浮之词，情真境真，所以“精力饱满”，这也是另一种情致的表现。

四、气象：境界的风格特征

《人间词话》论境界，特别重视“气象”。气象一词，是中国古代论人的术语，《近思录》最后一卷即以“圣贤气象”作为研究对象，如称孟子是“泰山岩岩之气

① 王国维. 人间词话[M]. 成都：四川人民出版社，1981：75-76.

象”。“气”是所养的浩然之气,“象”即气的精神性呈现。这种生命、精神、人格的气象一旦投映到文学作品之中,就形成了作品的气象。

所以,文学所说的气象,内决定于主体的性情,外表现为文章的气势,实际上就是性情、文气所呈现出来的审美境界,所以王国维甚至以“气象”作为境界的标志。而且从《人间词话》看,王国维所重视的是雄浑、阔大、高远、澄澈的境界。所以他说:“‘明月照积雪’‘大江流日夜’‘中天悬明月’‘黄河落日圆’,此种境界,可谓千古壮观。求之于词,唯纳兰容若塞上之作,如《长相思》之‘夜深千帐灯’,《如梦令》之‘万帐穹庐人醉,星影摇摇欲坠’,差近之。”[①]谢灵运《岁暮》“明月照积雪”、杜甫《后出塞》“中天悬明月”,澄澈、明丽、阔大;谢朓《暂使下都夜发新林至京邑赠西府同僚》“大江流日夜”、王维《使至塞上》“长(黄)河落日圆”,高远、雄浑,王国维称之为“千古壮观”。这里的境界也就是作品所呈现出来的“气象”。纳兰性德“夜深千帐灯”以及“万帐穹庐人醉,星影摇摇欲坠”,写尽了边塞军营夜宿时的宏壮、辽阔、苍凉的境界。所以与前面诗歌所描写的境界“近之”。

在王国维看来,“气象”既可能呈现在一个作家整体的风格之中,又可能呈现在具体的作品之中。从整体风格上说,“昭明太子称陶渊明诗跌宕昭彰,独超众类,抑扬爽朗,莫之与京。王无功称薛收赋韵趣高奇,词义晦远,嵯峨萧瑟,真不可言。词中惜少此二种气象。前者唯东坡,后者唯白石,略得一二耳”[②]。陶诗文气洒脱、抑扬,文情显豁、爽朗;薛赋韵味高奇而意义幽深,风格峻伟而情境萧瑟。他感慨词中很少这种气象,唯有苏轼、姜夔得其一二。从具体作品来说,“太白纯以气象胜,‘西风残照,汉家陵阙’,寥寥八字,遂关千古登临之口。后世唯范文正之《渔家傲》,夏英公之《喜迁莺》,差足继武,然气象已不逮矣”[③]。他赞赏李白“纯以气象胜”,特别列举《忆秦娥》“西风残照,汉家陵阙”。为什么这里达到了古今登山临水之类作品的至境呢?因为这两句词,不仅写出了苍凉、雄浑、悲壮、莽苍的境界,而且特别蕴含一种历史的厚重感。后来范仲淹《渔家傲·

① 王国维. 人间词话[M]. 成都:四川人民出版社,1981:65-66.

② 王国维. 人间词话[M]. 成都:四川人民出版社,1981:37.

③ 王国维. 人间词话[M]. 成都:四川人民出版社,1981:11.

秋思》:“塞下秋来风景异,衡阳雁去无留意。四面边声连角起,千嶂里,长烟落日孤城闭。浊酒一杯家万里,燕然未勒归无计。羌管悠悠霜满地,人不寐,将军白发征夫泪。”描写边塞风光,营造了苍凉、悲壮、雄浑的境界。而“燕然未勒归无计”,运用《后汉书·窦宪传》记载窦宪追击匈奴,出塞三千余里,至燕然山刻石记功而还的典故,显然也在边塞风光中积淀了厚重的历史,虽是勉强继承李白之风,但是境界的雄浑、厚重则有所不及。夏竦《喜迁莺令》:“霞散绮,月垂钩。帘卷未央楼。夜凉银汉截天流,宫阙锁清秋。瑶台树,金茎露。凤髓香盘烟雾。三千珠翠拥宸游,水殿按凉州。”虽有“夜凉银汉截天流,宫阙锁清秋”“三千珠翠拥宸游,水殿按凉州”境界比较阔大的词句,但整体上风格趋于柔媚,色调趋于绮丽,又不及范仲淹的《渔家傲》。值得提出的是,《人间词话》所说的“堂庑”“闳约”,也是一种气象。“冯正中词虽不失五代风格,而堂庑特大,开北宋一代风气”①,“张皋文谓飞卿之词深美闳约,余谓此四字唯冯正中足以当之。刘融斋谓飞卿精艳绝人,差近之耳”②。堂庑特大,气象阔大之意;闳约,即简约宏大,也是就气象而言。

由上可见,王国维并不反对诗境萧瑟甚至衰瑟,但是萧瑟必须以雄浑之境出之,衰瑟必须以明丽之境振拔之。如:“‘风雨如晦,鸡鸣不已。’‘山峻高以蔽日兮,下幽晦以多雨,霰雪纷其无垠兮,云霏霏而承宇。’‘树树皆秋色,山山尽落晖。’‘可堪孤馆闭春寒,杜鹃声里斜阳暮。’气象皆相似。”③“风雨如晦”“树树皆秋色”,诗境萧瑟而雄浑;“鸡鸣不已”“山山尽落晖”,诗境静谧而有亮色。同样,“下幽晦以多雨”“云霏霏而承宇”与“可堪孤馆闭春寒”,诗境晦暗;“山峻高以蔽日兮”“霰雪纷其无垠兮”和“杜鹃声里斜阳暮”,在晦暗中也透出亮色,透出生机。“鸡鸣”和“落晖”振拔了萧瑟之境,峻岭上的太阳、云雨中的霰雪、斜阳中的杜鹃声振拔了衰瑟之境。可见,至少在《人间词话》中,王国维并不是一位悲观主义美学家。他之所以称赞《天净沙·秋思》“寥寥数语,深得唐人绝句妙境。有元一代词家,皆不能办此也”,也可以作如是观。

① 王国维. 人间词话[M]. 成都:四川人民出版社,1981:22.

② 王国维. 人间词话[M]. 成都:四川人民出版社,1981:13.

③ 王国维. 人间词话[M]. 成都:四川人民出版社,1981:36.

事实上，王国维论“成大事业、大学问者”的三种境界，也涉及气象问题。“古今之成大事业大学问者，必经过三种之境界。‘昨夜西风凋碧树，独上高楼，望尽天涯路’，此第一境也。‘衣带渐宽终不悔，为伊消得人憔悴’，此第二境也。‘众里寻他千百度，回头蓦见，那人正在灯火阑珊处’，此第三境也。”①若渴望成就大事业和大学问的三种境界，从主体上来说，是一种胸襟；从表现上来说，就是一种气象。在整体上也就是冯友兰所说的哲学达到的全部精神状态应该称为境界②。虽然所论并不是诗词的气象，却是借诗词的气象说明事业、学问的境界，这对于理解诗词气象是大有裨益的。

概括地说，性情、文气、气象、情致，既是王国维境界说的理论层次，又是不可分割的理论体系。所以《人间词话》总结说：“南宋词人，白石有格而无情，剑南有气而乏韵，其堪与北宋人颉颃者，唯一幼安耳。……幼安之佳处，在有性情，有境界；即以气象论，亦有傍素波于青云之概。”③情深而有“格”；韵动而有“气”；既有性情，又有气象，就是有境界。另外，《人间词话》所谓：“温飞卿之词，句秀也。韦端己之词，骨秀也。李重光之词，神秀也。”④虽是评价三人词作风格、成就的不同，但如果作为一个整体理解的话，恰恰说明，诗词创作以“句秀”为载体，以“骨秀”“神秀”为境界。可见，王国维美学思想的核心范畴是“境界”，而不是“意境”。以意境作为中国诗学的核心范畴，实际上是当年美学的一种思想观念。

第四节　由境界到意境：当代意境说理论

如果说王国维美学是由意境到境界，意境的内涵小于境界，那么当代美学则由境界到意境，意境的内涵大于境界。而且王国维具体所论，也存在着内在

① 王国维．人间词话[M]．成都：四川人民出版社，1981：31.

② 冯友兰．中国哲学史新编：第6册[M]．北京：人民出版社，1989：191.

③ 王国维．人间词话[M]．成都：四川人民出版社，1981：56.

④ 王国维．人间词话[M]．成都：四川人民出版社，1981：16.

矛盾。只是由于王国维崇高的学术地位,“境界”说或“意境”说就成为一个学术的神话,人们各自取其中的一点加以阐释,一方面造成了对意境说阐释的纷纭复杂,另一方面也极大地丰富了传统的意境说。以意境作为中国诗学的核心范畴,并且超越了前代的意境说,建构了一个系统的理论体系,则是当代美学家的贡献。

肖鹰在反思意境论的研究时指出:“‘意境’作为中国古典美学的一个核心范畴,在20世纪百年来的中国美学中经历了盛衰浮沉。在这一百年中,意境范畴的学术史经历了下面四个阶段:20世纪前半期,是‘意境’的现代诠释—标举阶段;20世纪50—60年代,是‘意境’的意识形态阐释—批判阶段;20世纪70年代末—90年代中期,是‘意境’的文化溯源—重构阶段;20世纪90年代后期至今,是在全球化语境中的‘意境’的质疑—反思阶段。”[①]在学术史上分析意境的发展流变并不是本书的任务。我们所要做的是,从意境理论体系的发展、形成和增殖的过程来分析意境的理论内涵。

一、从境界到意境的反拨

虽然在《人间词乙稿序》中王国维提倡“意境”,但是在《人间词话》中却是明确地说以“境界”为文学本体(本质属性)。按照肖鹰的观点就是“王国维不用‘意境’而用‘境界’,其诗学主旨也是着眼于人生境界”。也就是说,着眼于人生境界对于诗词境界的意义,或者说人生境界和诗词境界是一种二元同体的关系,是《人间词话》的哲学内涵。然而在现代学术史上,朱光潜主张“境界”说,宗白华主张“意境”说,形成了一条从境界到意境的反拨的历史轨迹。

朱光潜先生继承了王国维的境界说,并进一步引进西方学说阐释境界的内涵。一方面,他从文学是自足整体的视角出发,认为境界就是独立自足的意象。“一个境界如果不能在直觉中成为一个独立自足的意象,那就还没有完整的形象,就还不成为诗的境界。一首诗如果不能令人当作一个独立自足的意象看,那还有芜杂凑塞或空虚的毛病,不能算是好诗。古典派学者向来主张艺术须有

① 肖鹰.意与境浑:意境论的百年演变与反思[J].文艺研究,2015(11):5.

‘整一’(unity),实在有一个深理在里面,就是要使在读者心中能成为一种完整的独立自足的境界。”[①]无论从文本上说,还是从欣赏上说,“独立自足的意象”都是境界形成的必要且唯一的条件。另一方面,他又汲取中国传统的“意与境谐”的观念,并挪用西方的“移情说”来解释文本的境界。情景相生而且契合无间,情恰能称景,景也恰能传情,这便是诗的境界。从传统的景与情的关系上说,文本境界的构成,一是情景相生,二是情景交融。因此,文本境界就是主观之情和客观之境的统一。没有诗能完全是主观的,因为情感的直率流露仅为啼笑嗟叹,如表现为诗,必外射为观照的对象。也没有诗完全是客观的,因为艺术对于自然必有取舍剪裁,就必受作者情趣的影响。审美观照的对象是一种移情的对象,因此所有文本的物象都浸染着作者主观的情趣,境界就是二者的有机统一。

与王国维相同的是,宗白华先生关于意境和境界究竟谁是艺术本体的问题,也有一个自我纠正的过程。一开始,他认为境界是艺术本体,意境是艺术家的意识状态。后来却又纠正了自己的前期说法,认为意境是中国艺术的本体(本质属性),而境界只是艺术审美的抽象表达。“就中国艺术方面——这中国文化史上最中心最有世界贡献的一方面——研寻其意境的特构,以窥探中国心灵的幽情壮采,也是民族文化的自省工作。”[②]显然,他不仅认为意境是文学的本体(本质属性),而且认为意境是最具有民族特色的一个文化范畴,是对世界文化的贡献。

宗白华先生对“意境”阐释得非常细致而且深入。首先,从生成上,论述意境的构成元素。艺术家以心灵映射万象,代山川而立言,他所表现的是主观的生命情调与客观的自然景象交融互渗,成就一个鸢飞鱼跃、活泼玲珑、渊然而深的灵境,这灵境就是构成艺术之所以为艺术的“意境”。意境是由“主观的生命情调与客观的自然景象”二元构成。在艺术构思中是“灵境”,在艺术表达上是“意境”。从创作到文本(艺术)是一个从“灵境”到“意境”的生成过程。其次,从文本上,论述意境的三个层面。意境不是一个单层的平面的自然的再现,而是一个境界层深的创构。从直观感相的摹写、活跃生命的传达,到最高灵境的启

① 朱光潜. 朱光潜全集:第3卷[M]. 合肥:安徽教育出版社,1987:52.

② 宗白华. 中国艺术意境之诞生[M]//宗白华全集:第2卷. 合肥:安徽教育出版社,1994:356-357.

示，可以有三个层次。摹写主体感观的自然，抒写生命的情调，表达宇宙人生的领悟（灵境），是境界构成的三个基本层面。再次，从文化渊源上，论意境的哲学意蕴。中国人最根本的宇宙观是《周易》上所说的“一阴一阳之谓道”。我们画面的空间感也凭借一虚一实、一明一暗的流动节奏表达出来。中国人的宇宙观最初是基于《周易》的阴阳理论，因此意境在画面上的空间感借助于虚实、明暗、动静等，都建立在这一宇宙观之上的统一关系，而不是分离关系。所以我们的空间感觉随着我们的时间感觉而节奏化、音乐化了！画家在画面中所欲表现的不仅是一个建筑意味的空间“宇”，而且需同时具有音乐意味的时间节奏“宙”。一个充满音乐情趣的宇宙（时空合一体）是中国画家、诗人的艺术境界。空间和时间始终二元同体。空间感觉的节奏化、音乐化正是建立在时间感觉的基础之上。“宇”“宙”同体是艺术境界产生的主要原因。

从朱光潜对境界说的阐释到宗白华对意境说的阐释，发展了王国维的境界说、意境说理论，进一步完善了意境理论体系。但是有四点值得注意：第一，朱光潜认为境界是作者情趣和观照对象的有机统一，二者不可分割。这一观点，实际上表明他并不赞成王国维分为主观之诗人和客观之诗人的二分法。第二，宗白华意境有三层的理论，深刻揭示了主观意象、生命精神和人生领悟的关系，既超越了王昌龄的“三境说”，又揭示了意境的超越性本质，从而深化了王国维的境有界说。第三，宗白华立足于中国传统文化，论述意境产生的哲学基础及其艺术呈现，显然也增殖了王国维境界说的理论意义。第四，在《人间词话》中，境界是文学本体（本质属性），意境隶属于境界的一个理论范畴，而在宗白华理论中，意境是文学本体（本质属性），境界是隶属于意境的理论范畴。这就完成了由境界说向意境说的转换。毫无疑问，在这一学术进程中，王国维境界说也进一步系统化、条理化、体系化了。

二、从意识形态向传统意境说的复归

其实，对意境的研究，也并不是一条直线。对于意境的解读，也带有很浓的时代色彩。比如对意境的揭示也难免带上时代的色彩。在意识形态的引导下，李泽厚先生发表了《“意境”杂谈》，大约是那个时代的代表性阐释。但是在改革开放之后，意境研究又复归于传统，大大推进了意境理论体系的建构。

李泽厚先生运用恩格斯的艺术典型论重新阐释了意境论。他认为，艺术反映生活既具有高度概括性，又具有生动的具体形象性。中国传统的意境说和马克思主义的典型论是关于艺术本质高度抽象的两个基本美学范畴，无论是“意境”还是“典型”都包含生活形象的客观反映和艺术家情感的主观创造两个方面。反映客观的生活形象是“境”，包括“形”和“神”；表达主观的艺术创作是“意”，包括“情”和“理”。“意境”是在这两方面的有机统一中所反映出来的客观生活的本质真实，在情、理、形、神的互相渗透、互相制约的关系中或可窥破“意境”形成的秘密。实际上，李泽厚先生的意境阐释虽然具有鲜明的意识形态色彩，但是在本质上并没有超出王国维“主观之诗人”和“客观之诗人”的二分法；情、理、形、神的渗透、制约说，也没有越过中国传统的诗画理论。

这种现象直至20世纪80年代才有了彻底改观。回归传统，是这一时期意境研究的基本特点。1980年，袁行霈在《文学评论》第四期上发表《论意境》一文明确指出，意境是中国古典美学的重要范畴。……人或以为“意境”一词创自王国维，其实不然。研究意境固然不能抛开王国维的意境说，但也不可为它所囿。他认为，意境是指作者的主观情意与客观物境互相交融而形成的艺术境界。[①]基于“意”与“境”的二元构成论，将中国古典诗歌意与境的交融分为三种方式：一是情随境生，诗人本无情思，因触物而生情；二是移情入境，诗人本有情思，借物而抒情；三是体贴物情，物我情融，诗人之情和客观物情有机交融。简要地说，就是触景生情、借景抒情、情景交融三种。他还认为，古人有炼字、炼句、炼意之说，其中炼意就是意境的深化和开拓。此外，还论述了意境的个性化和创新性问题。

此后，张少康发表《论意境的美学特征》一文，似乎并不赞成袁行霈先生的观点，认为情景交融、主客观统一的艺术形象，只揭示了意境作为艺术形象的一般规律，还未揭示出意境的特殊规律。也就是说，袁先生的意境界定过于宽泛。他把意境的基本特征概括为：“以有形表现无形，以有限表现无限，以实境表现

① 袁行霈．中国诗歌艺术研究[M]．北京：北京大学出版社，1996：23-48．

虚境，使有形描写和无形描写相结合，使有限的具体形象和想象中无限丰富形象相统一，使再现真实实景与它所暗示、象征的虚境融为一体，从而造成强烈的空间美、动态美、传神美，给人以最大的真实感和自然感。”①从三对关系上概括意境的基本特征，并且强调诗歌意境的特殊性主要表现在“境生象外”这一点上。而且在文化渊源上，论述老庄与佛教的哲学和美学思想对意境形成的影响，的确这种研究比此前的研究又大大地推进了一步。

无独有偶，叶朗先生的意境说在张少康理论的基础上又加以拓展。他的观点有四点：第一，意境的思想根源是老子开拓的道家哲学。意境说是以老子美学（以及庄子美学）为基础的。离开老、庄美学，不可把握“意境”的美学本质。第二，“情景交融”是意象的基本特征，也是任何艺术作品都应当具有的特征；意境是特殊的意象，在具有一般意象的共同规定的同时，它的独特性是“境生象外”。第三，“‘意境’不是表现孤立的物象，而是表现虚实结合的‘境’，也就是表现造化自然的气韵生动的图景，表现作为宇宙的本体和生命的道（气）。这就是‘意境’的美学本质”②。第四，意境的本质是以表现宇宙本体生命（道）为目的，“就要突破具体的‘象’，因为‘象’在时间和空间上都是有限的，而‘道’是无限的”③。

如果姑且不论李泽厚的理论，从袁行霈、张少康到叶朗，都突破了王国维的境界说，系统地阐释了意境的基本内涵。第一，意境以意象为表现形式，意象是情景交融，意境则是“境生向外”。第二，意境是有形与无形、有限与无限、实境与虚境的统一。第三，意境以宇宙本体哲学为内涵，表现宇宙人生的终极关怀是意境的本质。

三、关于意境的简要说明

毫无疑问，意境是中国文学特别是唐代以后文学的本质特征。从以上论述

② 张少康．论意境的美学特征[J]．北京大学学报（哲学社会科学版），1983(4)：60.

② 叶朗．中国美学史大纲[M]．上海：上海人民出版社，1985：276.

③ 叶朗．说意境[J]．文艺研究，1998(1)：19.

可以看出，当代学者的论述实际上已经突破了王国维的境界（意境）说，各自依据自己的理解，并结合中国文化的内核和民族文学的特点，均对意境说作出了不同的阐释。在丰富意境理论内涵、完善意境理论体系的同时，也让人乱花迷眼，莫衷一是。这就让我们在分析中国文学意境的特点时，无从下手。为此，笔者不揣冒昧，结合中学语文文学审美教育的实践做以下简要说明。

第一，无论是王国维还是今人的阐释，意境的特点都可以从两个方面理解：一是意境具有可分离性。无论是朱光潜的情趣和观照对象、宗白华的主观意象和生命精神，"得其环中"和"超以象外"的譬喻，还是袁行霈的"意"与"境"的二元构成论，本质上仍然包含意和境两个层面，因此所有的意境分析必然不能脱离具体的意象和作家的情志，而探究意象和作者情志的契合点依然是意境分析的基础。二是意境具有不可分离性。意境是文学作品的整体性特征，我们应该以作家情志和意象的契合点为起点，把握一部文学作品的整体性意境的特点。如李煜的《清平乐》："别来春半，触目愁肠断。砌下落梅如雪乱，拂了一身还满。雁来音信无凭，路遥归梦难成。离恨恰如春草，更行更远还生。"如果从意与境的二元论角度上说，"意"就是"别来"之恨，"境"就是"春半"之景。先是概括抒情。正是仲春季节（春半），触景生情，愁肠欲断。"触目"，满眼。满眼春色会让人愁肠欲断，仅仅因为"别来"吗？这两句是抒情，是在春色中引发的情感。接下来写景。台阶下落梅如雪，拂去又落满全身。落梅如雪，本是怡人美景，用一"乱"既写落梅，又写心绪之乱；落梅满身，本是怡人之境，用一"拂"字，在动作中写心境之烦。"还满"既写落梅之多，又写人在梅下伫立时间之久。在景中浸染了浓郁的情感。前二句远眺，这两句近观，触目所见，都充满"别来愁肠"，其忧愁之浓已在境中。下片前二句，先写仰望，后写悬想。鸿雁传书，仰望天空，可飞来的雁子并没有带来离别人的音信，所以想象路途遥远，离别人梦归故乡也无法实现啊。对于离别人来说，有家难归，一悲；归梦难成，又一悲；对于在家之人来说，音信全无，一悲；遥想离别人欲归不能，又一悲。所以后两句，俯视大地，离别之痛就如春草，行程越远，愁情更浓。实际上，既是写自己又是写对方，二者情感震荡，将别情抒写得淋漓尽致。由此可见，分析意境，首先必须注意"境"——"纯粹现象"，然后分析"刹那直观"所蕴含的"意"。最后在整体意象组合中分析意境。

第二，意境的构成核心是意象，所以袁行霈认为意境是主观情意与客观物境互相交融而形成的艺术境界。但是所谓的情景交融是意象而不是意境。一方面意境是所有意象的整体意义，即所谓“思与境谐”，这一类意境往往是作品整体意象所呈现的意义，如陶渊明《饮酒》：“结庐在人境，而无车马喧。问君何能尔？心远地自偏。采菊东篱下，悠然见南山。山气日夕佳，飞鸟相与还。此中有真意，欲辨已忘言。”所谓得意忘言的“真意”，其实正包含于“言”中：虽结庐世俗之境，却无世俗之情，其原因就在于超越世俗（心远），故身居世俗之境而脱俗（地自偏）。唯有如此，才有东篱采菊的悠然之举、南山入怀的悠然之心，才有丘山暮霭的审美感悟、飞鸟归巢的自由联想。“心远地自偏”是“思”，“采菊东篱下……飞鸟相与还”是“境”。思与境相融相生。另一方面意境超越意象，在审美形式上呈现出象外之象、言外之意、味外之味；在审美内涵上表现出对宇宙人生的终极关怀，即内识、哲理、生命真谛的统一，即所谓“境生象外”。比如陈子昂《登幽州台歌》：“前不见古人，后不见来者。念天地之悠悠，独怆然而涕下！”前不可见到古人，后不能见到来者，是人类的常态，为什么诗人感慨天地悠悠？为什么诗人会怆然泪下？从表层看，诗人感慨人生短暂，感慨怀才不遇；在深层中，又蕴含着人生短暂、生死相依的强烈生命意识，蕴含着价值追求和现实人生的矛盾、追求无限和生命有限的矛盾，所呈示的恰恰是人类永恒的哲学思考！

第三，意境的主体构成是人生的境界，所以王国维论诗词的气象，论古今成就大事业、大学问的三种境界。袁行霈先生认为：“因为意境中有诗人主观的成分，所以好诗的意境总是个性化的。诗人独特的观察事物的角度，独特的情趣和性格，构成意境的个性。”[1]情趣、性格乃至于心态、气质、胸襟、气度，决定诗人观察的角度、取境的大小宏细、体悟的深浅厚薄。比如，同是书写现实的作品，《红楼梦》取境宏大，带有百科全书式的全景式描绘，对于宇宙人生的深刻体悟，一曲《好了歌》和《好了歌注》就写尽了人间沧桑。虽然《金瓶梅》取境也比较阔大，但相对于《红楼梦》来说，却大而不宏；《金瓶梅》通过西门庆的悲剧揭示了血迹斑斓、丑陋黑暗的明中期的社会现实，尤其揭示了人的贪欲无限而生命能量

① 袁行霈．中国诗歌艺术研究[M]．北京：北京大学出版社，1996：34.

有限的必然悲剧性，但是相对于《红楼梦》来说，缺乏一种宇宙人生的厚重。即使是一首小词，如李煜《相见欢》："林花谢了春红，太匆匆。无奈朝来寒雨，晚来风。胭脂泪，相留醉，几时重。自是人生长恨、水长东。"一切美好的青春、爱情、欢乐……瞬时消逝得让人惊悚，空留下长恨悠悠，如东去之水滔滔不尽。"水长东"，还让人感受到一份不可逆转的无可奈何！这首词的意境已经不再是亡国之君的叹息，而是对普遍人生悲剧的抒写，所以才千百年来深深地撞击着人们的心灵。试想，温庭筠《菩萨蛮》（小山重叠金明灭）能有这种深厚、阔大的意境吗？《红楼梦》《相见欢》的境界（意境）显然与作者特殊的人生经历所积淀的人生境界密切相关。

第四，因为意境是有形与无形、有限与无限、实境与虚境的统一，所以在分析具体作品时，必须深入分析有形意象的特点及其蕴含的意义，发掘无形的可能意义；分析语言有限的概念意义所包孕的文化意义和语境意义；分析状物、写景、抒情和说理是实在的境界中所包含的超越性境界（虚境）意义。如李清照《点绛唇》："蹴罢秋千，起来慵整纤纤手。露浓花瘦，薄汗轻衣透。见客入来，袜刬金钗溜。和羞走，倚门回首，却把青梅嗅。"这是生活中的一个小情境，自然没有深刻的对宇宙人生的关怀。但是，仔细玩味仍然别有动人之处。一系列动作以及所塑造的少女形象是有形，是实境，然而"慵整"纤纤素手的动作中所包含的娇憨，"袜刬金钗溜"慌乱动作中所包含的腼腆，"倚门回首，却把青梅嗅"中所包含的羞涩、天真、好奇，却是无形，是虚境。"露浓花瘦，薄汗轻衣透"写花、写人、写态，也是有形、实境，一切有形、实境的描绘都是有限，但是所隐含的意义却是无限。"露浓"，暗示晴天早晨；"花瘦"（即将凋零），暗示暮春季节；"薄汗轻衣透"，暗示天气温暖。这种暗示性描写就是无形、虚境。特别是"露浓"和"薄汗"呼应，"花瘦"和"轻衣"呼应，那么这"露浓花瘦"是状物的实境呢，还是比拟的虚境呢？从状物的表层看，是实境；从联想的深层看，却是虚境。——"露浓花瘦"不也正是"薄汗轻衣"的纤纤少女形象的意态化吗？最后写"倚门回首，却把青梅嗅"，这一动作在天真好奇中，是不是也包含着青春期的少女对男性客人的潜意识的神往呢？与《西厢记》崔莺莺"临去秋波那一转"有着相同的审美意蕴。这就写出了基本的人性需求。所以，有形与无形、有限与无限、实境与虚境的统一是意境美的基本特点。

简要地说，意境是诗化的哲学、诗性的智慧和诗意的玄思。但是，并非所有作品都有意境，唐前的作品一般是不大谈意境的。《诗经》中除了《蒹葭》少数篇目，汉乐府的"缘事而发"以及宫体诗的状物写景，都不可论其意境。然而如袁行霈先生所说，"有无意境不是衡量艺术高低的唯一标尺"，这是尤其要注意的。

四、意境的语词分析

古代诗家词人在创造意境时特别注重炼字。王国维《人间词话》在谈到炼字对古典诗词意境生成的意义时说："'红杏枝头春意闹'，着一'闹'字而境界全出；'云破月来花弄影'，着一'弄'字而境界全出矣。"①胡仔在《苕溪渔隐丛话》中也说："诗句以一字为工，自然颖异不凡，如灵丹一粒，点铁成金也。"这点铁成金的灵丹，自然是指诗词中的点睛之笔，也即人们所谓的"诗眼""词眼"。我们在欣赏古典诗词时可以循着"诗眼""词眼"这一类语词去发掘诗歌的意境。笔者根据作为"诗眼""词眼"的词性之不同，具体分析如下：

（一）名词

在朱熹《春日》中的"等闲识得东风面，万紫千红总是春"中，名词"面"字炼得很好，作者把春风吹拂下的大地比作人脸，用人们红润的面颊来寓示在春风吹拂下的大地姹紫嫣红的景色，着一"面"字，意境全出，读者可能没有见过在春风的浸润下百花盛开的大地的全景，但是读者却可以在自己的脑中闪现出一幅灿然而又红润的美脸，并在人脸与大地美景中建一个联想的通道，由熟识的人脸而不自觉地联想到春风覆盖下的大地全景。这两句诗中拟人化手法的运用，不仅通过意象的叠加而扩大了诗歌意境的内涵，而且使自然物有了人的情态，并在读者脑中建立了一个快速的联想通道，使读者迅捷地捕捉到了自己感到陌生的景物的图像。

---

① 王国维. 人间词话[M]. 成都：四川人民出版社，1981:8.

(二)动词

在宋祁的《玉楼春》中的"红杏枝头春意闹"和张先的《天仙子》中的"云破月来花弄影"中,动词"闹"和"弄"字炼得好。这两句诗分别用这两个字来写早春的红杏和月影下的花朵,赋予了原本静态的景物以动态的风姿。首先,我们来看"闹"字,红杏绽立于枝头,原本是沉凝之景,然而,着一"闹"字,却让读者在想象的城堡中似乎听到了红杏在春风中活泼地嬉戏玩闹时所发出的声音。钱锺书先生在《通感》里指出,用"闹"字是想把事物无声的姿态描摹成好像有声音,表示他们在视觉里仿佛获得了听觉的感受。[①]一个闹字,留给读者以大量的审美空白和"不定点",让读者通过联想与想象成功地捕捉到了完整的"象外之境"。其次,我们来看"云破月来花弄影"中的"弄"字。阴霾的夜云似乎被人强力撕破了一角,月亮的柔光从那被撕破的一角中投射下来,不期然地映照在墙角静雅的花朵上,原本幽静的花朵此时由于披上了月的光华,而调皮灵动起来,它似乎也在和月的影子玩捉迷藏的游戏呢!这句诗,着一"弄"字,赋予花以人的灵气,读者通过想象而捕捉到了月影花影交相辉映、融为一体的富有情趣的"象外之境"。一个"闹"字,一个"弄"字,把原本凝滞的景物演绎得活泼灵动,也使得这两句诗在文学的长河里升腾起熠目的光彩。这也就难怪王国维先生在评价这两句诗时说"境界全出"。

(三)形容词

在杜甫《旅夜书怀》中的"星垂平野阔"这句诗中,形容词"阔"字炼得好,"阔"字不仅写出了平野的辽阔,而且还写出了星空的低垂与无垠。星空与平野,上下辉映,给人一种悠远寥廓之感。在这句诗中,"阔"字既可以修饰平野,又可以来描述星空,由于这个字具备语言张力,所以它给读者带来了广阔的想象空间,读者在读它时,联系全诗,脑中似乎会凝定出一个完整的诗人形象:诗人站在飘摇的小舟之上,望着江天月夜,星空平野,刹那间,世俗世界中一切的功过得失似乎都融化在这寥廓悠远的美景中了,一切都已远逝,此时留给无悲

① 钱锺书. 七缀集[M]. 上海:上海古籍出版社,1985:64

无喜、无怨无悦的诗人的，只是人与自然和谐的生命律动。一个“阔”字，引领读者瞬间进入了纯净忘我的审美世界，并在其中顿悟到了妙趣横生的“象外之境”。

（四）数词

“忽如一夜春风来，千树万树梨花开”这是为历代文人所赞颂的佳句。但人们在解析这句诗的时候，更多的是在强调句中比喻的灵妙，而忽视了“一”与“千”“万”这些数词惊人的妙用。在这句诗中，“一”是在强调时间的短暂，而“千”“万”则是在强调数量之多，用“一”与“千”“万”形成对比，有限而又短暂的“一夜”竟然催开了边地所有枝头如梨花般纯净的雪花，这里，时间越是迅捷，就越能突出边地气候的多变和严寒。同时有限的时间与无限的空间之间的强烈对比，也使得读者片刻之间就捕捉到了冷峻严寒的边地全貌，而春风、梨花这些南方特有的景物也依稀地流淌出作者对家乡的思念之情。

（五）副词

在杜甫《江汉》中的“片云天共远，永夜月同孤”一句诗中，副词“共”与“同”字炼得好。天地之间一身世悲凉的腐儒，虽心系社稷，才比管乐，然而满怀的抱负与才华却没有人能够了解，此时老大无为的杜甫自我觉得是世间最孤独寂寞之人，他没有可以共语的对象，所以只能吞咽下苦涩的泪，白昼看片云，“片”即言孤也，作者欲与天上的这片孤云共语，但地上的人有情，天上的云无意，人与天距离的遥远无疑也阻隔了杜甫欲诉内心波荡的通道。本来读者从杜甫欲与天上的片云共语中，已经能够深刻地体味到作者的孤寂与无奈，然而此时作者却偏偏连与片云共语都不得，在翻转腾挪间了无痕迹地升扬了作者凄怆的深度。对于作者来说，这种理想幻灭、老大无为的哀恸是从白天一直延续到夜晚的，夜对孤月，一个“同”字勾勒出终宵独坐、与月共孤的作者的形象，令读者读后哽咽牢结于喉间，不能自已。总之，读者在读到这句诗时，会不自觉地在自己的心灵荧屏上映照出一个整日在自己的悲思悲感中挣扎的无人知之的孤寂的作者形象：作者在现实生活中没有共语、同孤的有生命的人，但是内心久郁的凄伤却需要一个端口宣泄，于是无奈之下的作者追觅到自然界中无生命的“云”和“月”，来作为宣泄自己凄怆之情的对象。这里，诗人的理想已经幻灭而又不甘心的挣扎，诗人的心曲无人诉说的孤独，令千年之后的读者读之亦每每悲叹鼻酸。

（六）介词

在杜牧《山行》中的“停车坐爱枫林晚，霜叶红于二月花”一句中，介词“于”字炼得好。这句诗描写的是：作者于山行之时，停下车来静静地欣赏在夕阳的映照下那丰盈而艳丽的枫林，作者觉得彤霞晚影中被落霜染红的枫叶远比二月的春花更加妩媚，更加气韵天成。作者在这句诗的创作中一改古代文人悲秋的笔调，转而赞秋。诗人笔下的“于”字是一个表示比较的介词，诗人将霜叶和二月花进行比较，二月是初春，初春的花蕊已经够鲜嫩润泽的了（仲春、晚春的花朵就远不如初春的花蕊鲜嫩润泽，由此可见作者在意象的选择上是别具匠心的），但是在诗人的眼中，笼在彤彤霞影中沾着些许落霜的枫叶却远比二月娇嫩的花朵更加鲜润、更加明丽。着一“于”字，通过霜叶与二月花的对比，不仅形成了诗结构上的腾挪跌宕，避免了诗歌抒写的单一，而且也使得自己赞秋的情感在这种转折对比中愈转愈深，更加深透地表达出了作者对秋天霜叶的喜爱。

（七）助词

在蒋捷《一剪梅》中的“流光容易把人抛，红了樱桃，绿了芭蕉”中，助词“了”字炼得好。诗人在这句中，表达了郁积在自己心中的对流光易逝、青春不再的绵长忧叹，只是这种内在的凄怆，如果用直白的语言来直接呈现，则会显得苍白无力，于是作者巧妙地把这种内心的感受蕴藉于外在的审美意象之上，（在中国古代的诗歌创作中，诗人们往往感觉自己与自然是一种相互交融、相互契合的关系，所以，他们常常会将自身情感不自觉地转移到自然之上，形成物我交融的创作风格），这里作者就是用刚红了樱桃，转眼间芭蕉又绿了，来形象地说明光阴易逝的人生哲理。“了”字表示动作的完成，形象地展现出樱桃之红与芭蕉之绿间隔的时间之短。同时四言的句式，共有两个音组，每个音组又各有两个字构成，节奏急促，回环往复，这样的节奏也使得鉴赏者在吟诵之时直接产生一种时间短促的心理感受。总之，这句诗着一“了”字而境界全出，鉴赏者可能无法强烈而清晰地感受到时间飞快地流逝给作者带来的隐隐创痛，但是却可以通过红了的樱桃和绿了的芭蕉这些可以直接观照的客观物象感知作者抽象的情感。

（八）叠词

在李清照的词作《声声慢》中，“寻寻觅觅，冷冷清清，凄凄惨惨戚戚”一句一连串的叠字炼得好。词人起笔就连用十四个叠字，写出了周围环境的空虚寂寞，自己心中若有所失、无可奈何的凄惨悲凉的心境。这十四个叠的字炼字自然，创意新奇，层次分明。现对这十四个叠字用法的妙处分析如下：①叠字实际上就是叠音字，叠音字读起来似耳语般低沉、舒缓、绵软，这种独特的节奏音律无疑是和诗人百无聊赖、不知为何的落寞、悲戚的情绪是相应和的。②这几个叠音词除了“惨”字之外，其余均压低沉舒缓的“i”韵，即便是“惨”这个字，其韵母虽然响亮，但是这个音却很短暂，同时它夹在两个压“i”韵的“凄”和“戚”之间，短暂的响亮也在瞬间就被“i”韵所淹没了，因而从押韵的角度来说，这几个叠音词读起来比较绵长、低沉，词人用这种有些低沉的声音来表现自己满怀的愁绪。这正如朱光潜先生所说：“所以言情，感情愈深刻愈缠绵，音节也因而愈低回往复，它的语言就义说是重复，而就性说却不是重复，它要有严沧浪所推尊的‘一唱三叹之音’。”③“寻寻觅觅”是一种无目的、无方向、无理智思考的寻找，她在找，但又不知自己在找什么，叠字的使用表明作者只是在无规律地重复着一个连她自己也不知为何的动作，通过对这个动作的描写反映出了人物内心一种不知若何的落寞感，这是诗人以外在的动作来写自己内心的愁绪；“冷冷清清”这一叠字的使用除了有前面已经分析过的音韵的原因之外，它还用反复来强调周围环境的清冷，作者这是用环境来衬托自己的愁绪。“凄凄惨惨戚戚”是直接来抒写自己的愁闷。十四个叠字是一种递进关系，寻而无着，在寻的过程中词人自然会注意周围“冷冷清清”的环境，无结果的寻觅再加上清冷的环境使得词人不自觉地感到悲凄，悲凄到无法承受的程度便会觉得“惨”，因为无法承受，所以会以泪洗面，伏枕而泣，就是“戚戚”了。

循着“诗眼”“词眼”去发掘诗歌的意境，这是挖掘诗词意境美最常用的方法，通过这种语词分析的方法，也可以品味诗歌的意境之美。

附 录

《天净沙·秋思》分析

在《天净沙·秋思》[①]中，引导学生感受和理解诗歌的意象和语言形式是教学的重要内容，在这里，笔者想通过解读这首词来说明这个问题，以下是笔者的解读内容。

一、寓意深刻的意象，反跌对比的手法

这首小词中的首句"枯藤老树昏鸦"奠定了全诗的情绪底色，同时它也透射出了文末"断肠人"的整体心绪。在"枯藤"这一意象中，本有蓬勃生命力的绿色的藤在被作者冠以"枯"字之后，原来的绿色变成了枯黄，原本有丰盈质感的绿藤被作者抽离了它的生命而变得凋敝、枯寂，藤颜色的转变，藤的生命力被剥离象征着游

① 刘运好先生认为："学界一般认为《天净沙·秋思》是元散曲的经典，也是马致远的代表作。然考其源流，此首小令始见于宋末元初盛如梓《庶斋老学丛谈》所载北方沙漠词三首之一，周德清《中原音韵》始以[越调]《天净沙·秋思》的散曲形式呈现于文学史中，然而朱彝尊又以沙漠词的形式收录于《词综》。这首小令作者失考，但绝非马致远所作，至明代蒋一葵《尧山堂外纪》始托名于马致远，一直贻误至今。《天净沙》所涉及的版本异文，并非传颂、抄录、翻刻之误，而是文人有意识的再度创作。沙漠词是原创；秋思曲是二度创作；《词综》既力图恢复沙漠词的原貌，又汲取秋思曲的艺术之长，是三度创作。这种特殊的文学史现象，尤为值得注意。这几个方面实际上都是文学史上隐蔽的悬案。"参见：刘运好，段梦云．经典的误读：《天净沙·秋思》考论——兼论文本流传过程中动态发展的特殊文学史现象[J]．南京师范大学文学院学报，2016(4)：41.

子生命力的衰败以及游子在生命力衰败之后的枯寂的心绪。再有，原先纤弱的藤是紧紧地缠绕在树上的，它依赖于树的生命力而得以生长，可如今藤已经枯死，作者用藤与树的这种断裂的关系来隐喻游子无枝可依、无家可归的深重的孤独；“老树”意象中的“老”字与前文的“枯”字形成了结构上的勾带关系（这也就是李元洛先生在其《诗美学》中所说的“语不接而意接”的意象），同时老树遒劲而又互相交叉的枝叶、粗大而有张力的枝干、错根盘节甚至是裸露在地表的树根都印刻着岁月与历史的沧桑，而这一份自然的沧桑无疑是能够与游子在屡遭苦难的生活中而凝结成的苍老沉郁的心绪结成同构对应关系的；静态的植物毫无生命力，那么原本有生命的动物呢？“昏鸦”意象中的乌鸦，其色是黑暗的，其精神状态是昏沉沉的，它象征着游子昏沉的身体状态以及黯淡的心境，“昏鸦”与“枯藤”“老树”也形成了结构上的勾带关系。作者使用这些动静结合的意象不仅规避了意象选择的单一性而且也通过这些“语不接而意接”的意象共同传递出了游子枯寂、沉重的心绪。

这首小词中的次句“小桥流水人家”由首句的悲而突然翻腾出喜来，中间没有任何过渡，这句与上句构成了反跌对比的关系。一个缺失了生命力的苍老、枯寂的流浪者眼前，刹那间出现了这些让人内心感到温暖的意象，他会做何感想呢？作者没有交代，但这种开放式的意象却在读者心中注入一丝困惑，同时也给读者留下了广阔的自由想象的空间。“小桥”中的“小”字给人一种可爱、轻松的感觉，桥是沟通无法连接在一起的两端的载体，看到小桥，游子内心大概会涌起一丝期冀，希望这可爱的、亲切的小桥能够帮他跨越此地与家乡之间的鸿沟吧！“人家”是一个能够给人带来自在与欢喜的所在，是一个能够滤去纷扰的现实生活给人们带来的压力与紧张的所在，是一个能够使人们超拔苦难的灵魂的栖息地。看到小桥流水边的人家，游子的心灵屏幕上自然而然地会投映出一个又一个虚无的幻象：亲人们围坐在火炉边，谈天说地，其乐融融；老母亲正坐在灯下，缝补着游子的衣物，母亲在橙黄灯光的映射下有些微颤的白发似乎也在温暖着游子的那一颗渴归的心；爱人与孩子正站在自家门口向远处眺望，希望在那遥远的地平线上能够闪现出游子的身影。这一幅又一幅叠加在一起的画面，使游子在刹那间产生了一种幸福的甜蜜感觉，游子的那一颗已经枯寂的心灵坟包上此时绽放出了一朵灿烂的小花。

这首小词中的第三句“古道西风瘦马”又转承了第二句，由喜又翻腾出悲来，又形成了一种反跌。“古道”是荒凉而又孤寂的，给人一种苍凉的感觉。“西风”不仅是在写萧索的天气，还写了在这瑟瑟的西风中游子的那种衰寂的心绪。“瘦马”映射出的是游子贫穷和疲软的生命状态。至此，“小桥流水人家”给游子带来的幸福的情感溪流猛然间在“古道西风瘦马”中被硬生生地截断了，虚幻世界的甜蜜与现实世界的孤苦悲凉形成了一种强烈的反跌，这种反跌使游子心中升腾起更加深重的悲哀，越是幸福甜蜜的梦就越能反衬出游子现实生活中撕心裂肺的痛楚。这里，反跌手法的运用加倍地演绎出游子内心沉沉的哀痛。

这首小词不断地使用反跌对比的手法，通过两次转腾在抒情上构成了严密的逻辑关系：忆之深而思之切！思之切而痛之深！

二、短歌微吟——节奏与押韵

这一首诗在节奏上也很有特色。这种节奏的特色主要表现在结构、用韵两个方面。①先言结构。李元洛先生在谈到意象的“语不接而意接”这一特点时说：“这种意象常常是多用名词构成诗句，省略其中的介词、连词之类的关联词语，语言表现形态上不如常态那样逻辑严密，甚至有时不合一般的语法习惯与规范，但它却有情意的线索贯穿，而且能刺激读者的想象。”[①]在《天净沙·秋思》中所使用的九个并列式意象就具有李元洛先生所说的“语不接而意接”的特点，它由九个名词构成，省略了两个名词之间的作为连接词的动词，语言组合上虽不太严密，但九个意象却用游子孤独无依的情感完美无痕地缝合在了一起。同时，这九个独立的意象还给读者带来了丰富的想象。有人曾经把“枯藤老树昏鸦”改头换面成“枯藤绕老树，昏鸦立枝干”，如果我们试着比较一下该句与原句的区别，就不难发现原句中的意象与意象间缺少连接词，节奏上显得很紧凑，而且这种各自独立、彼此分离的语言形式刚好能够和游子茕茕孑立的心绪相应和，也就是说，这种缺少连接词彼此无法粘连在一起的独立的意象反而能够更加有效地表现出游子沉沉的孤独。②再言用韵。从现代的语音结构看，全诗几乎全用平声韵，而且所用韵脚为“a”，读之有低沉呜咽之感，这与全诗所抒发的游子悠远不尽地对家乡的思念之情和他的沉沉孤独之情，相得益彰。

---

① 李元洛．诗美学[M]．南京：江苏文艺出版社，1987：167.

三、完整而曲折的结构，挣扎而沉沦的情感

此诗从结构的层面看是完整而又曲折的，从情感表达的角度来看，虽然全诗流淌出的是游子单一的思乡而不得归的孤独惆怅之情，但是这种情感诗人却没让它一下子整个的奔迸而出，诗人在诗歌中表现出了游子挣扎的力量，游子竭力要从痛苦中挣扎出来，然而这挣扎并不成功，最后还是沉下去了，于是这悲痛就显得更深、更重。具体地说，从结构逻辑看，全诗共分为四个层次：第一句“枯藤老树昏鸦”是起句，作者通过描绘枯寂的景物来引出游子思乡而不得归的抑沉的心绪，首句诗的情感是下抑的。第二句“小桥流水人家”是转句，作者描绘了一幅其乐融融的家的美好景象，而这些景象也给游子冰冷死寂的心中注入了丝丝的暖热，似乎游子要从沉重的心境中挣扎出来了，这一句的情感是上扬的。第三句“古道西风瘦马”依旧是转句，诗人用更加萧索的景物来表现游子思归与欲归不能的绝望的心境。此时，游子的心仿佛走进了一条黑暗的僻巷，永远找不到回家的路，游子的心绪又绝望地沉沦下去了。这一句诗的情感是下抑的。第四、五两句“夕阳西下，断肠人在天涯”是合句，诗人通过前面九个隐喻着丰富情感的紧凑的意象做铺垫，在最后一句才点出了文章的主旨，也即本文是要表达作为断肠人的游子有家不能归的落寞失意的心绪。

总而言之，整首诗从结构上看是循着“起——转——合”的线索来架构全篇的，从情感上看全诗是沿着“下沉——上扬——下沉”这一时刻变化着的脉络来整结全诗的，这种承转的结构形式、这种迂回前行的情感结构使得全诗避免了平铺直叙，显得有波澜、有起伏。

读完了全诗，我们可以很容易知道，诗中的游子既不是在向家的方向前进，又不是要到一个他所心仪的目的地去担任重要的官职。因为如若如此，他就不应该如诗中所描述的那样无情无绪、毫无目的地在远方流浪了，他应该是喜悦而又振奋地纵马向目的地狂奔才对啊。这里，我们就产生了一个问题：诗中的游子既然如此地想家，却又为何不立即返回故里呢？他既然已经无法承受这种独自流浪的落寞与孤独，却又为何要拒斥家的温暖与抚慰，而要选择继续向着荒凉的远方流浪呢？

仔细思考，我们似乎可以在诗中隐约地听到传统儒家士人在“致君尧舜上，再

使民俗淳”的远大理想折裂之后而发出的无助的呜咽声。20世纪40年代，梁漱溟先生在《中国文化要义》一书中说：“中国自有孔子以来，便受其影响，走上了以道德代宗教之路。”①李泽厚先生在谈到儒家的特点时也说儒教是“半宗教半哲学”的。②正是这种似乎具有超自然神力的半宗教的儒家思想却在中国古代知识分子的身上打上了“修身齐家治国平天下”的理想符咒，“修身”是儒家要求知识分子多读儒家经典，并用书中的经典思想来约束个人行为，加强个人修养，而儒家强调的所谓“修身”只是作为“齐家治国平天下”的基础，读书人最终的目的是要“迩之事父，远之事君”“用之则行，舍之则藏”的，也就是说，“做官”成了中国古代读书人永远的价值求索。然而在当时特定的时代语境中，只有少数读书人才能敲开自己理想的象牙塔之门，更多的传统士人只能是怀揣着自己理想折裂之后的悲愤在象牙塔门前执着而又孤独地蹒跚而行。

《天净沙·秋思》中的游子之所以恋家而不归家，其最主要的原因是他“修身齐家治国平天下”的理想还没有实现，他骑着瘦马郁郁而行，是他还在漫无目的地上下求索着自己人生价值的归宿地。在游子的心中存在两个互为矛盾的话语系统，一个是早就预设在他内心并具有雄辩性、合法性与统摄力的儒家理想的话语系统，另一个则是他本能地思念家乡的情感话语系统，这两个话语系统剧烈地撕扯着游子的内心，使他在这种冲突中沉入极度孤独痛苦的状态之中。总而言之，笔者认为，本诗所抒写的是游子为实现理想而剥离家庭之后所产生的隐隐阵痛，同时笔者也觉得马致远是在借写游子来映射一代儒士共同的苦难心声，而也正是由于作者写出了儒士们共同的心声才使得这首诗千古不朽！

① 梁漱溟．中国文化要义[M]．上海：学林出版社，1987：106.

② 李泽厚．论语今读[M]．合肥：安徽文艺出版社，1998：3-5.

主要参考文献

［1］李泽厚．美学论集［M］．上海：上海文艺出版社，1980.

［2］叶圣陶．叶圣陶语文教育论集［M］．北京：教育科学出版社，1980.

［3］朱光潜．朱光潜美学文集：第二卷［M］．上海：上海文艺出版社，1982.

［4］夏丏尊文集·文心之辑［M］．杭州：浙江文艺出版社，1983.

［5］傅庚生．中国文学欣赏举隅［M］．西安：陕西人民出版社，1983.

［6］雷·韦勒克，奥·沃伦．文学理论［M］．刘象愚，邢培明，陈圣生，等译．北京：生活·读书·新知三联书店，1984.

［7］尤·鲍列夫．美学［M］．乔修业，常谢枫，译．北京：中国文联出版公司，1986.

［8］蔡元培．蔡元培教育论集［M］．长沙：湖南教育出版社，1987.

［9］李元洛．诗美学［M］．南京：江苏文艺出版社，1987.

［10］何静．撩开缪斯的面纱——文学美鉴赏论［M］．西安：陕西人民出版社，1989.

［11］胡山林．文艺欣赏心理学［M］．开封：河南大学出版社，1991.

［12］顾黄初，李杏保．二十世纪前期中国语文教育论集［M］．成都：四川教育出版社，1991.

［13］王国维．王国维哲学美学论文辑佚［M］．上海：华东师范大学出版社，1993.

［14］朱光潜．文艺心理学［M］．合肥：安徽教育出版社，1996.

[15] 曹明海．文学解读学导论[M]．北京：人民文学出版社，1997.

[16] 宁鸿彬，王云峰，张鹏举．中学语文教学改革探索[M]．济南：山东教育出版社，1997.

[17] 张富，叶武．中学语文教学法新探[M]．济南：山东教育出版社，1997.

[18] 张永昊，周均平．感应与塑造：语文审美教育论[M]．青岛：青岛海洋大学出版社，1998.

[19] 金元浦．接受反应文论[M]．济南：山东教育出版社，1998.

[20] 王丽．中国语文教育忧思录[M]．北京：教育科学出版社，1998.

[21] 李泽厚，刘纲纪．中国美学史[M]．合肥：安徽文艺出版社，1999.

[22] 惠尚学，陈进波，等．文艺心理学通论[M]．兰州：兰州大学出版社，1999.

[23] 刘再复．性格组合论[M]．合肥：安徽文艺出版社，1999.

[24] 孔庆东，摩罗，余杰．审视中学语文教育[M]．汕头：汕头大学出版社，1999.

[25] 李海林．言语教学论[M]．上海：上海教育出版社，2000.

[26] 李杏保，顾黄初．中国现代语文教育史[M]．成都：四川教育出版社，2000.

[27] 于漪．给语文教学加点钙[M]．上海：上海教育出版社，2001.

[28] 曹明海．语文教育智慧论[M]．青岛：青岛海洋大学出版社，2001.

[29] 李泽厚．美的历程[M]．天津：天津社会科学院出版社，2002.

[30] 倪文锦，欧阳汝颖．语文教育展望[M]．上海：华东师范大学出版社，2002.

[31] 刘运好．文学鉴赏与批评论[M]．合肥：安徽大学出版社，2002.

[32] 倪文锦．高中语文新课程教学法[M]．北京：高等教育出版社，2004.

[33]《走进高中新课程》编写组．走进高中新课程[M]．武汉：华中师范大学出版社，2004.

[34] 吴炫．新时期文学热点作品讲演录[M]．桂林：广西师范大学出版社，2004.

[35] 戴维·伯姆，李·尼科. 论对话[M]. 北京：教育科学出版社，2004.

[36] 王荣生. 语文科课程论基础[M]. 2版. 上海：上海教育出版社，2005.

[37] 缪灵珠. 缪灵珠美学译文集[M]. 北京：中国人民大学出版社，2006.

[38] 王富仁. 语文教学与文学[M]. 广州：广东教育出版社，2006.

[39] 龚鹏程. 文学散步[M]. 4版. 北京：世界图书出版公司，2006.

[40] 韩军. 韩军与新语文教育[M]. 北京：北京师范大学出版社，2006.

[41] 鲁定元. 文学教育论[M]. 武汉：湖北人民出版社，2006.

[42] 皮连生. 智育心理学[M]. 北京：人民教育出版社，2008.

[43] 莫提默·J. 艾德勒，查尔斯·多伦. 如何阅读一本书[M]. 北京：商务印书馆，2014.

侧身天地常怀古，独立苍茫自咏诗

——写在本书后面的话

人到中年，褪去年少轻狂，渐爱老杜和他的诗歌，喜爱他怀拥着一个苍凉的身世而不颓废，喜爱他在静观默照中亦能得到人生至极的乐趣。“侧身天地常怀古，独立苍茫自咏诗”，老杜处境悲苦，但意气并不悲观，他傲然立于人世的绝壁之上，高蹈轻扬。

说来惭愧，我远没有老杜的胸襟、气度和理想，然而也多少受其精神的熏陶，多年前，我放下了年少时长吁短叹的闲愁，放下了浸染着世俗功利的执着挣扎，走近学生，走进书本，想在学生和书本的世界里寻一方乐土，充实自己，也安顿自己。

只是书越读越多，不断扩容的知识结构促使我不断地拷问自己：我所从事的语文教学工作对提高学生的阅读和写作能力真的帮助大吗？我的语文课堂真的能呈现出鲜活而灵动的生命质感吗？我真的能让学生浸润在文学的天地中协助他们反复咀嚼其中的审美意蕴吗？沿着这样的追问，我在思考中发现了许多令人惊悸的真相：

我的教学充满了程式化和世俗性的特征。二十五年前的我，轻狂、浮躁、自大，灵魂中少了如淡淡烛光般明净的安宁，为了能用成绩来宣告自己在社会上的立足，我——一位年轻的语文教育工作者投入一场没日没夜的战斗中去了，首先是和各类教参、教案、习题集作斗争，我把市面上能买到的这类资料全部买了回来。晚上做，第二天在课堂上讲，词语的音、形、义，句子和篇章的写作特点、表现手法，语法结构等便是我教学的主要内容，讲完便严厉地要求学生死记硬背这些所谓“答案”。其次是与学生作斗争，尤其是那些不背书的“差生”。于是乎，课下办公室里常有一个年轻而执着的身影，“书背不出来，不准回家”是我的口头禅，学生见我如老鼠见到猫似的，三年奋战，我得了慢性胃炎，而我所带的班级在中考中名列全校第一，一炮打响之后，各种荣誉也接踵而至，在之后的很多年里我一直带初三，也以自己是初三的把关教师而沾沾自喜。今天回想起来，世俗性的教学目的、程式化的教学内容，虽不能说对学生一点帮助都没有，但无疑也消弭了文本原生态的韵致，稀释了文本本该带给学生的审美愉悦。

我的文本解读呈现出浅表化、模式化的倾向。我的教学局限，最突出的表现便是缺乏独立解读文本的能力。正因如此，我的程式化的教学内容成为某种必然，由于个人文学知识的不足、艺术想象力和创造力的匮乏、长期思维积淀的惯性，使得我课堂上的文本解读停滞在“教师带着学生将课文内容梳理了一遍”这一浅表的层次上。教授叙事类文本，我多关注“写了什么人”“叙了什么事”“用了什么线索和方法来写人叙事”；教授抒情类文本，我则带领学生归纳文章“写了什么意象”“抒发了什么情感”“用了什么手法”，这样的解读更多的是关注结果，至于这些结果从何而来我则鲜有涉及。尾随教学的“浅表化”而来的便是“模式化”，我喜欢用一些抽象的概念来固化我的解读结果，换句话说就是“贴标签”，小说被我拧干成了“人物、情节、环境”三要素，散文也只有“形散而神不散”“借景抒情”“托物言志”等几个干瘪的套语，诗歌只有“体裁”“词牌名”“意象”“意境”等几个干巴巴的表面知识，戏剧除了“开端、发展、高潮、结局”等环节的概括外，似乎没有其他了。我自觉地把这些概念潜植在我的文学课堂中，并借助这些概念遮蔽我贫乏的解读文本的能力。今天想来，这些套语式的概念以名词的形式堆斥在课堂中，学生除了混沌地掌握几个名词之外，又如何能打开文本解读的大门，并进而达到与作者“同频共振”的审美境界，获得“发现并解决问题的惊喜”呢？

好的文学课堂从来不“溜冰”，从来不会停留在文本表面做“花样表演”，而好的语文教师的作用也绝不是将课本内容梳理一遍，之后再用一些概念化的词语给文本贴标签，他应该有勇气冲破板结的教学内容，创立一个基于审美教育的阅读教学的方法体系以及一个有使用价值的文学知识体系。

鉴于此，本书“上编”，我在回顾了20世纪中国审美教育的历史进程之后，将我的语文教学分成了三大板块，即一般性阅读、鉴赏性阅读、批评性阅读。一般性阅读是一个通晓文字、把握文本原意的过程；鉴赏性阅读，是一个读者(学生)通过凝神观照直接切入文本深层的意蕴世界,并进而产生丰富联想和想象的阅读过程;批评性阅读就是读者(学生)跳出鉴赏性阅读时所产生的感性情境,对文本中潜藏着的审美要素如语言、结构、形象(或意象)、情境(或意境)进行深入思考与理性分析的阅读过程。针对第二、三两个板块,我进一步提出了自己的实施方案,有关内容刘运好教授的序已有详细介绍,这里不再赘述。

在本书"下编",我针对现今语文教学中的文学知识,试图构建一套有实用价值的文学知识体系。钟启泉先生认为,我国20世纪80年代以来"对'应试教育''应试学力'的批判,实质上就是对'学校知识'的批判"。而对"学校知识"的批判,从文学教育的角度来看,实质上就是驱除旧的"文学知识",呼唤新的"文学知识"的过程,因而我在借鉴国内外文学知识的基础上,有针对性地从语言、意蕴、结构、意象和意境等五个角度重建一套有操作意义的文学知识体系。

本书是在我硕士论文基础上拓展深化而来。十多年前,我考取安徽师范大学教育硕士,师从刘运好教授,先生虽是研究古典文学的博士生导师,但他从不只梭巡在他的一亩三分地里,而是始终关注着中学语文教学。先生对家国的一往情深不仅熔铸于他的学问中,也呈现在他对中学文学教育的睿智思考和殷切期许中。如果说这几年我有一些长进的话,那么首先要归功于先生的殷殷期盼和悉心教导,在这里对先生真诚地说一声"谢谢"!

本书的写作以及出版,得到了许多专家、同仁的鼓励和帮助,感谢芜湖二中的领导和同事,感谢芜湖一中的许纪友老师、芜湖市教研室的辛卫华老师、芜湖市教育局的李兵主任。

最后我想说的是:文学课堂审美化,不是将高考文本解读的一系列套路统统搬进课堂,而是以诗意的发掘使文学课堂弥漫温情,这种温情能够滋润灵魂,温暖而生动。

程海滨

庚子年正月写于芜湖